W0056599

Josef Aldenhoff
Bin ich schon alt oder wird das wieder?

JOSEF ALDENHOFF

BIN ICH SCHON ALT

ODER WIRD DAS WIEDER?

Älter werden für Ungeübte

C. Bertelsmann

Der Verlag weist ausdrücklich darauf hin, dass im Text enthaltene externe Links vom Verlag nur bis zum Zeitpunkt der Buchveröffentlichung eingesehen werden konnten. Auf spätere Veränderungen hat der Verlag keinerlei Einfluss. Eine Haftung des Verlags ist daher ausgeschlossen.

MIX
Papier aus verantwortungsvollen Quellen
FSC
www.fsc.org   FSC® C014496

Verlagsgruppe Random House FSC© N001967

1. Auflage
© 2018 beim C. Bertelsmann Verlag, München,
in der Verlagsgruppe Random House GmbH
Umschlaggestaltung: Jorge Schmidt, München
Satz: Greiner & Reichel, Köln
Druck und Bindung: GGP Media GmbH, Pößneck
Printed in Germany
ISBN 978-3-570-10330-2

www.cbertelsmann.de

Inhalt

*Für alle, die sich an die Herausforderung
Alter herantrauen – und natürlich für meine Kinder,
denen ich ein langes Leben sowie ein erfülltes
und spannendes Alter wünsche!*

That's Why!

So besonders habe ich mich nie für das Alter interessiert.

Aber eines Tages tauchte die Frage auf, die jetzt zum Titel dieses Buchs geworden ist: Irgendwie war ich plötzlich langsamer und schwächer als sonst. Nach einer Sportverletzung brauchte ich gefühlt Ewigkeiten, um mich wieder zu regenerieren. War es das jetzt? War das Alter gekommen, um das ich mich nie kümmern wollte? Wird es den Rest meines Lebens beherrschen? Ich bin ja immerhin siebzig. Früher war man damit ein Greis.

Das Thema war also bei mir angekommen. Ich entdeckte, dass »weniger werden« mit zunehmendem Alter zwar »passiert«, aber dass ich was dagegen tun kann. Erstaunt hat mich der irreführende Unsinn des Wortes »Ruhestand«: Wenn Lebensqualität im Alter erhalten bleiben oder mehr werden – ja, schon! – soll, dann geht das nur über Bewegung und Aktivität – mehr Bewegung, mehr Aktivität! Erfreulicherweise gilt das auch für das respektabelste Organ von allen, mein Gehirn und damit auch für meine geistigen Fähigkeiten.

Ein 70-Jähriger fragte neulich: »Habe ich noch Zukunft?« Ich bin überzeugt: Solange wir lernen wollen, solange wir offen sind, uns mit Neuem zu konfrontieren, Lust haben, etwas ganz anderes zu probieren, haben wir Zukunft. Mit dem Geburtsdatum hat das nichts zu tun. Auch Junge sollten dieses Buch lesen. Sie würden merken, dass das Alter ein Alleinstellungsmerkmal hat: Wir müssen nach niemandes Pfeife mehr tanzen. Diese Freiheit – warum gönnen wir uns die eigentlich erst im Alter? Das Glück im Hier und Jetzt ist alterslos. Und schenkt uns einen unerwarteten Zugang zu dem Thema, das wir so erfolgreich vermeiden, Sie wissen schon ...

Ich habe viel gelesen, vor allem die »Bibel« aller am Alter Interessierten, den Bericht über »Die Berliner Altersstudie«, in dem Spitzenwissenschaftler eine tolle Studie an einer Gruppe alter und sehr alter – dass das nicht dasselbe ist, habe ich gelernt – Berliner Menschen beschreiben[1]. Vorurteile, die wir über das Alter pflegen, sind zum großen Teil falsch, aber im hohen Alter gibt es Alterslasten, auch bei denen, die aktiv geblieben sind und das Beste aus sich gemacht haben.

Meine aufregendste Entdeckung ist die Individualität: Auch wenn wir alle Menschen sind, ist keiner wie der andere, sind Sie nicht wie ich, jeder ist einzigartig, jede kann ihren eigenen Weg gehen und überraschende Inseln und Erdteile entdecken. Was mich schon lange bewegt: Wie kann ich, wie können wir uns die Individualität, unsere Entfaltungsmöglichkeiten und Begrenzungen, wie können wir Einzelnen unseren einzigartigen Weg gerade im Alter bewahren?

Wie wird dieses Experiment »Leben« ausgehen? Jetzt, im Alter? Und wie werden andere diese Frage beantworten?

That's why!

Alter ist Ihre Chance!

Respekt! Oder: Das Paradies ist nicht verloren!

Ja, ich habe Respekt vor Ihnen, denn Sie haben das Buch mit diesem Wort auf dem Cover in die Hand genommen: »alt«! Und jetzt blättern Sie sogar darin. Sie haben Courage! Nicht umsonst hat Joachim Fuchsberger getitelt: »Alt werden ist nichts für Feiglinge«[2]

Viele sind lieber feige und vermeiden die Auseinandersetzung mit ihrem Alterungsprozess ein Leben lang. Ein Leben lang? Sie sind doch jetzt gerade erst alt – pardon! – älter geworden!

Naturwissenschaftlich gesehen stimmt das nicht. Wir altern fast seit Beginn unseres Lebens. Bei der Geburt haben wir ein Überangebot an Nervenzellen. Wenn wir anfangen, mit der Umwelt zu kommunizieren, und zwar vom ersten Tag an, werden Nervenzellen drastisch reduziert, das heißt, sie sterben ab. Bei Neugeborenen! Warum? Um dem Gehirn zu ermöglichen, sich zunächst effektiver um das Überleben zu kümmern. Zu viel ist nicht effektiv. Wenn Kleinkinder sich dann nach und nach ihre Welt erobern, gewinnt der Prozess eine neue Dimension: Es bilden sich aufgabenspezifische Netzwerke aus Nervenzellen, und Zellen, die nicht gebraucht werden, gehen unter.

In der Pubertät fluten die Hormone an – und ganze Netzwerke verschwinden oder werden neu strukturiert, vor allem solche, die mit unseren sozialen Fähigkeiten zu tun haben. Das merkt man am Sozialverhalten pubertierender Jugendlicher. Dieser Zustand hat übrigens einiges mit Ihrer heutigen Lebensphase zu tun, lediglich mit umgekehrten Vorzeichen.

Ihr Körper und Ihr Gehirn, damit auch Ihre geistig-seelischen Fähigkeiten, stellen sich also immer wieder um, und zwar in Abhängigkeit von den Herausforderungen, mit denen wir uns auseinandersetzen müssen. Nervenzellen verschwinden, können aber auch neu gebildet werden, wenn sie gebraucht werden.

Zum Beispiel, wenn Sie jonglieren lernen. Sie sind kein Clown? Würde vielleicht nichts schaden. Es gibt da eine interessante Studie:[3] Hamburger Neurowissenschaftler haben verglichen, was im Gehirn von 20-Jährigen und von 65-Jährigen passiert, wenn sie etwas lernen. Und weil die Forscher sichergehen wollten, dass das zu Lernende für die Teilnehmer neu war, haben sie das Jonglieren ausgesucht. Das macht man ja eher nicht täglich.

Was kam raus? Die Jungen lernten wie zu erwarten schneller. Aber auch bei den 65-Jährigen kam es zu einer Neubildung von grauer Nervensubstanz, den Nervenzellen und den von ihnen gebildeten Vernetzungen. Alte Menschen können, wenn nötig, neue Nervensubstanz bilden, und zwar beträchtlich. Sie übrigens auch! Eine wesentliche Voraussetzung: Das Neue muss Sie interessieren, sonst funktionieren das Lernen und auch die Neubildung der Nervensubstanz nicht.

Was ich für das Nervensystem kurz skizziert habe, spielt sich im gesamten Körper ab – Ihr Leben lang. Ab- und Aufbau passieren in Abhängigkeit von dem, was wir tun.

Dabei hat jeder Lebensschwerpunkt seine optimale Phase: Das biologische Optimum fürs Kinderkriegen beginnt sicher vor 20 und geht vor 30 allmählich runter. Aber ... Ja, klar! Sie haben mit 32 angefangen und mit fast 40 Ihre Jüngste bekommen, und eine Freundin war noch später dran. Was sagt uns das? Unser Organismus hat Phasen, in denen er etwas optimal kann, aber er ist auch zu anderen Zeiten in der Lage, sich hervorragend an die Funktionen anzupassen, die gerade anstehen. Nicht beliebig, mit über dreißig gewinnen Sie keine Goldmedaille im Sprint über 100 Meter mehr, aber auch das ist flexibel, denken Sie an Claudia Pechstein, die hat ihre letzte Goldmedaille mit 34 gewonnen. Und für Nicht-Olympiasieger wie für Sie und mich gilt das allemal: Sie können Ihre Fähigkeiten trainieren, und Sie können auch etwas Neues anfangen! Es wird länger dauern als mit 25, aber es geht.

Deshalb ist das Alter die spannendste und interessanteste Lebensphase überhaupt. Weil Sie wieder frei sind! Frei für neue Erfahrungen, frei, um Neues zu lernen, frei, Ihr Leben neu zu genießen.

Als ich das für mein eigenes Leben begriffen hatte, kam mir die Idee, dieses Buch zu schreiben: Weil ich erlebe, dass so viele ältere Menschen vor dieser auf sie zukommenden Lebensphase Angst haben, weil sie fürchten, dass sie voller Leid und Plackerei sei wird und grau obendrein. Grau ist die Farbe der Depression, auch so eine Heimsuchung des Alters. All das kann eintreten, sicher kennen Sie solche Beispiele. Aber auch mit sechzig und mehr Jahren tragen Sie das Potenzial in sich, mit solchen Herausforderungen fertig zu werden und aus Ihrem Alter Ihre aufregendste und ertragreichste Lebensphase zu machen.

Sie haben gute, vielleicht wunderbare Zeiten erlebt. Nur ist das schon eine Weile her. Heil war Ihr Leben in der Kindheit, Sie fühlten sich geborgen, und Ihre Zukunftserwartungen waren Träume, die aus dieser Geborgenheit erwuchsen. Auch wenn Ihre Kindheit nicht so toll war, blieben Ihnen die Träume vom Paradies. Wenn Ihnen Paradies ungewohnt klingt, wie wäre es mit gelobtes Land? Auch nicht so richtig? Träume passen ganz gut?

Im Leben, das auf die Kindheit folgte, haben Sie diese Träume allmählich vergessen. Schule, Studium, Beruf, Ihre Beziehungen – schon okay, aber oft hatten Sie das Gefühl:

So richtig war das alles nicht. Die Idee vom Ausbrechen hat schnell wieder den vernünftigen Zwängen Platz gemacht. Schließlich sind Ihnen Ihre Träume abhanden gekommen. Sie haben sich erwachsen verhalten und Abstriche gemacht, sind nicht Dirigent geworden, sondern haben nur heimlich die CD von der h-Moll-Messe dirigiert, oder die »Meistersinger«, wenn die Eröffnungsvorstellung aus Bayreuth übertragen wurde. Eine Liebste aus dieser Zeit meinte mal, dass Menschen, die zur Radiomusik dirigieren, wohl ziemlich beschränkt seien. Aus dieser Liebe ist nichts geworden, und heimlich dirigieren Sie immer noch, gerne auch Verdi. Ihr Entdeckerdrang allerdings endete im Robinson Club oder im Dschungelcamp.

Jetzt stehen Sie an der Schwelle zum Alter und fänden es besser, wenn es das noch nicht gewesen wäre.

Machen Sie sich auf! Suchen Sie nach Ihrem ganz persönlichen gelobten Land, zu dem nur Sie Zugang haben! Tasten Sie sich heran! Nicht jeder Schritt muss passen. In Ihrer jetzigen Lebensphase ist Optimierung endlich kein Thema mehr! Sie tun damit mehr für Ihr gutes Alter, als Sie vielleicht glauben.

Ich suche gerne mit.

Der alte Vogel fängt noch ganz schön dicke Würmer

Älter wurden Sie also schon Ihr ganzes Leben lang, ohne es zu bemerken. Aber kaum fühlen Sie sich alt, denken Sie ans Ende. Dass da noch was kommt, übersehen Sie aus Ihrer depressiven Tunnelperspektive.

Aber auch wenn Sie alt sind, werden Sie älter!

Zum Beispiel sind Sie mit 65 in den Ruhestand eingestiegen und haben jetzt die Chance, 80, durchaus auch 90 Jahre alt zu werden. Noch über 20 Jahre! Eine ganze Menge Zeit.

Denken Sie mal zurück: Vor 20 Jahren waren die Kinder gerade in der Pubertät, Sie hatten die vorletzte Stufe der Karriereleiter erklommen, die Zeit war knapp, der Stress erheblich, und entsprechend kriselte es in Ihrer Ehe. Was ist alles in diesen zwanzig Jahren geschehen! Und diesen Zeitraum haben Sie jetzt wieder vor sich.

Alte Menschen sind häufig mehr mit sich im Reinen als Jüngere.

Es wird sich eine Menge ändern, in den nächsten zwanzig Jahren, jede Menge Herausforderungen warten. Aber wieso sollen ausgerechnet Sie nicht damit umgehen können? Menschen wachsen an ihren Herausforderungen. Herausforderungen haben aus Ihnen die Persönlichkeit gemacht, die Sie heute sind, und nur weil Sie älter werden, verlieren Sie Ihre Fähigkeit, mit Herausforderungen klar zu kommen, nicht. Lassen Sie sich nichts einreden! In uns Alten steckt mehr, als diese Spaßgesellschaft glauben will.

Trotzdem haben Sie Angst? Ja, schon: Alter ist nicht nur das Sonnendeck. Viele denken an Alter, Krankheit, Tod.

Krankheit: Nein, Sie werden nicht automatisch krank, wenn Sie älter werden. Aber die Wahrscheinlichkeit, dass Sie krank werden könnten, nimmt zu. Und die Hundertjährigen müssen im Schnitt vier Krankheiten behandeln lassen, zum Beispiel ihre Arthrose[4]. Die arthrotischen Gelenke tun weh und nerven. Doch Sie können lernen, damit zurechtzukommen. Grauer und Grüner Star, Schwerhörigkeit, der Verlust der Zähne, die Demenz: Für all das gibt es zum Teil gute, zum anderen Teil gar keine Behandlungen. Aber auf alles können wir uns einstellen.

Schon klar: Die größte Herausforderung ist der Tod, das letzte Tabu. Nachdem die Sexualität auf die Funktion eines unverzichtbaren Fitnessattributs reduziert wurde, ist er übrig geblieben. Da wollen Sie nicht ran! Ich verstehe Sie. Ich bin selbst siebzig. Aber als Psychotherapeut blieb mir irgendwann nichts anderes übrig, als eine Grundwahrheit zu lernen: Vermeiden macht alles schlimmer.

Versuchen Sie, sich mit dem Tod vertraut zu machen. Es wäre doch nicht das einzige Tabu, dem Sie sich in Ihrem bisherigen Leben angenähert haben.

Ein schöner, überraschender Versuch ist das Buch *Sophia, der Tod und ich*, das es immerhin auf die *SPIEGEL*-Bestsellerliste geschafft hat[5]. Ich musste beim Lesen immer wieder lachen, obwohl in jeder Zeile klar ist, um was es geht. Tiefsinniger ist *Wenn alle Katzen von der Welt verschwänden*[6]. Danach ist es nicht mehr so schwer, an den Tod zu denken.

Wir wissen nicht, was nach dem Tod kommt, und das wird auch so bleiben. Am Tod scheitert die Wissenschaft. Aber tun Sie jetzt nicht so, als ob Sie Ihr ganzes bisheriges Leben nach wissenschaftlichen Kriterien ausgerichtet hätten. Bei der Annäherung verschwindet der Schrecken. Die beste Nachricht ist, dass Sie viel tun können, um gut zu sterben.

Wenn Sie mutig hinschauen, wie Fuchsberger vorgeschlagen hat, wenn Sie sich bewusst machen, dass Leben endlich ist, dann werden Sie begreifen: Heute ist es Zeit für »carpe diem«.

»Genießen ist gescheit«, sagt André Hellers Mutter[7], mit 102! Genießen, in vollen Zügen wahrnehmen, sich nichts von dem entgehen lassen, was Sie wollen. Genießen statt zu malochen. Sie meinen: Genießen können doch nur die Jungen? Was für ein Irrtum! Zum Genießen brauchen Sie Erfahrung. Die haben Sie ja nun wirklich. Wie Bertolt Brecht schrieb:

> »Seid nur nicht so faul und so verweicht,
> denn genießen ist bei Gott nicht leicht,
> starke Arme braucht man und Erfahrung auch,
> und mitunter stört ein dicker Bauch.«[8]

BB bringt gleich noch eine zweite Information rüber: Genießen geht besser, wenn Sie sich dafür fit machen. Das wirft ein ganz anderes Licht auf das Thema Fitness, mit dem Sie sich eigentlich nun wirklich nicht konfrontieren wollten. Es spielt schon eine Rolle, wie Sie beieinander sind in den kommenden zwanzig Jahren. Zeit für Ihr persönliches »Fit für Genuß«-Programm!

Wie das Leben schmeckt – Ihre Chance!

Jetzt könnten Sie Ihr Leben so leben, wie Sie wollen. Endlich müssen Sie nicht mehr nach der Pfeife irgendwelcher anderer Menschen tanzen, Chefs, Partner – Sie können tun, was Sie mögen, sich mit dem beschäftigen, was Sie fasziniert, was Ihnen Spaß macht. Sie können noch einmal neu herausfinden, wie das Leben schmeckt. Und Sie haben den Vorteil, dass Sie schon ziemlich genau wissen, was Sie nicht wollen.

Gut leben können Sie jetzt.

Ihre Chance!

Vermasseln Sie es nicht! Denn ganz so einfach ist es nicht. Warum? Ihr bisheriges Leben war ja keine elektrische Eisenbahn, von irgendjemandem gesteuert, an dessen Stelle jetzt Sie mit dem Trafo spielen dürfen. Es setzte sich vielmehr aus Gewohnheiten, Automatismen und Routinen zusammen, die Ihnen zwar nicht so richtig bewusst waren, aber an denen Sie kräftig mitgewirkt haben.

Vom Wind der Freiheit umweht, denken Sie jetzt: »Na, dann mache ich das eben anders.« Versuchen Sie es mal! Sie werden feststellen, dass kaum etwas so schwer zu verändern ist wie Gewohnheiten. Denn auch wenn sie Ihnen lästig vorkommen, haben sie Ihr Leben stabilisiert, leichter gemacht. Ohne diese Stabilisatoren schwankt es wie auf dem wilden Ozean, und Sie müssen alle Sinne mobilisieren, um halbwegs vernünftig zu navigieren. Schadet nichts, dafür haben Sie Ihre Sinne! Die sind nur etwas ungeübt, weil sie längere Zeit wenig zum Einsatz kamen. Aber das ist ja das Wunderbare an unserem Organismus: Die Funktion folgt den Anforderungen. Ohne dieses robuste Prinzip gäbe es die Menschen nicht. Und Sie gibt es ja offensichtlich.

Wie kommen Sie nun an Ihre Gewohnheiten ran?

Behutsam, aber entschlossen. Gewohnheiten bestimmen Ihre Komfortzone, also den Bereich, in dem Sie sich wohl- und sicher fühlen. In der Komfortzone ist alles vertraut. Und sehr persönlich. Ihre Komfortzone gehört zu Ihnen.

Vielleicht ist es der Fernsehsessel. Meine Komfortzone ist das nicht, aber vielleicht Ihre: ein bequem verstellbarer, gut gepolsterter Sessel, leicht erreichbare Ablagefläche für Aschenbecher, Bierglas und eine komfortable Fernbedienung, um den hervorragenden Großbildschirm anzuwerfen. Okay.

Nein, ich habe gar nichts gegen Ihre selbst gewählte Regenerationszone, wenn Sie nach einem harten, meist mit Überstunden garnierten Arbeitstag nach Hause kamen und abschalten wollten, wenn Ihre Frau schon im Bett, bei der Nachbarin zum Prosecco, oder gar nicht vorhanden war.

Nur – jetzt, im Ruhestand? Wollen Sie aus einer Dreiviertelstunde Komfortsessel acht Stunden machen? Ehrlich gesagt ist das mit einem Leben, das diesen Namen verdient, nicht vereinbar.

Für andere ist das Bett diese Komfortzone. Schlafen hat Sie immer wunderbar regeneriert. Aber auch das können Sie nicht den ganzen Tag machen. Ja, leider, ist so.

Wenn Sie dem Gegenentwurf gefolgt sind und Ihr bester Ort das Fitnessstudio war, sind Sie schon etwas zukunftsträchtiger aufgestellt; aber wenn Sie nicht wie Sylvester Stallone aussehen wollen, können Sie dort nicht permanent trainieren.

Weiter kommen Sie, wenn Sie Ihr Leben ändern. Das Leben ändern? Nichts leichter als das – haha! Doch, schon: Sie werden zwar auch zukünftig nicht ohne Routinen und Gewohnheiten auskommen, aber welche das sind, sollten Sie neu definieren. Und dafür müssen Sie erst mal raus. Raus! Ändern Sie Ihren Horizont.

Machen Sie eine Reise. Nein, nicht so eine, bei der Sie Ihre Komfortzone auf einer der sehr beliebten Kreuzfahrten in die weite Welt mitnehmen, wo Sie Fernsehsessel, Bett, Fitnessstudio und noch einige andere Annehmlichkeiten *all inclusive* bekommen. Reisen Sie ins Unbekannte! In ein Land, in dem Sie noch nie waren. Wie Ihr Alter: Das ist auch ein Land, das Sie noch nie betreten haben und das Ihnen nicht vertraut ist. Gerne auch mit dem Rucksack! Da müssen Sie Ihr Gepäck reduzieren, eine neue und sehr heilsame Erfahrung. Fahren Sie in eine unbekannte Stadt, gehen Sie in die Cafés der Einheimischen, versuchen Sie, etwas von diesem anderen Leben mitzubekommen. Andere Sitten, andere Zeiten, anderes Essen – und vor allem: andere Erfahrungen. Ein paar Wochen. Wenn Ihnen das zu teuer erscheint, machen Sie es einfacher: Hostel statt Hotel? Finden Sie es raus! Andere Erfahrungen ermöglichen Ihrem danach geradezu hungerndem, aber bisher brachliegendem Nervensystem, sich auf seine Fähigkeiten zu besinnen, eben wenn Sie Neues erleben. *Enriched environment* nennen das die Neuro-Forscher. Diese Bereicherung hilft Ihnen, die alten Muster aus den Knochen zu schütteln und Ihr Leben auf neue Gleise zu stellen.

Diese Findungsphase für das neue Leben, die Eindrücke von Ihrer Reise nehmen Sie mit, und in der Auseinandersetzung mit dem, was Ihr veränderter Geist zu Hause vorfindet, basteln Sie sich das neue Leben.

Dafür brauchen Sie einen etwas längeren Atem. Besonders fruchtbar sind Momente der Leere: Stellen, an die eine der alten Gewohnheiten gut hinpassen würde. Machen Sie jetzt den nächsten Schritt nicht automatisch, lassen Sie ruhig eine

Pause zu, ein Vakuum. Wie sollen Sie es füllen? Sie sollen gar nichts! Freiräume, Offenheit ziehen Neues an. Wenn Sie sich daran gewöhnen, Leere zu ertragen, können Sie merken, dass das eine ganz eigene Qualität hat. Es gibt Meditationen, in denen das Wesentliche zwischen den Atemzügen passiert. Apropos Meditation: Sie müssen das wirklich nicht tun, aber glauben Sie mir. Meditation hilft ganz ungemein auf dem Weg zu sich selbst – 10 bis 20 Minuten täglich.

Frisch meditiert können Sie sich das Neue in Ihrem Leben anschauen, auch wenn es erst in Ihrem Kopf ist.

Auf ein paar Details sollten Sie aufpassen:

◆ Was auch immer Sie neu machen, es sollte Sie interessieren (Erinnern Sie sich an das Experiment mit dem Jonglieren?): Klavier spielen, Sprachen lernen, rauf und runter, Zweit- oder Drittstudium, was immer Ihnen einfällt. Neue Sportarten, Golf? Ihr Interesse mobilisiert in Ihrem Gehirn die nötigen Reserven. Außerdem – warum sollten Sie jetzt noch etwas machen, was Sie nicht interessiert?

◆ Geben Sie sich einen Zeitraum zum ausprobieren. Schnuppern Sie in etwas Neues rein, ohne Leistungsdruck und mit dem einzigen Ziel, rauszufinden, ob es Ihnen gefällt und guttun könnte.

◆ Auf das Körperliche müssen Sie jetzt mehr Augenmerk richten als früher, obwohl Ihnen das auch schon seit einer ganzen Weile gut bekommen wäre: Wenn Sie Kraft, Koordination und Ausdauer nicht üben, bauen Sie ab. Es macht schon Sinn, in der Muckibude mehr Gewicht aufzulegen.

◆ Bei sich selber sollten Sie das Gegenteil tun. Da ist weniger Gewicht besser als mehr. Essen Sie gut, aber nicht viel, denn mit zunehmendem Alter bringt schon das Betrachten des Essens die Waage zum Entgleisen.

◆ Wenn Sie Alkohol trinken wollen, tun Sie es maßvoll und nicht regelmäßig, achten Sie auf Qualität.

- Rauchen kann ein netter Verstärker sein, der Ihnen schadet. Wie Sie schon tausend Mal hören und lesen konnten, macht es Ihre Gefäße kaputt und steigert die Wahrscheinlichkeit, an allen möglichen Krebsen zu sterben. Helmut Schmidt war eine sehr, sehr seltene Ausnahme. Jetzt ist spätestens der Zeitpunkt, an dem Sie entscheiden müssen, wie Sie es mit Ihren Zigaretten in Zukunft halten wollen; denn Sie verändern diese Ihre Zukunft mit jeder Zigarette zum Schlechten.

- Sex – klar! Es wird viel von »gutem Sex« geredet. Ist dabei nur Ihr Befinden gefragt, können Sie sich auch selbst befriedigen. Das hat durchaus seine Qualität. Wenn es Ihnen wirklich um Sexualität geht, brauchen Sie eine entsprechend aufregende Partnerin beziehungsweise einen aufregenden Partner. Vielleicht haben Sie die/den längst, und es ist Ihnen nur nicht aufgefallen? Neues Leben – neuer Blick! Oder Sie müssen vielleicht auch in diesem Bereich Ihr Leben noch mal ändern.

- Ja, kochen ist toll, und das aus verschiedenen Gründen: Sie lernen, was im Essen drin ist, was Ihnen schmeckt, was weniger, Sie können kontrollieren, was Sie zu sich nehmen. Sie lernen, wie das Leben schmeckt und – hoffentlich – zu genießen: Wie schmecken die Blätter der Kaffir-Limette oder Kreuzkümmel? Was macht den einzigartigen Geschmack eines Bio-Hühnchens aus? Kochbücher kaufen ist lustvoll, aber kochen Sie nicht nur nach fremden Rezepten, sondern fangen Sie irgendwann an, eigene Rezepte zu entwickeln.

Sie sehen, es ist eine aufregende Lebensphase, auf die Sie sich jetzt einlassen. Dennoch: Alt werden ist kein Angebot aus einem Freizeitpark oder aus einem Wellness-Center, auch wenn Wellness schon mal einen Platz in Ihrem Zeitplan haben könnte. Selbst wenn Sie viel für sich tun, körperlich und geistig in einem guten Zustand bleiben, werden Sie allmählich weniger. Ihr Leben verändert sich von der aktiven zur kontemplativen Seite: Anschauen, betrachten ersetzt das Machen.

Das ist Ihnen fremd? Bei aller intellektuellen Offenheit, auch gegenüber problematischen Themen, damit wollen Sie sich nun nicht beschäftigen? Einschränkungen hinnehmen ist ja so furchtbar.

Entschuldigen Sie, ich glaube, Sie machen einen Denkfehler. Denn Sie können heute nicht beurteilen, wie Sie sich später einmal, in einer ganz anderen Situation, verhalten werden; Sie können nicht einschätzen, wie sich das andere Leben anfühlt. Das finden Sie immer nur im Hier und Jetzt heraus. Oder wussten Sie als 10-Jähriger, wie sich der erste Sex mit 17 anfühlen würde, oder als 16-Jährige, wie es sein würde, mit zwei Kindern und in der Tretmühle eines nervigen Jobs zu leben?

Alfred Biolek, mit dem ich als überzeugter Nicht-Fernseher erst in Kontakt kam, als ich ein Interview mit dem 83-Jährigen las, antwortete auf die Frage, was er heute genieße:

»Es ist eigenartig. Obwohl ich fast alles, was mein Leben ausgemacht hat, nicht mehr machen kann, lebe ich immer noch gern. ... Ein Blick aus dem Fenster auf den Park. Ich beobachte, wie sich die Jahreszeiten ablösen und die Natur sich verändert. Ich habe immer Blumen in der Wohnung ...«
Und auf die Frage:
»Was für ein Verhältnis haben Sie zum Älterwerden?«, antwortete er:
»Ein entspanntes, es gibt ja keine Alternative.«[9]

Um mit diesem unausweichlichen Prozess zurecht zu kommen, ist ein entspanntes Verhältnis in der Tat die sinnvollste Haltung. Das hilft Ihnen auch bei den vielen neuen Dingen, die Sie lernen wollen.

Bin ich schon alt?

Chance hin, Chance her – Ihnen ist nicht geheuer, dass Sie alt werden?

Das wurde Ihnen in dem Moment klar, als Sie in den Spiegel schauten, als Sie die Treppe nicht so schnell hochkamen wie sonst, als Ihre Tochter plötzlich feststellte: Papa, du hast ja Altersflecken auf den Händen!

Und nun? Sie brauchen sich nicht zu genieren, denn Sie sind in guter Gesellschaft!

»Wenn es (das Alter) sich unseres eigenen Lebens bemächtigt, sind wir bestürzt.«[10]

Wenn die schon so scharfsinnige Simone de Beauvoir »bestürzt« schreibt und sich dabei ausdrücklich mit einschließt, dann kann Sie erst recht niemand zwingen, heiteren Sinnes in den Lebensabend hineinzuschreiten. Alter zu realisieren, ist irritierend.

Der Beginn ist nicht eindeutig. Beauvoir schreibt, dass sich das Alter unseres Lebens bemächtige. Das tut es natürlich nicht. Vielmehr können Sie irgendwann den Gedanken nicht mehr unterdrücken, weil sich die Hinweise mehren. Hinweise, die Sie wahrscheinlich längere Zeit verdrängt haben und von denen Sie nicht genau wussten, wie Sie sie einordnen sollten: dass Sie die anderen schlechter verstehen – die nuscheln ja immer so! –, dass die Beine steif sind, dass Sie Namen so schnell vergessen – sie kommen zwar wieder, aber nicht auf die erste Anforderung –, diese eine Alterswarze, bei deren Erscheinen Sie an schwarzen Hautkrebs dachten und so schnell, wie Ihnen unser Gesundheitssystem einen Termin gab, zum Hautarzt rannten, der nur gutmütig lachte: Es ist kein klarer Schnitt, es hängt auch kein Etikett dran, »ab jetzt Alter«, nein, es ist für lange Zeit ein Zwischenzustand: Sie werden älter.

Die Beauvoir hat es wohl selbst so erfahren, sonst könnte sie es kaum so präzise beschreiben:

»... alte Leute ... nehmen den Standpunkt eines noch jungen Menschen ein, der es beunruhigend fände, wenn er schwerhörig oder weitsichtig wäre, wenn er gesundheitliche Beschwerden hätte oder rasch ermüdete.«[11]

Diese Beunruhigung begleitet Sie lange Zeit, ein inneres Hin und Her zwischen realisieren und nicht realisieren, das Sie quälen kann, wenn es zur inneren Unruhe wird, die ein häufiges Symptom der Depression ist.

Sie treibt die Frage um, ob es wieder wird. Genau davon handelt dieses Buch: Was können Sie tun, dass es wieder wird? Meine Antwort dazu ist glasklar: Nur wenn Sie etwas für sich tun, kann es wieder werden. Und wenn wir nun schon bei den härteren Wahrheiten sind: Sie müssen erhebliche Disziplin reinstecken! Einfach ein bisschen rummachen, hier mal ein bisschen Gymnastik, da mal eine Zigarette weniger – das wird Ihnen kaum etwas bringen.

Bereits das Wort Disziplin fanden Sie immer nervig; es genügte, so zu sein, wie Sie eben sind, und jetzt, ausgerechnet jetzt, wo Sie es mit dem Älterwerden ohnehin schon schwer genug haben, sollen Sie auch noch diszipliniert sein?

Vielleicht hilft Ihnen das hier: Es ist Ihre Disziplin. Andere geht das nichts an.

Noch eine Wahrheit – und danach reicht es erst mal: Sie werden sich verändern in den kommenden Jahren, nicht nur äußerlich, sondern auch in Ihrer inneren Einstellung. Vieles wird Ihnen nicht mehr so wichtig sein, und zu vielem werden Sie eine neue Haltung entwickeln. Man könnte sagen, Sie werden reifer. Natürlich, Sie kennen das Spiel ja jetzt schon, hilft es, wenn Sie auch dafür etwas tun. Sie können sich dagegen sträuben, aber das ist dann eher komisch.

Wenn Sie Ihren Frieden mit dem Älterwerden machen, wird es Ihnen besser gehen. Dem damals 83-jährigen, also ganz schön alten Alfred Biolek scheint es gut zu gehen. Entspannt älter werden klingt nicht so schlecht, oder?

Ich habe den Vortrag eines ZEN-Meisters gehört, Thich Nhat Hanh, der auch im Westen bekannt ist. Zu jenem Zeitpunkt war er schon ziemlich alt, über siebzig mindestens. Das Verblüffende war, dass ich sein Alter nicht schätzen konnte. Als er seinen Vortrag begann, saß da ein schlanker, aber unverkennbar alter Mann. Und während seiner Rede dachte ich plötzlich: Er spricht ja wie ein Junger, er ist noch ganz jung. Später habe ich ihn am Flughafen gesehen, ich stand hinter ihm in der Schlange. Er hatte eine dicke Mütze auf dem Kopf, und wieder dachte ich, er ist ja noch ein ganz junger Kerl.

Wenn Sie Ihr Alter akzeptieren, können Sie jung wirken – und in gewisser Weise auch jung sein. Oder vielleicht zeitlos?

Und noch eine gute Nachricht: Das Alter hat sich verändert. Simone de Beauvoir zitiert in ihrem Buch die Äußerungen berühmter Persönlichkeiten. Manche werden Sie nicht kennen, aber sie waren zu ihrer Zeit bedeutsam: Mark Aurel, Michel de Montaigne, Sigmund Freud und natürlich Jean-Paul Sartre, der Lebensgefährte Beauvoirs. Deren Meinungen über das Alter sind negativ gefärbt, pessimistisch. Aber das Alter hat sich gewandelt. In den vergangenen 30 Jahren wurde nicht nur unsere Lebenserwartung länger, sondern diese gewonnenen Jahre sind auch mit einer, noch vor zwei Generationen unvorstellbaren, verbesserten Lebensqualität verbunden. Die Rolling Stones, die Stars meiner Jugend – obwohl ich die Beatles lieber mochte –, treten immer noch auf! Rockstars! Sie sind allesamt über 70! Und der Reporter Kurt Kister, der Chefredakteur der *SZ* ist, schreibt:[12]

> »Ich hätte 1975 nicht gedacht, dass ich mal 60 würde. Und ich hätte schon gar nicht gedacht, dass ich in diesem schrecklichen, haarverlierenden, weltmüden Alter dann mit ein paar Zehntausend Leuten in einem Stadion darauf warten würde, ob Mick Jagger, faltig, fertig, dynamisch, ganz der Alte, ins Mikro schreien würde: Pleased to meet you, hope you guess my name.«

Weltmüde sind die über 60-Jährigen eben nicht mehr!

Unerschrocken
dem Alter begegnen

Gesamtkunstwerk Mensch

Alter ist ein Thema, das wie kein anderes den ganzen Menschen betrifft. Und der ist ein Gesamtkunstwerk. Auch Sie. Um das Kunstwerk zu verstehen, bleibt uns nichts anderes übrig, als seine Teile anzuschauen. Die sind noch wunderbar genug und geprägt von vielfachen komplexen Wechselwirkungen.

Nehmen wir unser Gehirn, beziehungsweise das, was wir von seiner Existenz mitkriegen. Sie können davon ausgehen, dass uns der größte Teil der Hirnaktivität verborgen bleibt, weil er unbewusst abläuft: Notiz nehmen wir von dem, was wir Geist und Seele nennen, konkret Stimmung, Antrieb, Motivation, Kognition. Ohne dass wir es merken müssen, steuert das Gehirn unsere Körperlichkeit und wird umgekehrt von den anderen Aspekten dieses Gesamtkunstwerks Mensch beeinflusst. Von Nerven, Muskeln, Sehnen, Knochen und Gelenken, also dem sogenannten Bewegungsapparat, der in Kooperation mit dem Gehirn Gleichgewicht, Tonus, Kraft, Ausdauer reguliert, unsere Bewegungsfähigkeit. Von der Wechselwirkung zwischen Gehirn und Herz-Kreislauf-System merken wir meistens ebenfalls nicht viel; denn diese lebenswichtigen Funktionen spüren wir nur dann, wenn sie nicht mehr reibungslos ablaufen: Herzschlag, Blutdruck, Durchblutung der Organe. Unser Hormonsystem wiederum reguliert das Zusammenspiel von Körperfunktionen, Verhalten und Befindlichkeit und verändert sich in Abhängigkeit von den verschiedenen Altersphasen stark; ich sage nur Pubertät oder Menopause.

Ohne unsere Verdauungsorgane geht nichts, und sie beeinflussen beileibe nicht nur die Verdauung. Eine Theorie spricht sogar vom zweiten Gehirn im Darm. Unser gesamter Stoffwechsel beruht auf der Interaktion von Nahrungsaufnahme und -verarbeitung.

Noch geheimnisvoller ist das Immunsystem, unsere höchst individuelle Abwehr gegen Bedrohungen von außen, Bakterien und Viren, und von innen, eigene Zellen, die zu Krebszellen mutiert sind und sich gegen unseren Organismus wenden. Die endliche Leistungsfähigkeit des Immunsystems bei der Reparatur von Mutationen scheint wohl einer der Faktoren zu sein, die das überhaupt erreichbare Lebensalter begrenzen.[13] Was die Mikroorganismen angeht, ist die Betrachtung, dass wir die nur abwehren müssten, eher falsch; heute geht man davon aus, dass jeder von uns über einen individuellen Cocktail von Mikroorganismen verfügt, der Nahrungsverwertung, Befinden und Immunsituation bestimmt: das Mikrobiom. Letztlich bestehen wir aus Zellverbänden, die unglaublich faszinierend sind und die wir bisher nur ansatzweise verstehen.

Dabei will ich es erst mal bewenden lassen, weil wir mit dem Wissen um diese Systeme schon ziemlich weit kommen, wenn wir uns und unsere Alterungsprozesse verstehen wollen. Sie können auch noch Umwelt und soziale Systeme mitdenken, in die unsere Persönlichkeit eingebettet ist.

Die geschilderten Systeme machen insgesamt unser Dasein aus, unsere Gesundheit und unser Befinden. Sie beeinflussen sich gegenseitig und können durch unser Verhalten beeinflusst werden. Doch von allen Einflüssen wirkt sich das Alter über die Zeit am stärksten aus. Auch wenn diese Auswirkungen im Einzelnen sehr unterschiedlich sind, kann man sie in einem Satz ausdrücken: Wir werden weniger.

Und das findet niemand lustig. Es wird als Herausforderung schlechthin verstanden, als Zumutung. Letzteres insbesondere vor dem Hintergrund, dass Wachstum die allumfassende Devise unserer Zivilisation ist.

Alles, was altert, führt diesen Glaubenssatz ad absurdum. Nicht zuletzt deswegen wollen viele vom Alter nichts wissen. Vor allem in der westlichen Kultur.

Um den Einfluss des Alters einschätzen zu können, brauchen Sie die weite Perspektive, müssen Ihre Veränderungen über einen langen Zeitraum betrachten. Je kürzer die Zeiteinheiten Ihrer Betrachtungen sind, desto weniger bekommen Sie vom Alter mit.

Und doch können wir nur im Jetzt versuchen, unsere Existenz zu beeinflussen, vor allem im Blick auf das Altern. Darin liegen Risiko wie Chance.

Wann also spielt unser Einfluss eine Rolle?

Bei der Ernährung!

Sie haben wahrscheinlich bereits gelesen, dass ein großes Problem der westlichen Zivilisationen das Übergewicht ist. Die Art und Weise, wie Sie Ihre Nahrungsaufnahme steuern, und das daraus resultierende Gewicht haben immense Bedeutung für Ihre Gesundheit: Der Bewegungsapparat, das Herz-Kreislauf-System, Ihr Stoffwechsel, die Befindlichkeit, Motivation und sogar die Immunabwehr werden durch Übergewicht wohl negativ beeinflusst. Wenn Sie Übergewicht haben, wächst unter anderem die Wahrscheinlichkeit, dass Sie an irgendeinem Krebs erkranken.

Der wichtigste Gegenspieler der Ernährung ist die Bewegung, ein Wunder!

Natürlich brauchen Sie Nahrung, um sich bewegen zu können. Aber Sie überschätzen die Menge, die Sie brauchen, bei Weitem! Machen Sie sich nur mal klar, dass in der Zeit, als wir Menschen entstanden sind, als wir uns zum Homo sapiens entwickelt haben, um 120000 bis 80000 vor Christus,

Nahrung in unserem heutigen Sinn überhaupt nicht existierte: Möglicherweise hat es die Menschwerdung entscheidend beflügelt, dass diese Lebewesen, die unsere Vorfahren waren, nicht mehr Affe, aber noch nicht so richtig Mensch, relativ wenige, nährstoffarme Pflanzen suchen und finden mussten – die Sammlerinnen waren wohl vor allem Frauen und Kinder – oder Tiere jagen, die ziemlich schnell weglaufen konnten. Diese hatten ihre genetische Ausstattung nicht in der Auseinandersetzung mit den Menschen erworben, die es ja noch gar nicht gab, sondern mit Raubkatzen, Wölfen oder Hyänen. Und vor diesen mussten die jagenden Menschen, vorwiegend Männer, sich noch dazu hüten, denn sie gehörten in deren Beuteschema. Unsere Vorläufer waren also Jäger und Gejagte. Sie können davon ausgehen, dass diese sich ständig bewegten, mit erheblicher Ausdauer rannten, mit großer Wendigkeit und beachtlichem Geschick mit Beute- und Raubtieren umgingen und dass sie stark waren: Selbst gegen eine Neandertaler-Frau hätte Arnold Schwarzenegger keine Chance gehabt.

Kraft und Ausdauer folgen der Funktion: Das ständige hungrige Rumrennen war gut für die Menschen und wahrscheinlich eine der Vorbedingungen fürs Überleben. Und so ist es vermutlich zu erklären, dass Bewegung auch heute, nachdem sich die Lebensbedingungen völlig verändert haben, das Geheimrezept gegen alles ist, an was wir nicht leiden wollen: Depression, Demenz, Krebs, Herz-Kreislauf-Erkrankungen. Beweger haben eine wesentlich bessere Widerstandskraft gegen Stress. Und gegen die Effekte, die das Alter auf unseren Organismus ausübt, sowieso!

Warum gibt es dann noch Menschen, die sich nicht bewegen? Man kann es nur als Ausdruck ziemlicher Ignoranz gegenüber unserer Menschwerdung verstehen. Schon in den 1940er-Jahren fand der englische Arzt Jerry Noah Morris heraus, dass die Schaffner in den Londoner Doppeldeckerbussen deutlich weniger Herzinfarkte erlitten als die Fahrer.[14]

Der einzige Unterschied zwischen den beiden Gruppen: Die einen saßen, die anderen waren ständig in Bewegung. Der lebensverlängernde Einfluss von Bewegung hängt natürlich davon ab, wie diese Bewegung von Muskeln, Gelenken und Knochen toleriert werden kann: Harte körperliche Arbeit auf dem Bau oder dem Feld kann uns schädigen oder kaputt machen.

Eine weitere Einflussgröße, die uns voraltern lässt, sind Gifte, die wir zum Genuss oder um uns zu stimulieren zu uns nehmen. Sie denken jetzt an die verschiedenen Rauschgifte? Na ja: Die mit Abstand größten Gesundheitsschäden werden durch Rauchen und Alkohol verursacht, beide legalisiert und gesellschaftlich akzeptiert.

Zusammenfassend bedeutet all das: Unser Funktionsgefüge verändert sich mit zunehmendem Alter. Wir können die altersbezogenen Veränderungen in gewissen Grenzen beschleunigen oder verlangsamen.

Alter verändert Körper, Geist und Seele

Was passiert eigentlich, wenn Sie älter werden?

Okay, Sie glauben, Altern verhindern zu können, indem Sie nicht darüber nachdenken. Obwohl Sie und ich wissen, dass das ein bisschen schwachsinnig ist. Aber es ist ein nachvollziehbares, menschliches Verhalten, so verständlich, dass es dafür einen psychologischen Begriff gibt, und der heißt »vermeiden«: Was Sie dadurch aus der Welt schaffen wollen, wird im Allgemeinen schlimmer.

Wenn Sie diese Phase des nachvollziehbaren, menschlichen Schwachsinns überwunden haben – Sie sind ja mutig, sonst hätten Sie dieses Buch gar nicht in die Hand genommen –, können Sie sich genauer anschauen, was Sie keinesfalls wollen: Sie wollen nicht in einen Zustand kommen, in dem sich Menschen befanden, die Sie als alt erlebt haben. Denn

Sie befürchten, dann alt auszusehen. Alt aussehen – eine Formulierung von Jungen über Alte oder über vom gerade angesagten Trend Abgehängte. Das Aussehen als Hinweis, dass mit Ihnen nicht mehr viel los ist, also der Verweis auf Niederlagen, Versagen, ins Hintertreffen geraten.

Nebenbei bemerkt: Aus Sicht von uns Ältergewordenen ist es eigentlich belanglos, was die Jungen über uns denken. Entscheidend ist, wie wir mit unserem Alter auskommen. Immer wieder aus der Perspektive des jeweiligen Moments, der seine je eigene Herausforderung mit sich bringt. Für solche Herausforderungen gibt es heute mehr Hilfsmittel denn je. Die können Sie aber nur nutzen, wenn Sie die Auseinandersetzung mit dem Alter eben nicht vermeiden.

Die Angst vor dem »alt aussehen« haben die Verschönerungsarbeiten an unserer Oberfläche zu einem Millionengeschäft gemacht. Nichts dagegen. Jeder Hausbesitzer achtet auf die Fassade. Wir kommen noch darauf. Aber die Veränderungen von Haut und Hautanhangsgebilden, wie es fachsprachlich ernüchternd heißt – also Haut, Haare, Flecken, Warzen –, sind nicht alles. Eigentlich sogar der kleinste Teil.

Wichtiger, und prägend für das Aussehen, sind die Muskeln. Die können Sie nicht direkt sehen, und deswegen ist Ihnen deren Bedeutung für Ihre Optik nicht so bewusst: Tatsächlich wird Ihre Gestalt, Ihre Anmutung wesentlich durch Ihre Muskulatur geprägt, Rücken, Bauch Arme, Beine, aber vor allem eben auch im Gesicht. Muskeln haben Volumen, das die Wölbungen Ihres Körpers prägt, zusammen mit dem Fettgewebe. Ich gebe zu, das ist eine sehr nüchterne Beschreibung für etwas, das ästhetisch und begehrenswert aussehen kann. Muskeln verändern sich, abhängig davon, wie Sie sie bewegen. Gebrauchen Sie sie, so bleiben sie erhalten, trainieren Sie sie, so werden sie größer, sind Sie inaktiv, so nehmen sie ab. Im Alter ist das Abnehmen beschleunigt.

Die von Ihnen so verabscheuten Falten entstehen nicht nur, weil die Haut nicht mehr elastisch ist, sondern auch, weil die relevante Substanz darunter fehlt. Das heißt: Substanz ist schon noch da, aber nicht die erwünschte. Muskeln werden durch Fettgewebe ersetzt, sodass Sie den Verlust zunächst kaum wahrnehmen. Aber Fett ist wabbelig und bleibt passiv. Es wird nicht durch Tonus und Bewegungen moduliert. Dadurch erscheint Ihre Fassade irgendwie lebloser, und durch das Schrumpfen bekommen Sie Falten – besonders leicht am Hals und am Oberarm, wo man kaum etwas dagegen machen kann. Gleichzeitig verändert sich die Haltung, die, sofern vorhanden, durch den Tonus der Muskulatur geprägt wird, vor allem durch den Tonus der großen Haltemuskulatur im Rücken und weniger im Bauch. Fett kann nichts halten und noch weniger bewegen. Ihre Haltung, die Ihr ganzes Erscheinungsbild ausmacht, können Sie willentlich kaum beeinflussen, sondern sie trägt, ohne dass Sie es bemerken, zu Ihrem Erscheinungsbild und seiner Wirkung bei. Natürlich funktioniert »Rücken gerade, Brust raus, Bauch rein!«, aber immer nur für wenige Sekunden.

Muskelabbau hat aber nicht nur ästhetische Folgen: Der Zustand Ihrer Gelenke hängt entscheidend davon ab, wie sie von den Muskeln gehalten werden. Das macht sich an Hüften und Knie bemerkbar und vor allem an der Wirbelsäule. Die Ursache für Schmerzen, Schmerzmittelmissbrauch, unnötige Operationen sind ganz überwiegend degenerative, durch Inaktivität reduzierte Muskeln. Dieses Problem spielt schon bei vielen Jugendlichen eine Rolle und wird im Alter durch den beschleunigten Muskelabbau immer drängender. Es hilft nichts. Sie müssen in die Muckibude!

Letzten Endes moduliert Ihr Geisteszustand Ihr Verhalten und das wiederum Ihren Muskelzustand. Da liegt der Hund begraben.

Während Sie von den Haltungsproblemen lange Zeit nichts spüren, fallen Ihnen andere körperliche Einschränkungen eher auf: Sie müssen sich für vieles anstrengen, das mal selbstverständlich war; Treppen rauf- und runterrennen, auf einem Bein balancieren können Sie kaum noch, Tennis oder Fußball spielen, sich aufs Fahrrad schwingen so lala.

Vieles davon hat nicht nur mit der Muskulatur, sondern mit dem verminderten Gleichgewichtssinn zu tun.

Üben!

Sie meinen, das hätte keinen Sinn mehr? Da liegen Sie falsch! Erinnern Sie sich an die Hamburger Oldies, die jonglieren gelernt haben. Und was noch wichtiger ist: Geisteszustand moduliert nicht nur die Muskeln, sondern Bewegung moduliert Geisteszustand. Da kommen wir später noch hin.

Hören und sehen:

Sie brauchen eine stärkere Brille und oft ein Hörgerät. Dass das nicht nur Ihnen so geht, sehen Sie an den aus dem sonst nicht so fruchtbaren Boden der Städte sprießenden Akustik-studios und Brillenläden. Sie wären schnell allein, wenn Sie sich um dieses Defizit nicht kümmern würden.

Schmerzen:

Ihnen tut häufig Verschiedenes weh, und wenn Ihr Arzt Sie ließe, wären Diclofenac und Ibuprofen Ihre ständigen Begleiter. Aber da er ein Guter ist, hat er Ihnen die ziemlich hässlichen Folgen einer Dauermedikation deutlich gemacht, und Sie sind gerade dabei, sich in alternative Schmerzbekämpfung einzuarbeiten. Auch darüber reden wir noch.

Sex:

Im Bett verändert sich ebenfalls einiges. Bei vielen passiert dort außer schlafen nur noch sehr selten etwas, und das ist dann meist nicht so dolle. Das liegt an Ihnen.

Inkontinenz:

Kein Scherz. Das ist Ihnen richtig peinlich, denn in die Hose haben Sie zuletzt als 2-Jährige gemacht. Auch in diesem Punkt sind Sie nicht allein: Etwa 30 Prozent der über 65-Jährigen, vor allem Frauen, haben damit Probleme. Ein Hammer! Haben Sie nicht gewusst. Vermutlich auch nicht gewusst haben Sie, dass Sie das gut in den Griff bekommen können:

»In einer Cochrane-Analyse aus 13 randomisierten Studien mit 714 Frauen wurde der Wert der Beckenbodengymnastik gegenüber Placebo bei weiblicher Belastungsinkontinenz untersucht. Die Wahrscheinlichkeit, wieder kontinent zu werden, war in der Verumgruppe 17mal und damit signifikant erhöht.«[15]

Sie haben kein Wort verstanden? So sind sie, die Ärzte! Das Zitat ist nämlich aus dem *Deutschen Ärzteblatt,* das nun nicht grad ein Hort unverständlicher Wissenschaft sein, sondern eine gut verständliche Botschaft für alle vermitteln sollte. Übersetzt steht da, dass Beckenbodengymnastik, also ein nicht-medikamentöses Verfahren, einen tollen Effekt hat, nämlich Inkontinenz verhindern kann. Auf jeden Fall kann es nicht schaden, wenn Sie sich mit dieser Art von Sprache allmählich vertraut machen, denn die erwähnte »Cochrane-Analyse« ist ein Verfahren, das besagt, welche Methode tatsächlich wie wirksam ist. Und diese Art Analysen sollten Sie verstehen können, wenn Sie sich mit Ihrem Arzt darüber streiten wollen, ob Sie sich nun operieren lassen oder doch lieber zur Krankengymnastik gehen. Wir kommen darauf zurück.

Die sensible Seele:

Sie werden empfindlicher. Wenn Sie mit vermeintlichen oder echten Kränkungen nicht aktiv umgehen, werden Sie depressiv. Also: Die Gelassenheit, von der Biolek spricht, kommt nicht von selbst, auch dafür müssen Sie etwas tun.

Vergesslichkeit:
Sie werden mit unterschiedlichen Schwerpunkten vergesslicher, auch wenn das nicht gleich auf Demenz hindeutet. Aber auch das kann der Fall sein.

Dies ist eine Auswahl dessen, was Älterwerden Ihnen bringen kann. Ich verstehe gut, dass Sie so nicht sein wollen. Aber um das Wollen geht es hier nicht, denn diese Veränderungen kommen. In unterschiedlicher Ausprägung. Und eben diese Unterschiede hängen nicht unwesentlich davon ab, wie Sie mit sich selbst umgehen.

Die gute Nachricht wollen wir also noch einmal wiederholen:
Sie können den Alterungsprozess beeinflussen, denn sehr viele Dinge aus diesem Gruselkatalog stimmen so nicht (Sex!), lassen sich aufhalten (Übergewicht und muskuläre Schwäche, Inkontinenz) oder ganz verhindern (Depression). Oder Sie können heute so gut Abhilfe schaffen, dass Sie nur noch wenig davon wahrnehmen (Schwerhörigkeit, Sehprobleme). Die Folge können Sie jeden Tag sehen: Menschen gelten im Vergleich zu früheren Generationen heute erst in viel höherem Alter als alt.
Die schwierige Nachricht: Sie müssen etwas dafür tun, und zwar ständig. Ruhestand ist nicht.

Sie treffen also selbst die Entscheidung, auf welche Weise Sie alt werden. Jeden Tag wieder. Mühsam?
Ich sag ja: Ihre Chance!

Your Choice!

Menschen können immer älter werden. Angus Deaton, der 2015 den Nobelpreis für Wirtschaftswissenschaften bekam, hat die Rettung vom frühen Tod als »The Great Escape« –

das große Entkommen, die große Rettung – bezeichnet. Groß, weil sie die Menschen auf der ganzen Welt betrifft, weil sie im besten Sinn global ist, mit beträchtlichen Unterschieden, aber immerhin. Der größere Anteil unser aller gestiegenen Lebenserwartung geht auf das Konto der geringeren Kindersterblichkeit, ein Prozess, der in den westlichen Industrieländern zur Zeit zum Abschluss gekommen ist. Die kleinere, aber für Sie als Mensch jenseits der Fünfzig bedeutsamere Steigerung der Lebenserwartung können Sie selber beeinflussen, indem Sie gesund leben. Denn zusätzliche Lebensjahre gewinnen Sie, wenn Sie die Wahrscheinlichkeit von Gefäß- und Krebs-Erkrankungen minimieren. Zum Beispiel, indem Sie nicht rauchen, auf ein gesundes Körpergewicht achten, sich viel bewegen und Ihre Muskeln durch Krafttraining fit halten.

Das haben Sie schon oft gelesen, und das finden Sie auch an verschiedenen Stellen in diesem Buch. Klingt ganz glatt.

Glatt ist es deshalb nicht, weil Lebensqualität nicht zwingend mit der verlängerten Lebensdauer korreliert. Sie wollen ja etwas von diesem gewonnenen Leben haben. Doch das ist nicht selbstverständlich. Das Problem: Mehr Lebensdauer heißt nicht zwingend mehr Lebensqualität. Oder wie Angus Deaton gesagt hat:

»*Health is not only about living and dying, but about how healthy people are while they are alive.*«*

How are you?
Zum Beispiel beim Rauchen.

Wenn Sie nicht rauchen oder Rauchen verabscheuen, ist das nicht Ihr Thema. Aber wenn Sie gerne rauchen, bringt Ihnen eine Zigarette direkte Freude: Sie ist ein leicht verfügbarer und immer noch relativ billiger Verstärker, eine

---

* »Bei Gesundheit geht es nicht nur um Leben und Sterben, sondern auch darum, wie gesund Menschen im Verlauf ihres Lebend sind.«.

wichtige Genussquelle. Das liegt daran, dass Zigarettenrauch in der Lunge schnell Nikotin ins Blut freisetzt, was in Ihrem Gehirn zu einem *flash*-artigen Anstieg des Neurotransmitters Dopamin führt. Dieser Effekt löst in Ihrem subjektiven Erleben die Empfindung von Genuss und vielleicht sogar Lust aus. Und das in hübsch kleinen, häufig wiederholbaren Dosierungen. Der Schaden steht auf einem anderen Blatt: In dem Moment, in dem Sie Genuss erleben, interessiert Sie das Wissen über schädliche Wirkungen kein bisschen. Die setzen ja auch nicht sofort, sondern erst nach Jahren ein, und das auch nicht in jedem Fall, sondern nur mit statistischer Wahrscheinlichkeit, allerdings mit ziemlich hoher. Es ist nie untersucht worden, wie viele Lungenkrebstote das Rauchverhalten unseres verehrten Altkanzlers Helmut Schmidt zur Folge hatte. Wissen und Vergnügen spielen sich auf verschiedenen Gehirnebenen ab. Außerdem ist Rauchen eine Gewohnheit – und nichts ist so schwer zu verändern wie ein Verhalten, das wir gar nicht mehr wahrnehmen, weil wir uns daran gewöhnt haben.

Was heißt das?

◆ Sie müssen sich entscheiden: Ist Ihnen die langfristige Lebensdauer oder die kurzfristige Lebensqualität wichtiger? Und Sie werden nur dann eine lebensverlängernde Maßnahme ergreifen, wenn Sie deren Folgen auch als Qualität und nicht ausschließlich als Mangel erleben.

◆ Nur aus Angst vor Krebs oder Gefäß-Erkrankung mit dem Rauchen aufzuhören, macht nicht viel Sinn, denn aus der Angst leiten sich nur selten sinnvolle Verhaltensweisen ab.

◆ Durch was ersetzen Sie die meist unbewusste Gewohnheit, sich eine Zigarette anzuzünden? Wenn Sie einen Verstärker wegnehmen, brauchen Sie einen anderen.

◆ Schauen Sie sich Ihre Verstärkersituation an: Brauchen Sie ein kurzfristiges und leicht verfügbares Vergnügen, wenn die Zigarette wegfällt? Und was könnte das sein? Ganz ohne Genuss kommt nicht einmal Clint Eastwood aus!*

Analoge Überlegungen stehen an, wenn Sie andere lebensverlängernde Maßnahmen planen:

Der Start in den – lebensverlängernden – Ausdauersport kann eine ähnliche Herausforderung sein wie der Verzicht auf die Zigaretten, wenn Sie Ihr Leben bisher nach der Devise *»no sports«*** geführt haben. Wenn Sie bei oder mindestens nach dem Sport eine Art von Befriedigung empfinden wollen und die neu begonnene Herausforderung nicht nur mit Schmerzen und Entbehrungen verbunden sein soll, kommen Sie mit reinen Nützlichkeitserwägungen nicht sehr weit. Fangen Sie unter Anleitung an, und geben Sie sich die Zeit, zu spüren, was die ungewohnte sportliche Betätigung nach einigen Wochen in Ihnen verändert hat. Wie fühlt sich das an? Wenn es nur furchtbar ist, hören Sie auf. Wenn sich aber unter Muskelkater, Schmerzen in ganz neu entdeckten Gelenken, dem Fluchen über bescheuerte Dehnübungen – die mindestens so wichtig wie der Muskelaufbau sind und die ich hasse! – ein Gefühl von Ruhe, Gelassenheit und vielleicht sogar Wohlbehagen ausbreitet, dann machen Sie weiter. Es ist ganz allein Ihre Sache, wie viel Frustration Sie sich zumuten.

Ähnlich ist es bei der Gewichtsreduktion: Genuss bei Essen und Trinken ist untrennbar mit der Aufnahme von Kalorien verbunden. Ihre Essgewohnheiten formen Ihre Gestalt und bestimmen Ihr Körpergewicht. Wollen Sie dieses reduzieren,

---

* Das verstehen Sie nicht? Dann schauen Sie sich »Gran Torino« an!

** Es ist übrigens nirgendwo belegt, dass Winston Churchill das wirklich gesagt hat. Sehr wahrscheinlich ist es nicht, denn Churchill hat in seiner Jugend begeistert und hervorragend Polo gespielt, ein Sport, der mit Bequemlichkeit nichts zu tun hat.

so müssen Sie vor allem Ihre Essgewohnheiten ändern, und es hilft auch, Ausdauersport zu betreiben und sich auf einen monate- bis jahrelangen Veränderungsprozess einstellen. Schnell geht gar nichts. Ihr Gehirn muss umlernen. Als Gipfel der existenziellen Niedertracht mag Ihnen erscheinen, dass Sie mit zunehmendem Alter weniger Kalorien brauchen, um Ihr aktuelles Gewicht aufrechtzuerhalten.

Das Wichtigste aber bei all diesen Möglichkeiten: Jeder Weg führt nur zum Ziel, wenn es *Ihr* Weg ist. Ihr ganz persönlicher, individueller Weg, für den Sie sich entscheiden. Sie wägen Ihr persönliches Risiko ab, indem Sie sich informieren. Sie finden heraus, was Ihnen Spaß macht, was Sie fasziniert, aber auch, wie viel Frust Sie ertragen können. Auf dem Weg zu einem guten Leben sind Stress, Schmerzen und Frustration unvermeidbar. Auch wenn Sie Ihr Leben als Ganzes ziemlich gut finden.

> *»Sadness, pain, and stress might be inevitable during some of the experiences one must go through in order to build a good life.«*[*16]

Individualität – ja, Sie!

Was wollen Sie?
Wieso? Ich?
Es kommt auf Sie an. Ganz allein auf Sie.
Diese Aussage wundert Sie vielleicht zuerst, weil Ihnen das in Ihrem bisherigen Leben nicht so klar gesagt wurde. Aber bei einigem Nachdenken werden Sie feststellen, dass das so ist.

---

* »Traurigkeit, Kummer und Stress mögen während mancher Erfahrungen, die man durch leiden muss, um zu einem sinnerfüllten Leben zu finden, unverzichtbar sein.

»Jeder Mensch ist einzigartig. Seine Individualität zu leben, macht den Sinn des Lebens aus.«[17] Der Satz stammt von dem Schweizer Entwicklungsforscher Remo Largo. Er steht am Beginn seines Buches »Das passende Leben«. Dieses Buch ist eine Art Quintessenz seiner Forschung, in der er die Lebensverläufe von Schweizer Bürgern untersucht hat und zum Ergebnis kam, dass jeder Mensch nur sein eigenes Leben leben kann, eben das, was in ihm angelegt ist: Sie sind einzigartig. Sie haben Ähnlichkeiten mit Ihren Eltern und Geschwistern, unter Umständen auch die Anfälligkeit für bestimmte Krankheiten; aber selbst wenn Sie einen eineiigen Zwilling haben, was genetische Identität bedeutet, sind Sie aufgrund Ihrer in Ihrem einzigartigen Leben gemachten Erfahrungen ein Unikat. Wow!

Largo hat sich vor allem mit Kindern und Jugendlichen beschäftigt, aber seine Aussage gilt genauso für die Älteren. Eigentlich vor allem für die.

Denn jetzt, im Alter von 55 bis 65, in dem Sie dieses Buch vielleicht in die Hand nehmen, sind die Bedingungen besser als je zuvor, Ihr Leben nach Ihren Vorstellungen gestalten zu können. Vielleicht zum ersten Mal können Sie jetzt allein entscheiden, wie Sie leben wollen: In der Kindheit waren es die Vorstellungen der Eltern, die Sie realisieren sollten, später, in Ausbildung und Beruf, mussten sich Ihre eigenen Vorstellungen von Selbstverwirklichung den Zukunftsplänen Ihrer Arbeitgeber unterordnen. Jetzt sind Sie an der Schwelle zum oder vielleicht schon im sogenannten Ruhestand. Und jetzt könnten Sie tatsächlich endlich machen, was »ihre ureigenen inneren Werte reflektiert«. Daniel Schreiber hat das in seinem Bestseller über den Alkohol beschrieben:

»Unser Verständnis von Erfolg stammt zum größten Teil nicht von uns selbst, sondern von anderen ... In einer Kultur, die grundsätzlich Reichtum und das damit verbundene Prestige als das gute, das begehrenswerte Leben inszeniert, wird einem stets vermittelt, dass man nie mit dem zufrieden sein sollte, was man hat, wer man ist und was man tut. Um dagegen angehen zu können, müssen wir erst einmal selbst herausfinden, was wir wirklich als Erfolg erleben, was wir wirklich von unserem Leben ... wollen.«[18]

Im Zuge der Umsetzung, was er wirklich von seinem Leben will, hat Daniel Schreiber aufgehört, Alkohol zu trinken.

Alkohol, darauf kommen wir noch.

Aber – sind Sie jetzt nicht zu alt dafür, dieses eigene, individuelle Leben umzusetzen?

An diesem Einwand ist schon etwas dran: Jetzt, wenn Sie endlich die Freiheit bekommen, Ihr Leben selbst zu gestalten, ohne dass Ihnen jemand hineinredet, sind Sie vielleicht nicht mehr ganz so, wie Sie eigentlich gerne wären, um diese Freiheit in vollen Zügen genießen zu können. Einiges fehlt Ihnen, und von einigem haben Sie zu viel.

Hier verbirgt sich ein Grundproblem des Älterwerdens. Wir wollen länger, möglichst lange leben, aber wir wollen dabei so bleiben, wie wir in unserer vermeintlich besten Lebensphase, in unserer Jugend, waren. Älter werden wollen wir also gar nicht. Wie Sie sich erfolgreich mit diesem Dilemma auseinandersetzen können, macht einen großen Teil dieses Buches aus.

Wenn Sie nicht krank sind, haben Sie heute die Chance, an Jahren sehr alt zu werden und von diesem Leben auch etwas zu haben. Aber natürlich altern Sie dabei, in allen Organsystemen – Haut und Haaren, Muskulatur, Herz-Kreislauf-System, Hormonsekretion, Gehirn. Dieser unvermeidliche Alterungsprozess ist individuell, was im Klartext bedeutet, dass jeder anders altert.

Die interessanteste Botschaft ist, dass Ihr persönlicher Alterungsprozess sehr stark davon abhängt, wie Sie ihn gestalten. Durch diesen selbst gestalteten Alterungsprozess können

Sie Ihren Lebensstil stärker beeinflussen, als Sie sich das je träumen ließen. Ob Sie das wollen und wie Sie das machen, das ist allein Ihre Sache. Ich versuche Ihnen dabei zu helfen, indem ich Ihnen die verschiedenen Möglichkeiten zeige, wie Sie leben könnten. Ihre Aufgabe ist es, die Frage zu beantworten:

Was macht das gute Leben aus, mein Leben?

Sie sind viele

Nein, ich meine nicht, dass Sie eine multiple Persönlichkeitsstörung hätten. Aber ohne jeden Zweifel verfügen Sie noch über ganz andere Persönlichkeitsanteile als diejenigen, die Sie sich jeden Tag im Spiegel anschauen, und das sind nicht nur respektable und nicht nur solche, die Sie den anderen zeigen wollen.

Woran merken Sie das?

Zum Beispiel, wenn Ihnen Ihre Motivation plötzlich abhandenkommt. Sie sind von Ihrem Job überzeugt, Sie lieben Ihr *work-out*-Programm, Sie wollen den nächsten Halbmarathon mitlaufen, alles gut – aber eines Morgens stellen Sie fest: null Bock!

Da Sie, bei allem Respekt, nicht mehr zwanzig sind, haben Sie schon viele solcher Tage erlebt: voll Widerwillen, heute ins Büro zu gehen, der *work-out* ekelt Sie plötzlich an, für das Lauftraining sind Sie heute echt zu müde.

Faul? Sie sind nicht einfach plötzlich faul geworden! Das war ein dummes Argument Ihrer Lehrer, die nicht genug Phantasie besaßen, einen motivierenden Unterricht zu gestalten. Warum schleppen Sie solche moralisierenden Wertungen jahrzehntelang mit sich rum? Weil Ihre dominierenden Persönlichkeitsanteile in dieser Zeit, in der Schulzeit und drum herum, entstanden sind. Deshalb rekapitulieren Sie gerne die Rezepte von Lehrern – und Eltern! Obwohl Sie die seinerzeit nur blöd fanden. Und damit sind Sie ja auch nicht so schlecht gefahren.

Dominierende Persönlichkeitsanteile? Gibt's noch andere? Na klar! Je nachdem, welch große Vielfalt Sie sich leisten mögen – das kommt auf Ihre Biografie an. Das Grundthema all dieser Persönlichkeitsanteile ist, dass sie alle irgendwann mal zur Sonne, das heißt gesehen werden wollen. Und je stärker Ihre dominierende Persönlichkeit das zu unterbinden versucht, desto stärker wird der Druck von unten. Sie merken das daran, dass Ihre Motivation plötzlich entschwindet. Wenn Sie einen Job haben, bei dem Sie einfach nur anwesend sein müssen, ist das noch zu verkraften. Aber wenn Sie auf Ihre Kreativität angewiesen sind, wie zum Beispiel alle künstlerisch tätigen Menschen, dann wird es ernst. Für den Schauspieler, der endlich die Traumrolle seines Lebens angeboten bekommt und sich einfach nicht motivieren kann, seinen Text zu lernen, für den Schriftsteller, der schon den dritten Vorschuss kassiert hat und mit seiner Schreibhemmung nicht klarkommt. Menschen, die in solch einer fatalen Situation feststecken, berichten, dass da etwas Subversives in ihnen mit aller Kraft versuche, ihre Existenz zu zerstören. Psychotherapeuten kennen das, Irvin Yalom beschreibt das[19], buddhistische Heiler sprechen vom inneren Dämonen[20], den man füttern muss. Nichts, was Sie ignorieren sollten! Aber: Selbst wenn Ihnen diese Seite nicht recht geheuer ist, es ist kein fremdes Monster. Das sind Sie selbst!

Wir sind nicht aus einem Guss, sondern haben viele Anteile, denen wir nie Raum geben wollten – oder durften.

Erziehung? Ja, schon. Erziehung kann die Persönlichkeit akzeptieren und fördern. Solche Kinder bekommen die Freiheit, alles, was in ihnen hochkommt, zu prüfen und ohne Druck auszuwählen.

Aber manche Eltern bevorzugen die Bonsai-Methode mit paradoxem Effekt, den Sie jetzt ausbaden dürfen. Um im Bild zu bleiben: Wenn Sie schon mal Pflanzen zurückgeschnitten haben, wissen Sie, dass Ihr Sieg nur von kurzer Dauer ist, denn mit dem Schnitt provozieren Sie manchmal geradezu die Triebe, die Sie nicht wollen. Was die Pflanze will, ist eine andere Geschichte.

Sie fragen sich, ob dieser olle Erziehungskram aus Ihrer Jugend jetzt im reifen Alter immer noch wirksam ist. Glauben Sie mir, er ist es.

Was tun?

Lassen Sie diese subversiven Anteile Ihrer Seele ein bisschen Frühlingsluft schnuppern und sich einen kleinen Sonnenbrand um die Nase holen. Keine Angst, Ihre Existenz wird dadurch nicht gefährdet, die ist stabil genug. Und wenn doch? Unerschrocken dem Alter begegnen!

Ich werde auf Ihre subversive Seite immer mal wieder zurückkommen, da gibt es viele Möglichkeiten: So gut Sie sonst mit Ihrem strukturierten Tagesablauf zurechtkommen, dem Müßiggang zu frönen – das hat was! Auch der fette Burger nimmt Ihrer wunderbaren Diät nicht das Geringste, der faule Tag Ihrem Marathon-Training auch nicht, wenn beides nicht zur Gewohnheit wird.

Im Gegenteil: Genießen Sie Ihre subversiven Anteile so achtsam und so sparsam wie möglich! Das macht sie kostbar.

Die Freiheit, die nur Sie meinen

Ihr Ruhestand: Jetzt sind Sie frei für Experimente!

Zugegeben: So richtig subversiv klingt es nicht, wenn ich Ihnen im Folgenden vom Kochen, Golfen oder Tanzen erzähle. Und Zeitlöcher will ich auch nicht füllen.

Eher so: Einzigartig und besonders wird die jetzt vor Ihnen liegende Zeit, wenn Sie sich auf Neues einlassen und es sich zu eigen machen. Sich herantasten, probieren, ohne festes Ziel rummachen, ein Gefühl dafür bekommen, um irgendwann zu entscheiden: Schmeckt es mir?

Ja, Kochen ist eine spannende, vielfach unterschätzte Sache: Da ist zunächst die handwerkliche Seite, die bei Ihnen bisher zu kurz kam, wenn Sie Nahrungsaufnahme nur bei Muttern oder in der Kantine zelebriert haben. Das Kochhandwerk ist spannend, gerade auch bei den einfachen Tätigkeiten. Wie kriegt man nun die Zwiebeln richtig fein geschnitten? Wie macht man einen Fond? Wie würzt man mit Kreuzkümmel oder Kardamom? Wie wird der Fisch nicht faserig? Das ist die Pflicht, und schon die kann tagesfüllend sein, vor allem wenn Sie von der mutigen Sorte sind und in vier Wochen eine kleine Abendgesellschaft einladen, um denen mal was vorzukochen. Ich bin da schon ganz schön ins Rotieren gekommen.

Noch aufregender wird es, wenn Sie es so angehen, wie es in dem Interview mit den Redzepis[21] beschrieben ist: Kochen als ausprobieren, als herausfinden, was Ihnen alles schmecken könnte, als Zugang zu Ihrer Sinnlichkeit, als eine Möglichkeit, zu experimentieren.

Kochbücher kaufen ist lustvoll, Kochbücher lesen auch, vor allem, wenn Sie gerade abnehmen und sich das Knäckebrot durch Phantasien von künftigen Höhepunkten Ihrer ganz persönlichen *nouvelle cuisine* süß kauen. Kochen Sie nicht nur nach fremden Rezepten, sondern fangen Sie irgendwann an, Eigenes zu entwickeln.

Endlich können Sie Italienisch, Spanisch, Russisch, Chinesisch lernen: Das ist einfach geworden, fast für jede denkbare Sprache gibt es hervorragende CDs. Sie können sich aber auch Lehrer suchen. Meine Tochter hat mit einer Lehrerin Khmer gelernt, eine Freundin Türkisch, mein Bruder lernt Italienisch in der VHS. Ich halte es mehr mit der Italienisch-CD, weil ich immer wieder längere Strecken Auto fahren muss und dann gut hören kann.

Abstrakt lernen geht – »ich wollte immer schon mal wissen, wie Japanisch funktioniert« –, aber motivierender ist es, wenn Sie mit der Sprache etwas anfangen können: Wenn Sie zum Beispiel im Piemont wandern, kommt es gut, sich mit den Leuten auf Italienisch unterhalten zu können. Arabisch ist mehr als hilfreich, wenn Sie ehrenamtlich Flüchtlinge betreuen. Ein schon lange frühverrenteter Bekannter hat sich auf die nordischen Sprachen gestürzt, Norwegisch, Isländisch, ein Höhepunkt war der Besuch auf den Faröern, und ich habe gelernt, dass die dortige Hauptstadt Thorshavn heißt; macht ganz schön was her. Sie tun nicht nur etwas für Ihr Gehirn, was für sich genommen schon ein guter Grund wäre, sondern Sie finden Zugang zu Provinzen der Welt, von denen Sie vorher nichts ahnten. Ich habe das bei meiner Tochter erlebt, als ich sie in Kambodscha besuchte, wenn sie die Dorfbewohner auf Khmer (kmai gesprochen) ansprach: Wie die erst staunten, dass eine Europäerin ihre Sprache fließend sprach, dann lächelten, ganz viel wissen wollten und begeistert waren. Die Welt besteht eben nicht nur aus Hamburg, München oder gerade mal New York!

Golf, der Klassiker! Viele machen die Erfahrung, dass Tennis nicht mehr gut geht über sechzig, oder der Orthopäde meint, dass diese unkontrollierten Drehbewegungen Gift für die Facettengelenke – schlagen Sie mal nach! – sei. Da gäbe es doch eine Alternative mit kontrollierten Bewegungen. Golf eben. Also, um es klar zu sagen: Meisterschaftsverdächtig werden Sie nicht mehr spielen, wenn Sie mit sechzig anfangen. Falls Sie mir das nicht glauben, schauen Sie sich mal ein Turnier mit 16-Jährigen an. Aber der sechzigjährige Bernhard Langer ist ein gutes Vorbild, mit seiner Demut, seiner Akzeptanz für versemmelte Bälle – vor allem der anderen, er schlägt ziemlich gerade! –, und seinem geradezu unglaublichen Übungseifer. Golf kann richtig gut für Sie sein, weil es in jeder Hinsicht anspruchsvoll ist: motorisch, geistig, mental. Selbst wenn Sie ja immer »nur« gegen sich spielen, müssen Sie üben, vorher Gymnastik machen, sich dehnen. Und Sie brauchen schon Ausdauer – das heißt, Sie können Ihre Ausdauer zu einem guten Zweck trainieren, denn das ist besser, als stumpfsinnig auf dem Zimmerfahrrad oder der Rudermaschine vor sich hin zu trainieren. Und wenn Sie zwischendurch hinschmeißen wollen, weil Sie sich doch im Ruhestand nicht mehr so – über sich! – ärgern wollten, befinden Sie sich in guter Gesellschaft: Beckenbauer soll einmal sein Golfbag im Wasserhindernis versenkt haben! Sie sollten aber nicht nur auf den Ball starren, das Beste ist das Drumherum: Wenn Sie an einem schönen Sommermorgen als Erste/r auf dem Platz sind (ja, der Tau lässt die Bälle beim Putten nicht so gut rollen), sehen Sie Vögel, Hasen, Rehe, die Sie schon lange nicht mehr zu Gesicht bekommen haben.

Klavier spielen wollten Sie immer schon, und nie glaubten Sie, Zeit dafür zu haben. Aber jetzt! Jetzt ist Ihre Zeit: Auch wenn Sie wissen, dass Sie nicht mehr wie Lang Lang spielen werden; die Erziehungsmethoden seines Vaters wollen Sie ja auch nicht erleben. Aber aktive Musiker werden viel seltener dement als andere Menschen, und Klavierspielen ist wie Golf eine komplexe Herausforderung. Sie machen die Erfahrung, wie es ist, etwas vollständig neu zu lernen. Erst wissen Sie nicht, wie Sie die Finger halten sollen, die Akkorde klappern. Kontrolle sieht anders aus. Üben! Das ist auch eine Reminiszenz an längst vergangene Tage. Zuerst verzweifeln Sie, nichts klappt. Trotz zwei Stunden üben pro Tag. Dann lassen Sie's für ein paar Tage sein, und plötzlich – diese schwierige Stelle, die Sie zum Wahnsinn getrieben hat, klingt astrein. Für solche Erfahrungen lohnt sich der Ruhestand! Musik! Jetzt haben Sie die Chance, zu erfahren, dass diese Verbindung von Klang, Seele und Rhythmus – haben Sie mal genau auf die Bässe bei Bach gehört? – das Größte überhaupt sein kann. Es muss auch nicht unbedingt Klassik sein, Jazz, Keith Jarrett oder Leonard Cohen – wenn Sie selber spielen, bekommen Sie einen ganz anderen Zugang, hören ganz anders hin. Ohne Leistungsanspruch können Sie sich zuhören, erleben, wie die Klänge auf Sie wirken, was sie in Ihnen auslösen. Ein Freund, Universitätsmediziner, entdeckte, wie schön es ist, dem 11-jährigen Sohn, auch nicht Lang Lang, beim Klavierspielen zuzuhören.

Sie wohnen in einer Etagenwohnung und glauben, das Klavierspiel sei zu laut? Es gibt inzwischen qualitativ ordentliche elektrische Klaviere, mit akzeptablem Anschlag, die Sie mit Kopfhörer spielen können. Die Qualität ist nicht die eines Steinway-Konzertflügels, aber den würden Sie sich ja sowieso nicht anschaffen. Übrigens: In einen Klavierladen gehen und ein Klavier kaufen – oder mieten, das hat was!

Natürlich können Sie auch andere Instrumente spielen. Geige, Cello, Trompete, Saxophon. Probieren Sie ruhig alles aus. Sie sollten nur bedenken, dass der technische Anspruch bei diesen Instrumenten meist erheblich höher ist, unter anderem, weil Sie die Töne ja selber halbwegs zutreffend hervorbringen müssen. Beim Klavier schlagen Sie eine Taste an, und der Ton ist da.

Tanzen!

In Ihrem Alter? Aber ja! War da nicht was? »Zwei alte Tanten tanzen Tango mitten in der Nacht ...« von Georg Kreisler! Lilaschwarz! Tango, das wärs.

Was ist am Tanzen gut?

Sie machen etwas zu zweit und bringen ein paar frische Melodien in die Beziehung. Es sei denn, Sie sind schon in der Stress-Streit-Konflikt-Phase: Dann kriegen Sie das mit dem Tanzen nicht mehr hin, weil permanente Führungsprobleme nur nerven. In solchen Situationen hilft – wenn überhaupt – nur eine Paartherapie.

Interessant: Tanzen ist im Gehirn in den Basalganglien organisiert, einer Hirnstruktur, die auch dann noch funktioniert, wenn das Großhirn allmählich nachlässt. Sogar Demente können sich unheimlich am Tanzen freuen, wenn sie es beizeiten gelernt haben.

Tango ist deswegen so gut, weil eigentlich keiner führt – na ja, vielleicht der Mann ein bisschen. Statt führen ist aufeinander achten angesagt, spüren, was der andere macht. Sie tun was – für den Gleichgewichtssinn, für die Ausdauer, für das Gedächtnis und nicht zuletzt für die Beziehung. *First of all*: Es macht Spaß!

Malen, Aquarell, für den entschlossenen Pinselstrich, Öl, wenn Sie lieber rumbazeln – allein schon das Kaufen von Farben und Pinseln ist ein Genuss, der Sie in eine neue Welt eintauchen lässt.

Das ist beileibe noch nicht alles: Ein enger Freund, der bis dato nur Computertastaturen bearbeitet hatte, wollte gerne was mit Holz machen. Da gibt es ja sooo tolle Geräte, kleine und größere! Sägen, Hobel, Messer!

Dann kam die Phase des Holzsammelns inklusive einer kurzen Ehekrise, weil seine Frau die (un-)heimliche Schönheit der gesammelten Baumstümpfe und knorrigen Äste nicht so richtig würdigen konnte. Jetzt ist er so weit, dass er richtig tolle Kunstgegenstände macht, die er gut verkauft. Und manchmal bemalt sie die dann noch, weil das offenbar ihre Stärke ist.

Der Phantasie sind, wie Sie sehen, keine Grenzen gesetzt. Vorausgesetzt, Sie lassen sich auf das Neue in diesem Leben ganz ein: herantasten, probieren, schmeckt es?

Ist Golfen gut fürs Alter?
Interview mit Wanda Fahrenkrog, Golf-PGA Professional

Wir kennen uns seit elf Jahren, als ich mit dem Golfen anfing. Bernhard Langer ist sechzig Jahre alt und spielt wie ein junger Gott. Aber er spielt auch schon seit 45 Jahren. Macht es Sinn, mit sechzig plus noch mit Golf anzufangen?
Aber sicher! Golf verbessert in den meisten Fällen die Lebensqualität und verlängert oftmals sogar das Leben.
Denn die Beweglichkeit, Konzentration, Ausdauer und noch vieles mehr werden durch den Golfsport gefördert.

Klingt gut. Gibt es Vorbedingungen?
In erster Linie sollte man Spaß haben. Auch Freude, sich zu bewegen, und natürlich gerne an der frischen Luft sein. Auch ist es nicht schlecht, wenn man sich schon vorher mit irgendeinem Sport auseinandergesetzt hat, da ein gewisses Maß an Körpergefühl lohnenswert ist. Ist aber keine Vorbedingung.

Muss man für Golf begabt sein?
Nicht speziell, mit sechzig möchte man wahrscheinlich keine Profikarriere mehr starten.

Viele kommen sich doof vor, in diesem Alter noch mit einer neuen Sportart anzufangen und erst mal gar nichts zu können.
Jedes Alter hat seine Vor- und Nachteile. Ab sechzig hat man mehr Lebenserfahrung (denke ich), ist ruhiger geworden und kann sich seine Ziele realistischer setzen. Daher wird man eher in der Lage sein, das zu genießen – was man kann.

Aber ist Ehrgeiz nicht positiv?
Natürlich muss man üben, da es eine ganze Weile dauern kann, bis eine Bewegung automatisch funktioniert, von der Planung im Kopf bis zur Ausführung durch die Muskeln kann ein langer Weg sein. Daher würde ich es eher Geduld nennen.

Es bringt also nichts, besonders weit schlagen zu wollen?
Weite ist leider nicht das ganze Paket. Wenn die Bewegung aber technisch ganz gut ist und eine Portion Selbstvertrauen hinzukommt, erreicht jeder Spieler ausreichend Länge.

Wenn der Schwung stimmt, kommt die Weite von selbst – klingt fast meditativ! Wie ist es mit dem Zusammenspielen?
Das ist das Besondere am Golf. Zwei Personen, die ziemlich unterschiedlich gut sind, können problemlos zusammen spielen.
Im Tennis – zum Beispiel – wird es für einen guten Spieler schnell langweilig, wenn er gegen einen deutlich schlechteren Spieler antreten muss, und der schlechte ist schnell frustriert. Im Golf ist es eben auch möglich, dass der weniger Qualifizierte gewinnt, weil das Handicap den Unterschied ausgleicht.

Ich kann ja auch alleine spielen ...
Auch das ist möglich. Im Grunde spielt jeder immer nur gegen sich selbst. Weswegen man sich auch nicht über den Mitspieler beschweren kann, über den falsch angeschnittenen

Ball – wie beim Tennis – oder andere angebliche Ungerechtigkeiten.

Brauche ich einen Trainer oder ist es nicht einfacher, ohne viel Grübeln auf den Ball zu hauen?
Am Anfang ist ein Trainer auf jeden Fall besser, um die wichtigsten Bewegungsgrundlagen zu lernen und sich keine Fehler anzugewöhnen, die gesundheitliche Probleme mit sich bringen können. Aber selbst wenn man schon jahrelang spielt, machen regelmäßige Kontrollen Sinn. Selbst Spitzenspieler arbeiten ständig mit einem Trainer zusammen.

Hat man denn überhaupt eine Chance, noch ein passabler Golfer zu werden, wenn man erst mit 60+ anfängt?
Diese Chance ist sogar ziemlich gut. Es kommt allerdings darauf an, wie man einen passablen Golfer definiert. Wenn man mit sechzig anfängt und regelmäßig spielt und auch Trainerstunden nimmt, kann man es innerhalb einiger Jahre schon auf ein Handicap von 18 bis 20 bringen. Das ist ziemlich ordentlich; es würde bedeuten, dass man an jedem Loch einen Schlag über PAR braucht, um einzulochen. Ein einstelliges Handicap ist ein hohes Ziel.
Sicherlich gibt es auch – wie in allen Lebenslagen – Ausnahmegolfer.

Was heißt PAR?
Professional Average Result – die Zahl an Schlägen, die ein Profispieler – die haben meist ein Handicap von 0 – braucht, um den Ball vom Abschlag bis in das Loch zu spielen. Auf jedem Golfplatz gibt es eine bestimmte Zahl von PAR 3-, PAR 4-, und PAR 5-Löchern.
Und weil wir gerade bei den Begriffen sind: Spielt man ein Loch mit einem Schlag unter PAR, so nennt man das *Birdie*, 2 unter PAR heißt *Eagle* und 3 unter PAR *Albatros*. Wenn man umgekehrt einen Schlag über PAR braucht, so ist das

ein *Bogey*, 2 Schläge darüber sind ein *Doppel-Bogey* und so weiter.

... und das Handicap?

Das Handicap errechnet sich aus der Differenz zwischen dem PAR eines Platzes und der Schlagzahl, die ein Spieler benötigt, um alle 18 Löcher einzulochen. Das PAR eines Golfplatzes ist meist 72; wer dafür durchschnittlich 72 Schläge braucht, hat ein Handicap von 0, wer 90 braucht, eines von 18 und so weiter.

Klingt etwas kompliziert. Und wofür ist das nun gut?

Um die verschiedenen Spielstärken auf ein Level zu bringen. Wenn ein sehr guter (Handicap 0) und ein mittlerer Spieler (Handicap 18) gegeneinander spielen, bekommt der mittlere Spieler gegenüber dem guten 18 Schläge vor.

Letzten Endes heißt das doch, dass man immer gegen sich selbst spielt?

Genau. Und das ist auch das Gute am Golf: Man hat es immer mit sich selbst zu tun. Es sind immer *meine* guten oder *meine* schlechten Schläge.

Aber es gibt doch jede Menge Regeln beim Golf, und bevor man auf den Platz darf, die »Platzreife« bekommt, muss man ja auch einen Regelkurs absolvieren.

Wichtiger sind die »Etikette« auf dem Gelände, den Platz zu schonen und natürlich auch das Verhalten den anderen Spielern gegenüber. Die sogenannten Golfregeln helfen mir als Spieler. Und wenn ich diese als Spieler kenne, kann ich sie mir zunutze machen. Oder möchtest du gerne aus dem Wasser spielen oder auf den Baum klettern?

Was findest Du am Golf so toll?

Draußen sein, in der Natur.

Natürlich auch der Kontakt zu interessanten Menschen.

Beim Golf lerne ich viel über mich selber, kann besser mit Stress umgehen, meine Konzentration und mentale Stärke werden gefordert sowie die Beweglichkeit gefördert.

Ist es nicht das, was im Alter auch trainiert werden sollte? Also ist Golf die ideale Sportart!

Eine gute Struktur und genügend Schlaf

Mich erstaunt immer wieder, warum die Menschen so wenig über den Zustand wissen, in dem sie die Hälfte ihrer Zeit zubringen – über den Schlaf. Vielleicht, weil uns das Meiste am Schlaf nicht bewusst ist. Dabei ist der ganz normale Schlaf ein wunderbarer, süchtig machender Zustand!

Aber fangen wir von vorne an.

Der Schlaf ist ein wesentlicher Teil Ihrer Tagesstruktur, und nur wenn Sie eine geordnete Tagesstruktur leben, haben Sie eine Chance auf guten Schlaf.

Welche Tagesstruktur ist die richtige?

Diese Frage kann ich Ihnen leider nicht beantworten, denn meine richtige Tagesstruktur ist nicht die richtige für Sie, und umgekehrt. Wie alles Wichtige in unserem Leben ist es eine höchst individuelle Angelegenheit, wie Sie Ihren Tag leben.

Sie sind ja schon etwas älter und haben in puncto Tagesstruktur einiges erlebt. Denn seit den goldenen Jugendtagen mussten Sie Ihre Tage stets nach anderen ausrichten: Schon die Grundschule fing für Sie eine Stunde zu früh an. Um 10 Uhr wären Sie so weit und fit genug gewesen, um alles zu geben. Aber Schulbeginn um acht, was bedeutete, um halb sieben aufstehen, frühstücken, obwohl Sie nichts runtergebracht haben, und um 7:15 Uhr auf den Schulweg schleichen – hätten Sie gewusst, dass es eine Kinderrechtskonvention gibt, so hätten Sie sich Beistand von der UNO geholt.

Und das ging so weiter: Gymnasium, Studium und erst recht im Berufsleben. Sie sympathisieren vermutlich mit einer meiner Sekretärinnen, die es trotz des unerschrockenen Einsatzes von fünf Weckern nie schaffte, pünktlich um 8:30 Uhr an ihrem Schreibtisch zu sitzen. Sie beide gehören offenbar zu den Eulen. Das ist nicht despektierlich gemeint, sondern charakterisiert Menschen, die ihren Aktivitätshöhepunkt am Abend erreichen.

Ich bin eine Lerche. Nicht in meinem Äußeren, aber weil auch ich, wie die Lerche, zum Tagesanbruch am fittesten bin und am Nachmittag anfange, mich allmählich auf den Nachtschlaf zu freuen.

An diesem Muster können Sie und ich nur wenig ändern, weil es wohl genetisch festgeschrieben zu sein scheint. Und weder das eine noch das andere ist wertvoller, Sie müssen sich nur einfach darauf einstellen.

Das ist schon wieder so eine Sache, bei der das Wort »einfach« nicht angemessen ist. Denn wenn Sie alles unter einen Hut bringen wollen, den frühen Arbeitsbeginn, »um den Wurm zu fangen«, das erfüllte Familienleben mit Menschen, die leider zu Hälfte einen anderen Rhythmus haben, ein tolles *social life* mit Partys, Theater und Konzert und auch noch gut schlafen wollen, dann ist das alles andere als einfach.

Also Prioritäten setzen! Und zwar solche, die Ihnen entsprechen. Und wann könnten Sie das besser als jetzt.

Möglicherweise überkommt Sie mit dem Eintritt in den Ruhestand der Impuls, sich treiben zu lassen, ohne feste Zeiten, nur Ihrer Lust zu folgen. Hab ich auch gemacht, aber nach zwei Wochen bin ich völlig durcheinander gewesen und habe mir Schritt für Schritt wieder eine Struktur aufgebaut, mit der ich gut leben kann.

Ich habe rausgefunden, dass ich morgens nach dem Aufstehen am besten geistig arbeiten kann. Da es mir keine Probleme macht, vor allem im Sommer früh aufzustehen,

5:30 Uhr, im Juni/Juli manchmal noch eher, lese oder schreibe ich zwischen 6:00 und 10:00 Uhr. Das versuche ich ziemlich konsequent durchzuhalten, außer in den Ferien. Da stehe ich zwar auch meistens früh auf, aber lasse mich tatsächlich treiben, gehe früh auf den Golfplatz oder ins Café, was ich sonst eher nachmittags oder abends mache.

Ich habe meine festen Zeiten für Patientengespräche, fürs Einkaufen, für Spaziergänge mit dem Hund und für Sport. Und wenn ich tagsüber müde werden, mache ich einen *nap*, ein Nickerchen: 10 Minuten und nicht länger, weil das meinen Schlaf-Wach-Rhythmus nicht durcheinanderbringt. Höchstens einmal am Tag. Ich habe mich auch schon auf dem Golfplatz für 10 Minuten in den Schatten gelegt!

Wenn Sie eher eine Eule sind, können Sie alles anders machen. Nur machen Sie es regelmäßig! Darin liegt das Geheimnis.

Also, bei der Neuplanung Ihrer Tagesgestaltung müssen Sie vor allem wissen, wann und wie lange Sie schlafen. Den Zeitpunkt können Sie beeinflussen, die Dauer nicht.

Ihren Tagesrhythmus können Sie verschieben. Das haben Sie erlebt, wenn Sie schon mal in anderen Zeitzonen waren. Fliegen Sie in die USA, so verschiebt sich Ihr soziales Leben nach hinten, sechs Stunden später, wenn Sie in New York sind, neun Stunden in San Diego, sechs Stunden nach vorne, wenn Sie nach Kambodscha reisen. Um dort mit Ihrem eigenen Rhythmus anzukommen, brauchen Sie Zeit, pro Tag können Sie anderthalb Stunden ausgleichen, was bedeutet, dass Sie an der Ostküste vier Tage brauchen, um wieder in Ihrem Rhythmus zu sein, an der Westküste sechs Tage. Vorausgesetzt, Sie sinken nicht nach Ankunft und Immigration gleich in das Hotelbett, nachdem Sie sich noch schnell einen Burger reingezogen haben – alles selbst ausprobiert! –, sondern versuchen, erst um die Zeit ins Bett zu gehen, zu der Sie das auch zu Hause tun würden. Von Ost nach West geht es schneller als in der Gegenrichtung. Es hilft, wenn Sie viel in die Sonne gehen können, weil Licht immer noch der zweitwichtigste Zeitgeber ist. Der wichtigste ist das soziale Leben.

Sie können also den Schlafbeginn nach Ihren Vorstellungen verschieben, und das funktioniert auch zu Hause, was Sie mit den Zeitumstellungen im Frühling und Herbst in jedem Jahr zweimal erleben. Mit Reibungen, aber es geht. Ihre Schlafdauer können Sie nicht oder nur ganz wenig verändern, sie ist individuell.

Wie Sie rausfinden, wie viel Schlaf Sie brauchen?

Am besten im Urlaub, wo Sie bezüglich Ihrer Zeitfenster frei sind. Lassen Sie sich treiben, halten Sie keinen Mittagsschlaf, weil gerade ein Urlaubsmittagsschlaf von 2 Stunden vom Nachtschlaf abgeht. Gehen Sie dann ins Bett, wenn Sie müde werden. Nicht eher und nicht später. Dabei merken Sie vielleicht auch, dass Sie am besten schlafen, wenn Sie gerade müde geworden sind und es nicht noch eine oder mehr Stunden rausgezögert haben. Dann schlafen Sie Ihre individuelle Schlafdauer von sechs, sieben, acht Stunden, selten weniger oder mehr. Es sei denn, Sie schieben ein großes Schlafdefizit vor sich her. Sie können das ja noch einige Nächte testen, aber nun wissen Sie Bescheid.

Und so sollten Sie leben, regelmäßig. Wenn Sie Ihren Rhythmus neu setzen müssen, bekommen Sie das am besten hin, indem Sie die Aufstehzeit festlegen, ganz einfach mithilfe des Weckers. Der restliche Rhythmus stellt sich dann innerhalb einiger Tage von selber ein.

Langweilig? Also, wenn Sie einmal in der Woche einen drauf machen, kühn und subversiv sind und erst drei Stunden später ins Bett kommen, geht die Welt nicht unter. Wundern Sie sich nur nicht, dass der Tag danach etwas seltsam ist, denn Ihre Tiefschlafphase liegt in den ersten Schlafstunden, und die haben Sie sich ja weggefeiert und können sie in dieser Nacht nicht wieder reinholen. Wenn Sie allerdings dauernd zu anderen Zeiten ins Bett gehen, werden Sie nicht gut schlafen. Erst recht nicht, wenn Sie Pillen nehmen. Schlaftabletten sind nämlich ein heikles Thema, mit dem Sie vorsichtig umgehen müssen und für das Sie einen guten (!) Arzt brauchen. Aber dazu kommen wir gleich.

Wie sieht nun normaler Schlaf aus?
Schlaf lässt sich in drei Arten einteilen: Tiefschlaf, leichterer Schlaf und REM-Schlaf.

Schlafforschern würde diese Aufteilung nicht genügen, aber für den Hausgebrauch reicht es.

Das erste Nachtdrittel wird vom Tiefschlaf dominiert, in den Sie ziemlich schnell nach dem Einschlafen reinrutschen. Er gilt als der Schlafanteil, den Sie brauchen, um erquickt und ausgeruht zu sein.

Nach eineinhalb bis zwei Stunden kommen Sie aus dem Tiefschlaf raus in den leichteren Schlaf. Bei diesem und den im Weiteren folgenden Wechseln zwischen den verschiedenen Schlafstadien werden Sie gelegentlich auch wach – ohne dies richtig zu merken und zu erinnern. Besonders leicht passiert das aus dem REM-Schlaf: Der ähnelt in den Hirnstromkurven sehr dem Wachzustand, mit dem einen Unterschied, dass die Muskulatur praktisch völlig inaktiviert ist. Aufgrund des häufigen Aufwachens wird das in dieser Schlafphase Geträumte besonders leicht erinnert, weswegen der REM-Schlaf auch als Traumschlaf bezeichnet wird. Träumen tut man aber wohl auch in anderen Schlafphasen. Der Ausdruck REM kommt von *Rapid Eye Movements*, den schnellen Augenbewegungen, die diese Schlafphase charakterisieren und die man dem Schläfer ansehen kann, wenn man bei leichter Beleuchtung auf die geschlossenen Augenlider schaut, hinter denen sich die Augäpfel in Pendelbewegungen hin- und herbewegen.

Gegen Morgen werden Sie häufiger wach, und schließlich ist der Schlaf irgendwann vorbei.

Diese rhythmische Abfolge kann durch viele Einflüsse gestört werden. Die wichtigsten sollten Sie kennen.

Die Stunden vor dem Einschlafen prägen Ihren Schlaf:
Auch wenn es sich manchmal so anfühlt, schlafen Sie nicht
übergangslos ein und stürzen in den Tiefschlaf, sondern die
Schlafbereitschaft entsteht schon in den Stunden vorher und
nimmt kontinuierlich zu. Ein wichtiges, schlafbahnendes Ereignis ist die Absenkung der Körpertemperatur. Dafür brauchen Sie nichts tun, dass macht Ihr Hypothalamus von selbst.

Der Hypothalamus ist eine Hirnstruktur an der Unterseite
des Gehirns, in der Hormone, Temperatur und so elementare
Bedürfnisse wie Hunger, Durst, Müdigkeit, Schlaf und grundlegendes emotionales Verhalten wie die Bindung zwischen
Eltern und Kindern oder die Sexualität reguliert werden.
Diese Regulation erfolgt in unterschiedlicher Weise rund um
den Tag, und tatsächlich finden sich die körpereigenen Uhren
auch in dieser Struktur. Die Kommunikation mit der Körper-
peripherie erfolgt im Wesentlichen über die direkt unter dem
Hypothalamus gelegene Hypophyse, die Signalstoffe zur Hor-
monregulation freisetzt. Der Hypothalamus integriert zudem
Einflüsse von übergeordneten Hirnzentren.

Diese Hirnstruktur reguliert nicht nur die Abfolge der ver-
schiedenen Schlafstadien, sondern bereitet Sie auch auf den
Schlaf vor, indem sie die Körpertemperatur absenkt, worauf
Sie müde werden. Sie brauchen das eigentlich nur zuzulas-
sen, indem Sie die Temperatur Ihres Schlafzimmers auf 18
Grad und nicht wärmer einstellen. Wenn Sie mit offenem
Fenster und ohne Klimaanlage schlafen, ändert sich die
Raumtemperatur natürlich in Abhängigkeit von der Umge-
bungstemperatur, im Winter wird sie kälter, im Hochsommer
gelegentlich wärmer. Das gleichen Sie mit entsprechenden
Decken aus.

Ihr Schlafzimmer sollte ruhig und abgedunkelt sein. Letzteres im Sommer, vor allem wenn Sie im Norden leben, wo es zeitweise ja schon um vier Uhr morgens hell wird. Da Licht ein entscheidender Zeitgeber ist, würde sich Ihr Tagesrhythmus nach vorne verschieben, wenn Sie das zulassen.

Auch was Sie vor dem Einschlafen tun, beeinflusst Ihren Schlaf, vor allem, wenn Sie sich mit Themen beschäftigen, die Sie ängstigen oder nerven. Solange Sie beruflich tätig sind, nehmen Sie oft Arbeitsthemen mit in den Schlaf, wenn Sie keine vernünftige Distanz, zeitlich und inhaltlich, zwischen Arbeit und Schlafbeginn aufbauen. Und wenn Sie Pech haben, träumen Sie auch noch von den Themen des Tages. Was nicht immer schlecht sein muss: Manchmal kommen im Traum Lösungen für Probleme, an denen Sie lange herumgedoktert haben. Das kann hin und wieder bereichernd sein, wenn Sie diese Art von Kreativität nicht jede Nacht heraufbeschwören.

Fernsehen ist so eine Sache. Natürlich gibt es schlaffördernde Sendungen, während denen Sie wunderbar einschlafen. Sie bekommen ein Problem, wenn Sie aufwachen und sich ins Schlafzimmer schleppen, um hellwach im kühlen und dunklen Bett zu liegen, weil Sie die Einschlafphase verpasst haben. Aufregende Sendungen und vor allem solche, über die Sie sich ärgern, wie die eine oder andere Talkshow, die gerade ganz andere als Ihre politischen Überzeugungen transportiert, können Ihren Schlaf zumindest für diese eine Nacht ruinieren. Und wenn Sie das öfters machen, kann sich das zu einer veritablen Schlafstörung auswachsen.

Sie schlafen schlecht.

Und ob dies so ist oder nicht, ist zunächst einmal Ihre Entscheidung.

Natürlich gibt es Gründe, und sehr häufig geht die Schlafstörung weg, wenn die Gründe weg sind. Banale Krankheiten, wie Erkältungen oder Grippe, vorübergehende Sorgen, um die Steuererklärung oder den Liebeskummer der Kinder, schlechte Angewohnheiten, wie Fernsehen oder Krimis im Bett lesen. Die schlechten Angewohnheiten sind wahrscheinlich noch am schwierigsten, weil Sie sich die wieder abgewöhnen müssen. Und das dauert ein paar Tage. Aber ich will Schlafstörungen nicht verharmlosen, überhaupt nicht! Denn sie können ein großes Problem im Leben älterer Menschen sein.

Ein paar Fakten:[22]

Die 3 P's: *predisposing, precipitating and perpetuating factors.*

Prädisponierend: genetische Einflüsse oder Persönlichkeits-eigenschaften wie Perfektionismus; precipitating = auslösend, akute Stressoren in der Arbeit oder der Beziehung; perpetuierend sind vor allem fehlanpassende Verhaltensweisen, zum Beispiel zu viel Zeit im Bett oder zu viele *naps,* um den fehlenden Nachtschlaf auszugleichen. Solche Verhaltensweisen erscheinen auf den ersten Blick vernünftig, verringern aber den Schlafdruck in der Nacht und können so Ihren Schlafrhythmus durcheinander bringen.

Auch Überaktivität in kognitiver, emotionaler oder physischer Hinsicht kann Schlafstörungen dauerhaft machen ebenso wie körperliche Erkrankungen.

Was tun?

Zu einem Arzt gehen, der sich auf Schlafmedizin spezialisiert hat, einem Lungenfacharzt oder Psychiater. Der sollte auf jeden Fall eine gründliche Diagnostik machen, die eine eingehende Anamnese umfasst. Das Schlaflabor ist sicher nicht die wichtigste Maßnahme und kommt erst ins Spiel, wenn zum Beispiel nächtliche Atemstillstände diskutiert werden.

Wie häufig sind Schlafstörungen?

Sechs von 100 Menschen in den Industrieländern leiden an chronischen Schlafstörungen, mit einem klaren Übergewicht bei Frauen und einer Zunahme mit dem Alter. Bei 70 Prozent der Patienten halten die Symptome ein Jahr an, bei 46 Prozent über drei Jahre.

Warum sollten Sie etwas gegen Schlafstörungen tun?

Schlafstörungen gehen mit einem hohen Risiko für Herz-Kreislauf-Erkrankungen, für Bluthochdruck, Herzinfarkt oder chronische Herzerkrankungen einher. Außerdem sind sie ein Risikofaktor für Übergewicht und Typ-2-Diabetes, und sie erhöhen die Sterblichkeit. Wenn Sie also chronisch schlecht schlafen, laufen Sie Gefahr, richtig üble Krankheiten zu bekommen, die Sie an einem guten Alter hindern. Schlafstörungen beeinträchtigen außerdem Ihre Fähigkeit zu denken: Sie merken schon nach einer durchwachten Nacht, dass Sie nichts auf die Reihe kriegen. Dauerhafte Schlafstörungen begünstigen die Demenz und führen zur Hirnatrophie. Schlafstörungen sind also ganz klar Ihr Thema, wenn Sie älter werden.

Schlafstörungen können außerdem ein Hinweis auf psychische Erkrankungen sein, denn fast alle psychischen Erkrankungen gehen mit Schlafstörungen einher, insbesondere die häufige Depression. Allein schon deswegen sind Sie bei einem Psychiater mit Ihrer Schlafstörung nicht so schlecht aufgehoben, weil der nämlich in der Lage ist, eine Depression zu erkennen.

Die Behandlungsmöglichkeiten sind sehr übersichtlich und kommen Ihrer Situation als älterer Mensch entgegen, denn Sie haben zum Beispiel genügend Zeit, sich mit Psychotherapie zu beschäftigen:

Die erste Wahl sind psychotherapeutische Verfahren.

Am Anfang stehen **Informationen über richtiges Schlafen** (Psychoedukation) und **Schlafhygiene**. Dann kommen **Entspannungsverfahren**, wie autogenes Training oder progressive Muskelrelaxation, und spezifische Methoden wie **Schlafrestriktion**. Wenn das alles nichts bringt, ist **kognitive Verhaltenstherapie angesagt**. Neu im Spektrum der Behandlung von Schlafstörungen sind **Achtsamkeitsverfahren** und **Hypnose**.

Also zuerst Psychotherapie – und danach lange nichts.

Das heißt, dass Sie Ihren Körper, der im Alter deutlich empfindlicher auf Medikamente reagiert, wegen Schlafstörungen eigentlich überhaupt nicht medikamentös belasten müssten.

Aber gibt es da nicht ein Problem?

Schon. Die Verfügbarkeit von Psychotherapeuten. In unserem relativ reichen Land haben es die zuständigen Ärzte- und Therapeutenkammern, die Krankenversicherungen und die Gesundheitsminister, die es im Bund und in jedem Bundesland noch mal gibt, versäumt, einen vernünftigen, zeitnahen Zugang zu Psychotherapeuten zu schaffen. Versuchen Sie es mal und telefonieren Sie herum! Neuerdings gibt es Notfalltermine, die Sie relativ schnell bekommen. Aber bei einem solchen Termin sagt Ihnen dann ein freundlicher Mensch, dass es doch zwei Jahre dauern wird, bis Sie mit der Therapie anfangen können. Das ist für Sie in Ihrem Alter und mit einer potenziell lebensverkürzenden Störung nicht hinnehmbar.

Aber so ist es.

Manchmal ist ein Ausweg, dass die Schlafmediziner und Psychiater die ersten Schritte, vor allem die Psychoedukation, anbieten, manchmal auch in Gruppen. Weil das oft genug nicht klappt, werden hierzulande viel zu viele Schlafmittel verschrieben. Medikamente wie Benzodiazepine – also zum Beispiel Tavor, Valium et cetera –, Zolpidem oder Zopiclon. Anwendungsdauer: **nicht länger als vier Wochen!** Nur unter diesen Bedingungen überwiegen die positiven Effekte die negativen. Antihistaminika, wie das unverständlicherweise sehr beliebte Hoggar Night, haben nur einen geringen Effekt und ein starkes Gewöhnungspotenzial.

Pflanzliche Schlafmittel kommen über den Plazebo-Effekt nicht hinaus, der allerdings bei Schlafmitteln mit 60 Prozent gewaltig ist. Das heißt, dass Ihre Einstellung mehr als die halbe Miete ist! Umso tragischer ist es, wenn Sie abhängig machende Mittel nehmen und sich dadurch oft ein ernstes medizinisches Problem an den Hals holen. Für alle anderen

Medikamente, aber auch für die Lichttherapie ist die Studienlage so dünn, dass man keine Empfehlungen aussprechen kann.

Was, wenn Ihre Schlafstörung länger als vier Wochen dauert? Wenn Sie die Benzodiazepine, Zolpidem oder Zopiclone absetzen, kehrt die Insomnie meistens zurück; darum sollte man die Dosis nur langsam reduzieren. Nebenwirkungen dieser Medikamente sind Hangover, nächtliche Verwirrung, Stürze, Schlaflosigkeit nach Reduktion, Toleranz und Abhängigkeit.

Diese Medikamente sind so beliebt, weil Sie die Nebenwirkungen direkt bei der Einnahme nicht merken. Im Gegenteil: Alles erscheint rund und friedlich. Ebenfalls unbemerkt bleibt oft, dass die kognitiven Fähigkeiten am Tag nach der Einnahme – und wenn Sie diese länger einnehmen, immer – deutlich reduziert sind.

Manche Präparate steigern die Suizidneigung, die Fähigkeit zum Fahren eines Kraftfahrzeugs ist reduziert, Unfälle sind häufiger. Autofahren ist für Sie sowieso ein Thema, um das Sie ringen, und eine erhöhte Unfallneigung können Sie gar nicht brauchen.

Teilweise sind Nebenwirkungen noch sechs (!) Monate nach dem Absetzen nachweisbar.

Kurz: nichts für Sie als älterer Mensch!

Eine Alternative, aber eben nicht rezeptfrei, sondern nach ausführlicher Untersuchung und Beratung durch den Psychiater: schlafanstoßende Antidepressiva wie Mirtazapin oder Trazodon, für die es sogar positive Daten bei Patienten mit Alzheimer-Demenz gibt.

Ja, Schnarchen hört man nur die anderen. Mein E-Mail-Konto wurde seit Monaten mit Mails geflutet, die mir Heilmittel gegen Schnarchen, vor allem wegen der negativen Effekte auf die Partnerschaft, verkaufen wollten. Dabei schnarche ich noch nicht einmal. Das kann aber in der Tat ein Problem sein, denn der Schnarcher erlebt die von ihm generierten akustischen Genüsse nicht selber, sondern leiden tut die Umwelt, also meistens die Partnerin. Den ultimativen Thrill bekommt sie, wenn sie bemerkt, dass der heftig schnarchende Liebste nun auch noch Atemaussetzer hat: Die bange Frage »Ist er jetzt tot?«, weicht einer genervten Erleichterung, wenn die Atmung mit einem gewaltigen Initialschnarcher wieder einsetzt.

Das ist nun in der Tat Grund genug für eine eingehende internistisch-HNO-ärztliche Diagnostik, denn nächtliche Atemstörungen verkürzen das Leben und führen zu gefährlicher Tagesmüdigkeit.

Der innere Schweinehund

Grande Traversale degli Alpi ... Juli 2016:

Ich bin 68, wiege 98 Kilo bei einer ursprünglichen Größe von 1,91 Meter, jetzt eher 1,89 Meter, was einem BMI von 27,76 entspricht, typisch Mann mit dem zu großen Bauchumfang.

Und gehe mit meiner acht Jahre jüngeren, ranken und schlanken Freundin diese große Tour, pro Tag zwischen 1000 und 2000 Höhenmeter, rauf und runter. Und wundere mich, dass ich nicht, wie früher immer, der Tempomacher bin, sondern als Schlusslicht hinterherdackele.

Früher?

In den Bergen bin ich seit 18 Jahren nicht mehr kletternd unterwegs gewesen, und solche – ja schon! – gewaltigen Touren bin ich überhaupt noch nie gegangen. Noch nie!

Bin ich verrückt, so etwas mit 68 zum ersten Mal zu machen? Über ausgesetzte Grashänge balancieren, über rutschige, mit einer rostigen Kette »gesicherte« Felsen klettern, wofür mir die gymnastischen Fähigkeiten ziemlich sicher fehlen. Eigentlich – immer schon gefehlt haben.

Vielleicht hätte ich vorher mehr trainieren sollen? Habe ich doch: Ich bin jeden zweiten Tag eine halbe Stunde gejoggt. Nur eben auf 0 Meter Meereshöhe. Aber die GTA spielt sich zwischen 300 und 2900 Metern ab! Und eine halbe Stunde ist für sieben Stunden Gehzeit pro Tag etwas mager. Ja klar, ich hätte meine Wampe etwas beherzter reduzieren sollen, so sind es 10 Kilo zu viel, zu denen noch 10 Kilo Rucksack kommen. Das Idealgewicht für solche Unternehmungen ist anders.

Ich bin ambivalent: Ist es eine dieser Herausforderungen, die »anti-aging« wirken? Oder gefährde ich mich, indem ich unkontrolliert über meine Grenzen gehe?

GTA 2016 – die Zweite:

Der 4. Tag. Irgendwann ist alles nicht gut, alles tut weh, ich kann nicht mehr. Und fange an, nach Schuldigen zu suchen.

Wenn Sie reifer sind als ich, fangen Sie bei sich selbst an: Sie hätten mehr trainieren können, sich besser vorbereiten. Oder Sie hätten – verdammt noch mal – doch einfach mal 10 Kilo abnehmen können. Ist aber nicht einfach. Trotzdem täten Sie sich leichter. Stimmt.

Aber eigentlich sind solche Überlegungen brotlose Kunst, denn keiner kann sich auf alle Eventualitäten des Lebens vorbereiten. Wenn ich mich aus der Komfortzone herausbegebe und dem Leben stelle, komme ich an meine Grenzen und schnell darüber hinaus. Und dann erlebe ich Situationen, die ich schwer ertragen kann, weil sie mir wehtun. Buchstäblich. Aber der Anstieg zur Hütte hat keinen Ausgang. Ich muss durch.

Wenn Sie unreifer sind – und das hängt nicht vom Alter ab –, suchen Sie die Schuld für Ihr schlechtes Befinden bei jemand anderem. Zum Beispiel bei Ihrer Partnerin/Ihrem Partner. Sie sind schnell dabei, eine Erklärung zu finden, warum sie oder er an dem Schlamassel schuld sein könnte: Sie/er hat Ihnen nicht deutlich genug gesagt, wie schlimm es werden würde. Das ist erst recht brotlos, selbst wenn die oder der andere irgendwann etwas zu der Situation beigetragen haben könnte: Sie, schon lange erwachsen, haben »ja« gesagt, haben mitgemacht, und solche Überlegungen führen höchstens dazu, dass Sie Ihre Beziehung ruinieren, vergiften und dann eines langsamen Todes sterben lassen.

Achten Sie mal darauf, wie viele alte Paare sich das Leben zur Hölle machen, indem sie ihre Partner für die eigenen Entscheidungen verantwortlich machen.

Also bleibt nur eines: ertragen! Sie sind der Schmerz, die Angst und die Anspannung, so wie Sie das Wohlbefinden und das Glück sind.

An meine Grenzen gehen, damit lässt sich wohl am besten zusammenfassen, was ich bei dieser Tour erlebt habe. Das ist nicht angenehm, weder die letzten 300 Höhenmeter zur Hütte, noch der Grashang, auf dem ich mich wirklich konzentrieren musste und lieber nicht denken wollte, was ein Fehltritt für Folgen hätte, und auch nicht der ellenlange Abstieg durch die Weinberge, nach dem mir die Beine ab den Oberschenkeln abfallen wollten.

Aber heute fühle ich mich sicherer und besser auf den Beinen als die letzten sieben Jahre zuvor, vielleicht sogar länger. Gut, dass ich das gemacht habe! Meine Motivation? Die kam durch meine Freundin, die wie eine Gemse vor mir herschwebte. Irgendwoher muss der Mensch ja seine Motivation nehmen.

Wir *sind* Bewegung

Moderne Bewegungsmuster 1:

Ich fahre mit dem Fahrrad eine schmale Straße entlang. Die Gegenseite ist unregelmäßig vollgeparkt. Also müssen entgegenkommende Autos jeweils an einer Lücke warten, bis ich durch bin. Das funktioniert so lala. Bis aus einer Seitenstraße die Luxusversion eines Range Rovers einbiegt und mit 50, 60 km/h auf mich zufährt. Das Tempo kann ich auf die Schnelle nicht so richtig einschätzen. Aber sehr schnell einschätzen kann ich, dass ich blitzartig runter vom Rad muss, auf den Gehweg neben mir springen, das Rad mitziehen, sonst hätte sie mich erwischt. Sie: eine zarte, junge Frau, hübsches Profil, sehe ich im Vorbeifahren. Wie kann das angehen? Warum verhält sie sich, als wenn sie mir ans Leben wollte? Hätte ich sie ansprechen können, wäre sie wohl voller Unverständnis gewesen. Die fahrende Burg, mit der sie unterwegs ist, verändert alles: Wahrnehmung, Einschätzung, Verhalten gegenüber anderen. Zu Fuß oder auf dem Rad hätte sie anders gehandelt.

Moderne Bewegungsmuster 2:
Ein Audi Kombi, dynamisches Design, Breitreifen, biegt nach links ab. Obwohl ihre Ampel gerade auf Rot gesprungen ist, sind noch Fußgänger auf dem Übergang. Der Audi-Pilot, ein Herr mit grauen Schläfen, so viel kann ich erkennen, hupt sie laut weg, sie springen, und er beschleunigt mit quietschenden Reifen. Als ich mit dem Rad an der nächsten Ampel ankomme, steht der Graumelierte noch da. Ich bin so wütend, dass ich ihm am liebsten die Karosserie demolieren würde.

Das wäre nicht der Weg des buddhistischen Meisters Thich Nhat Hanh gewesen. Nicht urteilen! Einfühlen, sagt er. Den anderen verstehen. Und mir wird klar, dass das Verhalten in unserer Gesellschaft durch kaum etwas so beeinflusst wird wie durch die Möglichkeit, in einem eindrucksvoll geformten, großen, breiten und beschleunigungsstarken Auto durch die Gegend rasen zu können. Das verändert eben Wahrnehmung, Verhalten und natürlich unsere Gefühle. Ich nehme mich selbst da gar nicht aus: Wenn ich am Steuer sitze, schimpfe und fluche ich. Manchmal kriege ich einen Schreck und schaue, ob das Verdeck offen ist.

Wir sind, was wir tun. Das betrifft Seele, Geist und vor allem unseren Körper. Autofahren ist ein markantes Beispiel, was in unserer ach so zivilisierten Gesellschaft mit unserer Beweglichkeit passiert: Sie wird reduziert! Diese Reduktion verändert meinen Körper, er baut ab. Wer steigt denn aus den muskulös geformten Karosserien? Runde Bäuche, dünne Beine. Auf der Fitness-Skala stehen die Marathonläufer ganz oben, gefolgt von Joggern, Radfahrern, Bergwanderern; notorische Pkw-Fahrer stehen am untersten Ende der Fitness-Skala, egal, wie viel PS ihre Blechlaube hat.

Fitness? Nein, ich mache mein Geld nicht mit der Werbung für Fitness-Studios. Mit Fitness meine ich den körperlichen Alltagszustand, der uns in die Lage versetzt, mit Herausforderungen umzugehen. Was ist heute noch eine »Herausforderung«? Das Auto springt nicht an. Schieben? Schon seit Jahrzehnten nicht mehr, es gibt ja den ADAC! Schneeschippen macht der Hausmeisterdienst, den Garten pflegen die Gärtner und mein Aufsitzrasenmäher. Unser Bewegungspensum wird durch die individuellen Alltäglichkeiten geprägt: die Bedienung von Smartphone, Laptop, Anlasser, Aufzugknopf.

Wenn wir alt werden, hatte dieser konkret gelebte Alltag viele Jahre lang Zeit, sich auf unseren Körper und unseren Geist auszuwirken. Das ist das große Problem des Alterns, nicht irgendwelche Telomere!

Anders ausgedrückt: Geist und Körper werden immer bequemer. In fast allen S-Bahn-Stationen können Sie diesen Test machen: Rolltreppe oder Treppe? Na? Nach jahrelangem Rolltreppentraining stellen Sie irgendwann fest, dass Ihnen das Treppensteigen, rauf oder runter, schwer fällt. Das Alter! Neee! Ihre Bequemlichkeit. Klar, wenn Sie mit einem dicken Koffer von der Tiefgarage im Flughafen in die Abflughalle wollen, sind Aufzug oder Rolltreppe nützlich. Trotzdem führen diese Manifestationen menschlicher Bequemlichkeit zu verminderter Funktion, was Sie spätestens dann merken, wenn die Rolltreppe ungeheuerlicherweise defekt ist.

Okay, Sie haben die Botschaft verstanden: mehr Bewegung in den Alltag einbauen. Das klingt richtig, geht aber immer noch am Kernproblem vorbei. Sie – und ich, wir alle – setzen heute immer die falsche Priorität: Bewegung war mal alles, damals, als unsere Vorfahren hungrig durch die Gegend rannten. Es gab kein Leben ohne Bewegung: Sie rannten, sprangen, kletterten, sind aufgestanden, nachdem sie gefallen waren, sie flohen, jagten immer irgendetwas hinterher. Sie bauten Pyramiden oder gotische Kirchen, nur mit ihrer Körperkraft. Wenn Sie's gerne etwas weniger heroisch hätten: Es ist noch gar nicht so lange her, dass Menschen Holz hacken oder Kohle und Wasser schleppen mussten, wenn sie baden wollten. Bewegung war die Grundlage des menschlichen Alltags, ja des Überlebens. Heute ist nicht mal mehr angesagt, volle Einkaufstüten zu schleppen, seitdem Sie alles in die Wohnung geliefert bekommen. Körperlichkeit ist nicht mehr angesagt.

Sie meinen, das sei ja nun auch eine erfreuliche Entwicklung? Es spräche nichts dagegen, dass wir uns heute von Maschinen, zum Beispiel auf der Rolltreppe, im Range Rover, vom Mähroboter ... helfen ließen? Kann man so sehen. Das Problem: Unsere Ausstattung, unsere Muskeln, Gelenke, Knochen, das Herz, die Lungen, last, not least das Gehirn – all das ist noch so, wie es bei unseren Vorfahren war. Wir **sind** nach wie vor Bewegung, die nichts mehr zu tun hat. Etwas poetischer hat das der schon erwähnte Thich Nhat Hanh ausgedrückt:

»Die Fähigkeit, zu gehen und zu laufen, diente dem Menschen der Frühzeit für die Jagd oder zur Flucht. Diese Energie des Jagens oder Rennens ist in jeder einzelner unserer Zellen tief eingepflanzt. Aber heute kommen wir kaum noch in die Lage, physisch jagen, kämpfen oder fliehen zu müssen, und dennoch laufen wir immer noch mit dieser Energie herum.«[23]

Lassen Sie sich diesen Satz auf der Zunge zergehen:

»Dennoch laufen wir immer noch mit dieser Energie herum.«

Und machen außer Pöbeln und aufs Gaspedal treten wenig daraus! Am Ende der Pubertät verfügen die meisten über eine ziemlich gute, alltagstaugliche Ausstattung. Wenn wir sie auch in einem Alter noch nutzen wollen, von dem unsere Vorfahren nie auch nur geträumt hätten, müssen wir uns fit halten, und das geht nur, wenn wir diesen unseren Alltag ändern.

Aber die Alltagszwänge! Als Sie daran dachten, mehr Bewegung in den Alltag »einzubauen«, war das ja durch die Erkenntnis geprägt, dass Ihr Lebenszentrum der Job ist, mit festen Zeiten, Überstunden, Zeit zum Pendeln et cetera et cetera – und sehr wenig Zeit für Bewegung. Doch das ist jetzt vorbei! Sie werden 65+, und die einmalige Chance, die Ihnen nur das Alter bietet, ist nicht der sogenannte Ruhestand, weil »Stand« einfach falsch ist: Gehen, rennen, fallen, aufstehen, balancieren, springen, heben sind bessere Begriffe! Setzen Sie sich in Bewegung! Seien Sie Bewegung!

»Ihre neue Bewegungsroutine, täglich, ist mindestens so wichtig wie das Zähneputzen!«*

Also bewegen. Wirklich immer, jeden Tag bewegen? Dazu Kraftübungen. Hanteln und so?

Bewegen. Bewegen können: Kraft und – Gleichgewicht! Länger bewegen können: Ausdauer. Überhaupt bewegen können: Schmerzfreiheit. Bewegung sollte spätestens jetzt Ihr Mantra sein.

Über den ungehobenen Schatz Bewegung gibt es Studien, allerdings nicht genügend. Nicht alles, was ich Ihnen jetzt schreibe, ist evidenzbasiert. Das sind die Studien mit der härtesten Aussagekraft. Davon gibt es im Bereich der Beweg-

---

* Das ist ein Zitat von Dr. Mallwitz, dem orthopädischen Leiter des Rückenzentrums am Michel in Hamburg, mit dem ich mich über Bewegung und Altersbeschwerden unterhalten habe.

lichkeit im Alltag nicht so viele; zu teuer, zu anspruchsvoll. Deswegen ist vieles, was jetzt folgt, schlicht Intuition oder Selbsterfahrung. Können Sie glauben – oder es lassen.

Ich habe noch eine bessere Idee: Sie können es selber ausprobieren. Das hätte den großen Vorteil, dass dieser Probelauf Ihre ganz persönliche Individualität berücksichtigen würde. Das kriegen Sie bei keiner Vorsorgemethode geboten, bei keiner Operationstechnik, keinem Medikament. Spezifisch Sie!

Das entscheidende Argument dafür, dass Sie sich künftig mehr bewegen, hat aber sowieso nichts mit Studien zu tun: Bewegung kann dazu führen, dass Sie sich besser fühlen und Ihren Körper wieder genießen. Und das mit 70?

Aber hallo, Alter!

Bestandsaufnahme 65+:

Worum geht es?

Bewegung zur Grundlage Ihres Alltags zu machen. Um Ihnen die Entscheidung zu erleichtern, rekapitulieren wir noch mal drei typische Situationen aus Ihrem Alltag:

Sie (65) stellen fest, dass Sie nur noch schwer aus dem bequemen Fernsehsessel hochkommen. Oder Ihnen fällt der Weg ins Schlafzimmer im ersten Stock Ihres Reihenhauses plötzlich schwer. Das Alter?

Ja und nein. Ja, weil wir mit jedem Lebensjahr ein Prozent unserer Muskulatur einbüßen. Nein, weil Sie diesen Prozess auch im Alter aufhalten oder umkehren können, wenn Sie regelmäßig trainieren.

Sie wohnen im dritten Stock und stellen irgendwann fest, dass Sie jetzt nur noch den Aufzug nehmen, weil Sie auf der Treppe ganz gewaltig ins Schnaufen kommen. Das Herz? Kann sein, aber wahrscheinlicher ist, dass Ihre Ausdauer weggeschmolzen ist, weil Sie nichts getan haben.

Wahrscheinlich kennen Sie auch das: Sie sind mit der S-Bahn gefahren und wollen nun die Treppen vom Bahnsteig hinuntergehen. Am rechten Geländer kommen Sie nicht weit, da sitzt ein Obdachloser und ist mit sich beschäftigt. Sie müssten also in der Mitte gehen, aber da ist kein Geländer. Das verunsichert Sie ungemein. Sie schaffen es schließlich, peinlich langsam, aber fragen sich, wohin die Leichtigkeit ist, mit der Sie doch noch vor kurzer Zeit die Treppe runtergetänzelt sind.

Der Grund für Ihr unkomfortables Gefühl ist komplex: Wahrscheinlich spielt die Abnahme Ihres nicht trainierten Gleichgewichtssinns eine Rolle. Der ist neben Kraft und Ausdauer ein wesentlicher Faktor Ihrer Beweglichkeit und nimmt im Alter ab, wenn Sie ihn nicht üben. Beim normalen Gehen auf einer Ebene merken Sie das gar nicht, beim Treppensteigen oder beim Gehen in unebenem Gelände aber sehr wohl.

Eine andere Gelegenheit, bei der Ihnen Ihre verlangsamte Gleichgewichtsreaktion sogar zum Verhängnis werden kann, ist das schnelle Aufstehen aus dem Sitzen, vor allem wenn Sie sich dabei noch umzudrehen versuchen, weil etwas hinter Ihnen Ihre Aufmerksamkeit erregt hat. Plötzlich müssen Sie um Ihr Gleichgewicht ringen, beinahe wären Sie gestürzt.

Verstärkt wird diese Unsicherheit, vor allem die auf Treppen, durch Gleitsichtbrillen. Natürlich sind die praktisch, weil Sie nicht ständig mit zwei Brillen hantieren müssen. Aber eine Gleitsichtbrille fokussiert in der unteren Hälfte auf die Nähe, weil sich dort normalerweise das befindet, was Sie nah sehen müssen, zum Beispiel Buch oder Zeitung oder, etwas weiter weg, der Computerbildschirm. Wenn Sie diese Brille auch draußen tragen, sehen Sie in dem Bereich unscharf, auf den Sie treten wollen. Sie werden von der visuellen Wahrnehmung her verunsichert, und das gerade dann, wenn Ihnen das Sehen den unsicher gewordenen Gleichgewichtssinn ersetzen soll. Die schwächer gewordene Rumpfmuskulatur tut ihr Teil dazu, nur merken Sie auch dies meistens nicht.

So. Was sollen Sie jetzt konkret machen, um aus diesem Jammertal rauszukommen?

Beim Zähneputzen auf einem Bein stehen und so? Sie sind froh, dass Sie mit beiden Beinen fest auf der Erde stehen, Sie haben noch nie gejoggt und wollen es jetzt mit über sechzig auch nicht tun. Sie haben sich lange genug von der Arbeit stressen lassen und halten es für Ihr Recht, den Ruhestand jetzt wörtlich zu nehmen. Natürlich ist es Ihr Recht. Aber ob es eine gute Idee ist, müssen Sie selber entscheiden. Ich hege da meine Zweifel.

Dabei kann ich Sie gut verstehen. Auch ich muss mich überwinden, wenn ich mir bei 4 Grad Außentemperatur warme Unterwäsche, eine lange, regendichte Hose, ein Fleece-Oberteil, den dicken Anorak, Mütze und die schwereren Laufschuhe anziehen sollte, um joggen zu gehen. Und joggen reicht ja nicht, Kraft und Gleichgewicht müssen auch trainiert werden.

Die große Frage: Warum sollten Sie, der Sie bisher wenig, keinen oder nur in der lange vergangenen Jugend Sport gemacht hat, mit 55, 60, 65 anfangen, sportlich aktiv zu werden?

Die klare Antwort: Weil Sie sonst weniger werden und bald auch die Dinge nicht mehr können, die Ihnen immer selbstverständlich waren. Mit jedem Jahr reduzieren sich Ausdauer, Kraft, Koordination – wenn wir sie nicht trainieren. Training hält diesen Abbauprozess auf. Er kann sogar umgekehrt werden: Wenn Sie in Ihrer Jugend und im Erwachsenenalter keinen Sport gemacht haben und zum Beispiel mit sechzig anfangen, können Sie ein besseres Niveau erreichen, als Sie es jemals hatten.

Und das Verblüffendste: Bewegung hat ungeahnte positive Effekte. Sie steigert Ihr Wohlbefinden und wirkt präventiv gegen Depression und Demenz. Bewegung ist, wie oben bemerkt, eine Grundbefindlichkeit von uns Menschen, und die Energie ist in jeder Zelle gespeichert.

Aber wie bekommen Sie diese Energie mobilisiert?

Um das zu beantworten, hilft, sich klarzumachen, was wir bei den verschiedenen Sportarten wirklich trainieren.

Jede Bewegung wirkt sich auf verschiedene Komponenten aus:

Knochen, Bindegewebe, Muskeltonus und Muskelkraft, Ausdauer, Koordination.

Alles ist gleich wichtig, aber da die meisten von uns aus einem Zustand kommen, in dem sie sich zu wenig bewegt haben, lohnt es sich, die verschiedenen Komponenten einmal genau anzuschauen:

Unsere **Knochenstruktur** wirkt auf den ersten Blick statisch, starr. Aber das ist sie nicht. Der Zustand unserer Knochen und Knorpel wird durch unsere Beweglichkeit bestimmt, die von der Muskulatur ausgeübte Kraft wirkt sich unmittelbar auf die Knochenstruktur aus. Das Knochenproblem im Alter, die *Osteoporose* wird wesentlich dadurch beeinflusst, wie wir uns bewegen, bewegt haben, bewegen werden.

Die **Muskulatur** hat zwei Komponenten:

◇ den Muskeltonus, der die Muskelform in Ruhe und damit unsere Haltung beeinflusst. Die setzt sich aus dem muskulären Einfluss und der Knochen- und Bindegewebsstruktur zusammen und bildet die Grundlage, die dynamische Matrix für unsere Beweglichkeit.

◇ Meistens fokussiert unsere Aufmerksamkeit nur diese dynamische Muskelkomponente, das heißt, wie schnell wir uns bewegen, wie kräftig, ob diese Bewegung eingeschränkt ist oder nicht. Die Haltung nehmen wir nicht wahr, sie fällt nur anderen auf:»Kreuz gerade, Brust raus, Bauch rein!« Deswegen üben wir auch meistens nur den dynamischen Anteil, und die Haltung kommt zu kurz. Auf dieser Grundlage bilden sich die *muskulären Dysbalancen* und die *Fehlhaltungen*, die uns Beschwerden machen und uns zum Arzt bringen. Allerdings empfinden wir auch da die Beschwerden meist nicht dort, wo ihre Ursache liegt: Uns tun Schulter oder Hüfte weh, aber die Ursache liegt in der zu schwachen Rumpfmuskulatur. Um diese Schwäche auszugleichen, bewegen wir Arme und Beine falsch, und das macht sich dann in Schulter und Hüfte bemerkbar.

Ihre **Ausdauer** hat auch wieder zwei Komponenten, den Trainingszustand Ihrer Muskulatur und Ihres Herz-Kreislauf-Systems:

◆ Nehmen wir an, Sie haben Ihre Armmuskulatur lange nicht gegen Kraft bewegt, sondern sie nur für die schon erwähnten Alltäglichkeiten benutzt. Jetzt nehmen Sie ein Gewicht, 5, 6, 7 Kilogramm, in die Hand und heben es durch Beugung des Oberarms bis zur Schulter an, der wesentlich dabei beschäftigte Muskel ist der berühmte Bizeps. Versuchen Sie es 15-mal, wenn Sie es schaffen, 20-mal. Bei den letzten fünf Übungen werden Sie merken, wie schwer Ihnen das fällt; Sie halten es vielleicht kaum durch. Das ist der Aspekt der Ausdauer, der mit dem Trainingszustand Ihrer Muskulatur zusammenhängt.

◆ Vielleicht haben Sie auch gemerkt, dass sich bei den letzten Übungen Ihr Puls und Ihr Atem beschleunigt haben. Das hängt vom Trainingszustand Ihres Herz-Kreislauf-Systems ab. Die arbeitende Muskulatur braucht mehr Sauerstoff, den sie nur bekommt, wenn die Durchblutung ansteigt und Sie gegebenenfalls mehr atmen. Je besser Sie trainiert sind, desto mehr schaffen Sie es, solche Anforderungen aus Ihrer Ruhereserve zu bedienen, je schlechter Sie trainiert sind, desto schneller kommen Sie »außer Atem«.

Die **Koordination** ist noch komplexer: Sie sorgt dafür, dass das Verhältnis der verschiedenen Körperteile bei Bewegung geordnet abläuft, dass Sie aufrecht bleiben und nicht aus dem Gleichgewicht geraten, sie regelt die Abfolge der verschiedenen Bewegungen. Dabei spielen Muskulatur, Rezeptoren in der Muskulatur und in den Sehnen, das Gleichgewichtsorgan in den Innenohren und die Verarbeitung im Gehirn zusammen. Die Koordinationsfähigkeit ist besonders übungsabhängig; wenn Sie bestimmte Haltungen oder Bewegungsmuster lange nicht gemacht haben, müssen Sie sie wieder üben:

Zum Beispiel: Ein Freund war sieben bis zehn Jahre nicht mehr auf seinem Rad gesessen, so genau wusste er das nicht mehr, aber an einem schönen Samstagmorgen überkam es ihn: Er wollte zum Bäcker und die Frühstücksbrötchen mit dem Fahrrad holen. 1,5 Kilometer in einer Richtung, nichts Besonderes. Er holte sein italienisches Rad aus der Garage, den Stolz seiner Jugend, dessen Bremsen er gestern noch überprüft, dessen Reifen er prall aufgepumpt hatte. Die Hände an den Lenker, den rechten Fuß aufs Pedal, mit dem anderen kurz angeschoben und dann elegant das linke Bein über den Sattel schwingen: Können Sie es sich vorstellen? Wie gewohnt starten. Eben nicht mehr gewohnt. Er blieb völlig unerwartet mit dem Schwungbein am Sattel hängen, kippte um und fand sich auf dem Gehweg vor der Garage wieder, auf dem Rücken liegend, das Fahrrad auf ihm. Mehr Schaden war nur deshalb nicht entstanden, weil er noch kein Tempo hatte. Radfahren verlernt man nicht, heißt es, aber offenbar kann man komplexe Koordinationsaufgaben doch verlernen.

Wann haben Sie zuletzt flach auf dem Boden gelegen, ohne Unterstützung des Kopfes? Und wann sind Sie aus dieser Haltung zuletzt aufgestanden? Wann haben Sie Ihre Socken zuletzt im Einbeinstand angezogen?

Brauchen Sie das? Sie können sich ja auch setzen. Für die Socken ja, aber Ihre Koordinationsfähigkeit brauchen Sie ständig, und zwar in unerwarteten Situationen.

All das klingt wahrscheinlich ziemlich kompliziert. Vergessen Sie es. Das Wichtigste ist, was Sie spüren: Sie fühlen sich besser!

Welche Art von Sport können Sie machen?

Sieht man von diesem Einzelschicksal meines Freundes ab, so eignet sich Radfahren gut als Grundlage für Ihr Bewegungsprogramm: Sie können morgens 20 Kilometer zu dem französischen Bäcker mit diesen ganz besonderen Croissants fahren – deren Extraportion Butter haben Sie sich dann verdient. Damit haben Sie schon ein beachtliches Bewegungspensum für diesen Tag geschafft. Am Samstag auf den Wochenmarkt, abends ins Kino. Und natürlich können Sie auch solch ambitionierte Touren wie den Elbe-Radweg oder sogar die Alpenüberquerung planen. Es gibt hübsches Zubehör, bei dem Ihre Neigung zum Shoppen voll auf ihre Kosten, ja Kosten, kommt.

Falls Sie ihn noch nicht haben, kaufen Sie sich bitte einen Helm. Sie brauchen so etwas nicht? Kaufen Sie sich einen Helm, verdammt noch mal!! Und wenn Sie glauben, dass so ein Teil Ihre wunderbare Kopfform nicht zur Geltung kommen lässt, dann kaufen Sie sich für über 200 Euro ein Teil, das sich bei Kollisionen von selbst aufbläst, den Kopf-Airbag fürs Fahrrad. Sie gönnen sich ja sonst nichts. Aber fahren Sie nicht ohne Kopfschutz.

> Ein entfernter Freund – was ich für Freunde habe! – fuhr in alter italienischer Radrenn-Tradition immer mit einem Stoffkäppi, den Schirm nach oben gebogen. Sah schnittig aus. Er wurde zu schnell, stürzte und touchierte mit seinem durchaus edel geformten Kopf einen Baum, nicht einmal so schnell. Er lag sechs Wochen auf Intensiv, war drei Monate in der Reha, hat immer noch Lähmungserscheinungen, leider nicht nur motorisch, sondern auch beim Sprechen und durchaus auch beim Denken. Ein Helm ...

Für große Tourenpläne bieten sich heute die E-Bikes an. Tolle Sache, schnelle Sache. Probieren Sie vor dem Kauf aus, ob Sie dem zusätzlichen Schub gewachsen sind, auch unter den Bedingungen des Straßenverkehrs. Und dann ist da noch was: Weiter oben hatte ich es mit dem Bequemwerden. E-Bikes

sind ein Mittel zur Bequemlichkeit. Mein Onkel fuhr von Frankfurt bis Venedig, mit einer ganz ollen 3-Gang-Nabe, alten Felgenbremsen, einem Reifendynamo. Er war fit.
Aber das müssen wieder Sie entscheiden.

Welche sonstigen Sportarten eignen sich für ein gutes Bewegungsprogramm im Alter? Joggen, Bergwandern, Schwimmen: Letzteres ist wohl am wenigsten verletzungsanfällig, auch Rudern, da dürfen Sie nur nicht im März in die Alster fallen. Dann noch Fußball, Tennis, Golf.

Fußball? Sagen wir's mal so: Für Boateng bedeutete der Kreuzbandriss am Ende der Saison eine mehrmonatige Zwangspause. Für Sie mit 65 ist eine Immobilisierung von nur wenigen Wochen ein ziemliches Desaster, weil Sie vielleicht nicht so einen charismatischen Arzt wie Müller-Wohlfahrt finden und viel länger als Boateng brauchen, um diesen Rückstand aufzuholen, auch weil Sie keinen professionellen Trainer in Anspruch nehmen können, der allmählich Ihre Muskelkraft und Ihre Koordination wieder aufbaut.

Verletzungen im Alter von 67 beeinflussen Ihr Bewegungspotenzial nachhaltig negativ. Das gilt im Prinzip für jede Sportart. Mit Unterschieden. Sie müssen selbst beurteilen, gegen wen und mit welchem Einsatz Sie Fußball spielen, in welchem Skigebiet Sie sich skifahrend von einem alkoholisierten Österreicher umnieten lassen. Nicht politisch korrekt? Ich ziehe es zurück. Könnten auch Deutsche, Niederländer oder Russen sein ...

Aber denken Sie mal dran.

Golf: Ich spiele gerne, wenn auch nicht gut, bin gerne draußen, besonders frühmorgens, und weiß nach dem 18. Loch schon, was ich getan habe. Über die Vorteile können Sie etwa auf den Seiten 49 oder 52 einiges lesen. Aber als Konditionssportart reicht es nicht aus. Wenn Sie 27-Loch-Golf spielen, sind Sie mental erschöpft, aber Ihr Kreislauf könnte noch mehr.

Bewegung wird also zur Grundlage Ihres neuen Alterslebens. Wenn Sie sich mehr bewegen wollen, mit 40, 50, 60 oder 70, sollten Sie allerdings zuerst eine grundsätzliche Frage beantworten: Sind Sie überhaupt gesund genug, um sich zu bewegen?

WEG 1: Sie hatten schon seit längerer Zeit regelmäßig Bewegungssportarten in Ihren Tagesablauf integriert, die Sie nun, da Sie Zeit haben, intensivieren wollen. Regelmäßig bedeutet täglich, alle paar Tage, wöchentlich; in diesem Fall können Sie davon ausgehen, dass 1. Ihr Herz-Kreislauf-System diese Belastung gewohnt ist, dass 2. Sie diese Sportart »beherrschen«, also darin geübt sind, und dass 3. Ihre Koordination und Ihr Körpergefühl dafür ausreichen.

WEG 2: Sie folgten in Ihrem bisherigen Leben dem irrtümlich Churchill zugeschriebenen Ausspruch: *no sports!* Jetzt wollen Sie neu anfangen, haben aber einige Jahre nichts mehr gemacht, vielleicht auch nur ein halbes Jahr.

In dieser Lage wäre ein Check-up mal angebracht. Check-ups sind bei Ärzten sehr beliebt, weil sie gut Geld daran verdienen. Manche sind sinnvoll, manche weniger. Ganz allgemein muss man davon ausgehen, dass Medizin ihre Stärken im Bereich der Krankheiten und nicht von Gesundheiten hat, denn die Medizin hat die meisten Erfahrungen mit kranken Menschen gesammelt.

Bei Ihnen geht es jetzt ums Herz, und da ist der Check-up total sinnvoll, denn Sie sollten lieber genau wissen, was Ihr Herz verträgt, wenn Sie ohne bisherige Trainingsvorerfahrung mit einer sportlichen Tätigkeit anfangen. Normalerweise ist Ihr Herz in der Lage, mit hohen Belastungen zurechtzukommen, und Sie merken, dass Sie an die Belastungsgrenze kommen, weil Sie sich nicht mehr belasten können. Doch in Deutschland nehmen Herz-Kreislauf-Erkrankungen zu und sind mittlerweile die häufigste Todesursache, vor allem im Alter. 30 bis 40 Prozent der Menschen in der Bundesrepublik haben einen erhöhten Blutdruck, bei den über 60-Jährigen hat das jeder Zweite. Und obwohl Sie bisher keine Zeichen einer Herz-Erkrankung hatten, kann es sein, dass Sie bereits an einem Vorstadium leiden, von dem Sie nur noch nichts merken, zum Beispiel wenn Sie eine genetische Belastung tragen. Andererseits können Sie Ihre Herzfunktion durch ein paar einfache Untersuchungen unproblematisch erfassen lassen: durch das EKG, das Belastungs-EKG und die Ultraschalluntersuchungen unter Belastung.

◆ Das EKG erfasst die elektrische Herzaktion in Ruhe und zeigt Hinweise für Rhythmus- oder Durchblutungsstörungen.
◆ Die Ultraschalluntersuchungen zeigen, ob die Bewegungen des Herzmuskels der Norm entsprechen oder ob es Hinweise für abgelaufene oder akute Herzmuskelstörungen gibt.
◆ Beim Belastungs-EKG sieht Ihr Arzt, wie sich die Stromkurve des Herzens bei Belastung verhält und kann darin Anzeichen für Durchblutungsstörungen sehen. Gleichzeitig bekommen Sie Hinweise für Ihre Maximalbelastung, bei der Sie in Ihrem Training beginnen können. Denn Sie werden in Ihrem Training nur etwas erreichen, wenn Sie bis zur sogenannten Erschöpfungsgrenze gehen.

So, wenn Sie gesund sind, können Sie jetzt mit dem von Ihnen gewünschten Training anfangen.

Tango statt Fango

Wenn wir schon beim Wünschen sind: Alles ohne Schmerzen wäre gut.

Aber das geht nicht: Da wäre zum ersten der Muskelkater. Sie haben wieder zu Joggen angefangen (Joggen können Sie durch Rudern, Schwimmen oder sonst etwas ersetzen). Sie haben sich richtig verausgabt und sind bis zur Leistungsgrenze gegangen. Toll hat sich das angefühlt.

Als Sie am nächsten Tag die Treppen von Ihrer Wohnung runterlaufen wollten, spürten Sie Ihre Oberschenkel, wobei spüren milde ausgedrückt ist: Sie taten Ihnen weh, so weh, dass Sie kaum runterkamen. Am nächsten Tag war es noch schlimmer. Das ist der sogenannte Muskelkater, ein Zeichen, dass Sie Ihren Muskeln deutlich mehr zugemutet haben als bisher.

Muss Training wehtun? Nicht unbedingt. Sie erreichen etwas über die Wiederholung, 15- bis 25-mal!

Wenn Sie das wissenschaftlich ausgedrückt haben wollen, ist der *mechanische Pathway* wichtig, der zu einer Steigerung der Proteinbiosyntheserate führt, indem Satellitenzellen mit der Muskelzelle fusionieren. Dadurch nimmt die Gesamtmenge an DNA in der Zelle zu, und das Hypertrophiepotenzial steigt. Diese Satellitenzellen sind eigentlich die Zellkerne der Muskelzellen, die im Alter weniger werden. Ohne Training sind sie inaktiv. Muskelkater hat also etwas mit mechanischen Anreizen zu tun, die zu Mikrotraumen führen, die wohl der entscheidende Reiz für das Muskelwachstum sind. Ich finde, mehr brauchen Sie von der Theorie nicht zu wissen; machen ist wichtig! Wenn bei Ihnen ohne Theorie nichts läuft – es gibt genügend Fachliteratur.[24]

Was machen Sie jetzt mit Ihrem Muskelkater?

Weitermachen, langsam anfangen, bis Sie wieder Ihr Tempo von vorgestern erreichen. Sie werden schnell merken, dass der Schmerz weniger wird, je mehr Sie tun. Das nennt man Training.

Sie können aber Prophylaxe betreiben, gegen die trainingsbedingten Schmerzen: aufwärmen und dehnen! Erst Aufwärmen. Fürs Aufwärmen ist Radfahren ohne große Kraftanstrengung, leichtes Laufen, ein paar Minuten auf der Rudermaschine gut. Sie sollen nicht außer Atem kommen, sondern einfach nur Ihren Kreislauf in Gang bringen, dann wird es Ihnen schon warm. Das Schwierigere kommt jetzt: Sie müssen sich dehnen!

Vor und nach der Belastung sollten Sie die Muskeln, die Sie beanspruchen oder beansprucht haben, dehnen. Über das Dehnen gibt es jede Menge Literatur[25], denn man kann es auch falsch machen. Richtig geht es so: Für die wichtigsten Muskeln, Beine, Rücken, Schultergürtel, die geeignete Dehnungsbewegung suchen und dann ganz langsam mithilfe des eigenen Körpergewichts dehnen. Ungefähr 20 Sekunden, länger bringt wohl nichts, obgleich es auch dazu Weltanschauungen gibt. Nicht wippen! Probieren Sie es aus.

Als Weiterentwicklung aus dem mal sehr populären »Rolfing« können Sie Ihre schmerzenden Muskeln auch auf einer Styropor-Rolle langsam ausquetschen. Selbst wenn es nicht so klingt: Es hilft ungemein. Wenn Sie unsicher sind – das bin ich bei sportlichen Fragen fast immer –, sollten Sie sich für das erste Mal einen Trainer oder eine Trainerin suchen, zu der/dem Sie vertrauen haben. Wahrscheinlich werden Sie merken: Aufgewärmt und gedehnt läuft es sich besser. Eine sehr clevere Idee ist, das Dehnen als erste Tätigkeit – vielleicht als zweite, nach dem Kaffeemachen – am Morgen anzusetzen. Denn nach dem Schlafen sind die Faszien besonders steif, manchmal so sehr, dass Sie noch nicht mal meditieren können, weil Sie keine Chance haben, auch nur in den halben Lotussitz zu kommen.

Ruhen Sie sich nicht auf Ihren Lorbeeren aus. Nicht pausieren, denn Sie bauen wieder ab. Ich weiß, es ist eine Gemeinheit! Aber Sie müssen dran bleiben. Möglicherweise geht das im Alter noch schneller als in der Jugend, ein weiterer Grund, warum das Wort »Ruhestand« irreführend ist.

Depressive Patienten erzählen es immer wieder: »Ja, ich bin regelmäßig gejoggt, und das hat mir auch gutgetan. Aber dann wurde der Druck durch die Arbeit, oder ... so groß, dass ich mir die Zeit nicht mehr genommen habe.« Und wenn ich nachfrage, dann stellt sich heraus, dass es mit dem Aufhören der regelmäßigen sportlichen Aktivität erst richtig schlimm wurde. Sport hat antidepressive Wirkung, möglicherweise weil dabei aktivierende Neurotransmitter freigesetzt werden. Nur Patienten mit sehr schweren Depressionen schaffen es aufgrund ihrer Antriebsstörung nicht mehr, Sport zu machen.

Es ist immer noch besser, ein Erhaltungsprogramm zu versuchen, als mit Ihrem Training ganz auszusetzen. Mit diesem Thema werden Sie vor allem bei Verletzungen, Operationen oder schweren Erkrankungen konfrontiert. Wenn Sie sich den Fuß gebrochen haben und nun wirklich nicht mehr joggen können, sollten Sie versuchen, für das andere Bein, für den Rumpf und für die Arme Übungen zu finden, mit denen Sie sich in der Phase der erzwungenen Immobilisierung bezüglich Muskelkraft und Ausdauer fit halten können. Wenn Sie wegen einer bösartigen Krankheit Chemotherapie oder Bestrahlung ertragen müssen, ist das für Ihre körperliche Fitness sicher schwer. Aber selbst dann wäre es gut, ein reduziertes Programm körperlicher Aktivität weiterzuführen, an das Sie anschließen können, wenn es Ihnen wieder besser geht. Sie brauchen jetzt keine Pokale gewinnen, sondern sollen nur in Bewegung bleiben.

Lassen Sie sich Ihre Aktivität nicht einfach verbieten! Ärzte sind große Verbieter. Fragen Sie nach, und lassen Sie sich sagen, welche Evidenz (!) es gibt, dass Sie bestimmte Belastungen ganz vermeiden sollen.

Gerade bei älteren Menschen über 65, 70 sollte das Ziel, eine Immobilisierung kurzzuhalten, auch eine Rolle bei der Auswahl des Operationsverfahrens spielen. Die sehr in Mode befindlichen minimalinvasiven Operationsverfahren sind nicht für alle Erkrankungen das Gelbe vom Ei, aber ein unbestreitbarer Vorteil ist die viel schnellere Möglichkeit der Mobilisierung. Das wäre auch ein guter Grund für die operative Versorgung von Knochenbrüchen. Ein guter Grund dagegen ist die Gefahr von Infektionen. Sprechen Sie mit Ihrem Arzt darüber!

Nehmen wir an, Sie gehen inzwischen regelmäßig ins Fitness-Studio, machen sich an der Rudermaschine warm, und dann geht's an die Geräte. Sie legen moderate Gewichte auf, zweimal in der Woche gehen Sie zum Joggen. Alles im grünen Bereich. 9-Loch-Golf spielen Sie inzwischen *just for fun*. Aber nach einem Turnier am Wochenende merken Sie einen Schmerz in der linken Schulter. Vielleicht haben Sie etwas zu verbissen geschwungen, es wird schon wieder vergehen. Es vergeht aber nicht. Eine kleine Diclofenac vor dem ersten Abschlag? Für Ihre Niere keine so gute Idee: Sie können das mal machen, aber gerade bei körperlicher Aktivität, die mit gesteigerter Durchblutung in allen Organen einhergeht, wirkt sich Diclofenac sehr negativ auf die Nierendurchblutung aus. Falls Sie zu Herzrhythmusstörungen neigen, sollten Sie es übrigens auch meiden. Dass ich neulich am ersten Abschlag auf dem Golfplatz jede Menge gebrauchte Diclofenac-Blister gefunden habe, zeugt also eher von einem problematischen Verhalten.

Das Beispiel mit der Schulter ist mein eigenes, und ich erzähle Ihnen, wie es weiterging. Ich gehe zum Orthopäden, der röntgt, macht ein MRT: Der *Acromio-Clavicular*-Spalt sei zu klein; er schlägt eine kleine Operation vor, etwas vom *Acromion* wegnehmen. Jetzt, zu Beginn der Golfsaison? Ich mache einfach weiter, aber so richtig toll ist es nicht.

Ein halbes Jahr später fällt mir beim Aussteigen aus dem Auto auf, dass ich auf der Außenseite der rechten Hüfte Schmerzen habe. Ohne klaren Anlass. Besser wird auch das nicht; allmählich fällt mir zudem das Treppensteigen schwer; hoch komme ich schon noch, natürlich!, aber es tut einfach weh, ich stütze mich auf dem Geländer ab. Auf Empfehlung gehe ich ins Rückenzentrum[26]. Ausführliches Gespräch, manuelle Untersuchung, MRT der Lendenwirbelsäule. Mit der Hüfte ist alles in Ordnung, ich habe da zwei kleine Bandscheibenprolapse. Die sollen den Schmerz auslösen? Eher nicht. Therapeutisch wird Wärme und Physiotherapie verordnet, zweimal pro Woche. Die Physiotherapie fängt mit Massage, Dehnübungen für die Hüftmuskulatur an. Nach der dritten Sitzung kommt der Physiotherapeut zur Sache: zur tiefen Rumpfmuskulatur. Es gibt einen gerätegestützten Test: Ich fühle mich eingespannt, kann an den verschiedenen Geräten nur ganz bestimmte Rumpfbewegungen machen. Das Ergebnis ist – na ja, nicht so dolle: Trotz Fitness-Studio, Sit-ups, Joggen, Golf, Radfahren ist meine tiefe Rumpfmuskulatur, vorsichtig ausgedrückt, schwach.

Ein Trainingsprogramm folgt. Anfangs mit dem Medizinball und auf der Matte. So was habe ich noch nie gemacht. Ich komme mir vor wie ein Walross auf dem Trockenen. Dann geht es mit Geräten weiter und einer Trainerin, die den Finger in die Wunden legt. Bis zur Erschöpfungsgrenze und ein bisschen darüber. Und immer wieder auf die Haltung achten: Wirbelsäule gerade, Brust raus, Schultern zurück, Bauch anspannen.

Allmählich entwickle ich eine Wahrnehmung für Haltung und für Muskeln, wo ich vorher nichts wahrgenommen hatte, für meine Rumpfmuskulatur. Ich halte mich anders, beim Stehen, beim Gehen, bei der Küchenarbeit, aber auch beim Golfen. Noch lange bevor wir mit dem Training durch sind, bemerke ich, dass die Hüfte nicht mehr wehtut, obwohl wir mit der doch gar nichts gemacht haben. Und meine guten alten Bekannten, die Schmerzen in der linken Schulter, die ich nur am Rande erwähnt hatte, weil ich nicht schon wieder eine OP-Empfehlung bekommen wollte: weg.

Auf der Rechnung stand als Diagnose etwas mit ... *Dysbalance.*

Ich habe mir das später noch mal erklären lassen: Irgendwann im Verlauf meiner typischen Berufsweise, viel Sitzen, wenig Bewegung, hat sich meine Haltemuskulatur immer mehr abgeschwächt. Das habe ich aber gar nicht bemerkt, und ich dachte, ich könne ohne ein spezifisches Training Golf spielen und vor allem diese grenzwertige Wanderung im Sommer machen. Da ich von diesen Muskeln nichts wusste, blieb mir natürlich auch ihre Abschwächung verborgen. Ich habe versucht, die Abschwächung meiner Haltemuskeln so zu kompensieren, dass ich die Bewegungsmuskeln vermehrt belastet habe. Die sind aber für Haltung nicht gemacht und reagieren auf diese unpassende Belastung mit dem üblichen Überforderungsmuster, sie verkürzen und verspannen sich – und tun weh! Welch ein Glück, dass niemand auf die Idee kam, mir eine Operation der Bandscheibe oder der Hüfte vorzuschlagen, sondern dass ich üben musste.

An dieser Stelle ist es vielleicht sinnvoll, etwas Generelles zum Thema Schmerz zu sagen. Welche Alternativen haben Sie bei Schmerz?

- Sport aufhören: ganz schlecht!
- Schmerzmittel einwerfen, ohne mit einem Arzt zu reden: auch ziemlich schlecht. Allerdings hat diese Variante den Vorteil, dass die Schmerzen ja von selber abklingen könnten.
- Der Weg zum Arzt: Jetzt wird es etwas kompliziert, und das hängt mit den Entwicklungen der Medizin in den letzten zwanzig Jahren zusammen. Ich würde Ihnen solche grundsätzlichen Betrachtungen gerne ersparen, aber ich glaube, Sie müssen die verstehen, um bei der Wahl des richtigen Arztes keinen Fehler zu machen.

Bei der Betrachtung des Körpers und seiner Funktionsweisen spielen Strukturen und Funktionen eine Rolle. »Struktur« ist das Thema der Anatomie, oder, wenn sie krankhaft verändert ist, der Pathologie. »Funktionen« beschreibt die Physiologie, sie werden von den anatomischen Strukturen »getragen«: Zum Beispiel kann ein Gelenk nicht mehr normal bewegt werden, wenn es kaputt ist. Klar. Nur – so einfach ist es selten; meist haben wir es nicht mit völlig zerstörten Strukturen und den dadurch ebenfalls gestörten Funktionen zu tun, sondern beide sind verändert – aber nicht so eindeutig, dass eine klare kausale Zuordnung möglich wäre. Denn wenn die Strukturen schlechter werden, versuchen die Muskeln, das auszugleichen, und es ist sehr schwer, in solch einer Situation auf die Henne oder das Ei zu schließen. Solch uneindeutige Ursachen sind ein wunderbarer Anlass für Glaubenskriege.

Hinzu kommen zwei Besonderheiten in der Entwicklung der Medizin:

Die Methoden der modernen Bildgebung begünstigen strukturelle Betrachtungen. Untersuchungen mithilfe von Röntgenstrahlen, von Ultraschall und vor allem von den durch Körperzellen ausgelösten Magnetfeldern erlauben eine unglaublich detaillierte Beurteilung von anatomischen Strukturen und ihren pathologischen Veränderungen. Wenn Sie sich solche Bilder anschauen, kriegen Sie oft einen Schreck! Und nicht nur Sie, sondern leider auch die Fachleute. Dabei sollten die es besser wissen. Denn die Bildgebung sagt oft nichts Klares über die Funktion. Es gibt Patienten mit einer desolaten Knochenstruktur, die kaum Beschwerden haben, weil sie das alles muskulär aufgefangen haben, und es gibt das Gegenteil. Deswegen liegt die Versuchung nahe, die desolate Struktur, Funktion hin oder her, durch eine Operation zu verbessern.

Dazu passt, dass sich die Orthopädie immer stärker in Richtung eines operativen Fachs entwickelt, wogegen die konservative, auf übenden Verfahren basierende Orthopädie oft, nicht immer, ins Hintertreffen gerät. In dieser Konstellation liegt es nahe, patho-anatomisch veränderte Strukturen zu operieren in der Hoffnung, dass die Funktion der strukturellen Bereinigung folgt.

Tatsächlich ist diese Überlegung keineswegs zwingend, denn der moderne Ansatz geht heute davon aus, dass chronischer Schmerz sich in den Ursachenfeldern Psyche, Funktion und Struktur entwickelt, es also am sinnvollsten ist, chronische Schmerzpatienten mit einer Kombination aus psychotherapeutischen und physiotherapeutisch-übenden Verfahren zu behandeln. Psychotherapie? Ganz recht! 70 Prozent der chronischen Schmerzpatienten haben Depressionen – und Ängste! Kein Wunder! Diese über Jahre an ihren Muskelschmerzen und der fehlenden Besserung verzweifelnden Menschen können nicht allein durch Schmerzmittel und Bewegung in die Lage versetzt werden, sich besser zu fühlen. Man muss auch der Seele helfen. Erst wenn solche kombinierten Maßnahmen nicht greifen, sollte ein operatives Vorgehen erwogen werden. Umgekehrt ist es so, dass eine Operation ja nur die Struktur verändert und sich daran zwingend eine Wiedereinübung der Funktion anschließen muss.

Was sollten Sie also machen, wenn Sie Schmerzen haben, die Sie nicht einem gravierenden akuten Ereignis, einem Bänderriss, einem Bruch, et cetera zuordnen können?

Schmerz ist ein Signal, dass irgendetwas in Ihrem Körper falsch läuft, und damit ist er etwas, was Sie ernst nehmen und nicht einfach mit Schmerzmitteln überdecken sollten. Ernst nehmen bedeutet, dass Sie einen Arzt aufsuchen und Diagnostik machen. Wenn es eine behandelbare Erkrankung gibt, wird der Schmerz schnell vergehen. Er kann aber auch chronisch werden, was besonders bei Muskelschmerzen oft der Fall ist.

Muskelschmerzen entstehen aus dem Muskel und der

umgebenden Bindegewebsschicht, der Faszie. Ursache kann eine Überforderung, eine nicht von dem Muskel in seinem gegenwärtigen Trainingszustand zu erbringende Leistung sein oder eine Überdehnung. Folge ist eine Steigerung der Muskelanspannung, die dann die Durchblutung des Muskels vermindert. Muskeln reagieren auf eine verminderte Durchblutung mit Schmerzen, die mitunter auch sehr stark sein können. Dann verkürzt sich der Muskel, was wiederum Folgebeschwerden in den Ansatzpunkten oder Sehnen auslösen kann.

Was tun mit diesem Wissen?

Sehr verkürzt: Tango statt Fango – Bewegung statt Ruhe.

Früher wurden Medikamente in Form von Spritzen und Tabletten sowie Ruhe und Wärme für sinnvolle Behandlungsmöglichkeiten gehalten. Davon hat sich nur die Wärme gehalten. Sie und Bewegung mit wenigen Ruhephasen, vielleicht ein einfaches Schmerzmittel, bringen es. Sie haben das sicher schon erlebt. Am stärksten ist der Schmerz nach einer längeren Ruhephase, wenn Sie aber mal in die Gänge gekommen sind, nimmt der Schmerz ab.

Das Problem bei den Muskel- und besonders Rückenschmerzen ist, dass ihre tatsächliche Ursache oft nicht verstanden wird:

Die liegt in der »Diskrepanz zwischen Anspruch und Realität«, wie auf der Homepage des Rückenzentrums am Michel in Hamburg zu lesen ist.[27] Ich fand, dass das ziemlich »psychotherapeutisch« klingt. Und da ist tatsächlich eine ganze Menge dran, denn eine moderne Behandlung von chronischen Schmerzen ist im Idealfall multimodal und interdisziplinär, unter Einbeziehung von Orthopäden, Physiotherapeuten und – Psychotherapeuten. Denn wenn Schmerzen chronisch werden, kommt es zu vielen Wechselwirkungen zwischen der Seele und körperlichen Prozessen, die sinnvoll nur dann behandelt werden können, wenn man beides behandelt.

Dass das ein enormes Problem der Volksgesundheit ist, zeigen die vielfältigen Angebote, mit denen Ärzte, Heilpraktiker und viele andere um die Patienten konkurrieren. Sinnvoll scheint allein ein multimodaler interdisziplinärer Ansatz zu sein, bei dem die genannten Disziplinen über eine längere Trainingsphase miteinander kooperieren.

Spritzen sind allenfalls kurzfristig sinnvoll, um die Muskeln wieder trainierbar zu machen. Stetig wiederholte Injektionsserien bringen eher eine feste Verankerung der chronischen Störung.

Operationen haben nur eine sehr eingeschränkte Indikation:

♦ Wenn eine vorgefallene Bandscheibe die Lebensfähigkeit einer Nervenwurzel bedroht, muss man diesen Verlust verhindern. Allerdings bringt diese Operation für das muskuläre Schmerzsyndrom nichts, das muss vielmehr physiotherapeutisch angegangen werden.
♦ Wenn die Wirbelsäule durch einen lang andauernden Abbau der Muskulatur instabil geworden ist und sich dieser Zustand durch einen Trainingsansatz nicht verbessern lässt, kann eine Operation sinnvoll sein, der sich aber auch in diesem Fall eine gründliche Physiotherapie anschließen muss.

Für Sie folgt aus alledem, dass Sie chronische Schmerzen zuallererst multimodal interdisziplinär, das heißt übend, konservativ und unter Einbeziehung von psychotherapeutischen Verhaltenstherapeuten behandeln lassen sollten.

Sollten Sie an Kollegen geraten, die Ihnen die Operation als erste Wahl vorschlagen, ohne dass ein Bandscheibenvorfall oder eine trotz längerem Training instabile Wirbelsäule vorliegt, dann sollten Sie unbedingt eine zweite Meinung bei einem schwerpunktmäßig konservativ arbeitenden Orthopäden-Team einholen.

Jetzt ist das schöne Thema Bewegung im Alter zu einer Beratung über richtige oder nicht so richtige Behandlungen von Schmerzen geworden. Aber selbst wenn Sie sich das so nicht vorgestellt haben, es passt schon zusammen. Denn einfach losrennen hilft den meisten nicht. Es gibt Krisen, die aus der Diskrepanz zwischen – unserem – Anspruch und – auch unserem – Trainingsdefizit entstehen. Entscheidend ist, dass Sie nicht gleich aufgeben, sondern sich in der Krise kompetente Hilfe suchen und danach schlauer und trainierter weitermachen. Warum spielt die Zusammenarbeit mit dem richtigen Arzt bei Sportlern wohl eine so große Rolle?

Noch ein Zitat von Thich Nhat Hanh, der nun wirklich kein Fitnesstrainer ist:[28]
»Ich bewege mich nicht, um fitter und gesünder zu werden, sondern weil ich das Leben so mehr genieße.«

Das Leben genießen! Und das sagt ein Buddhist.

Wiegen Sie sich nicht so oft!

Glauben Sie mir, Ihre Waage löst das Problem nicht! Aber auf die kommen wir nachher noch zu sprechen.

Bauch, Hüften und Po sind schon lange Ihr Thema. Sonst sehen Sie ja noch ganz passabel aus. Sorry, können Sie das wirklich beurteilen? Mir wenigstens ist aufgefallen, dass mein eigener Blick nach unten die Realität nur unvollständig wiedergibt. Fotos, die per WhatsApp auf meinem Handy auftauchten, offenbar unbemerkt geschossen, wenn ich den Bauch nicht reflexhaft einziehen konnte, zeigten Wölbungen eines mir fremden Menschen, der seltsamerweise meine Gesichtszüge trägt. Kennen Sie das auch? Bei Männern ist es eher der Bauch, bei Frauen Oberschenkel und Po.

So wollen Sie nicht aussehen! Diese Wülste sollen weg!

Sie wollen also abnehmen. Ohne Zweifel: Der Entschluss ist nicht nur ästhetisch, sondern auch medizinisch sinnvoll. Aber wie in die Tat umsetzen? Sie melden sich im nächsten Fitness-Studio an? Leider wird Sie das nicht weiterbringen.

Gewicht und Beweglichkeit* sind zwei Ihrer Eigenschaften, die vor allem im Alter in enger Wechselwirkung zu stehen scheinen: Eines Tages können Sie nicht mehr übersehen, dass Ihr Gewicht zu-, die Beweglichkeit abgenommen hat. Sie vermuten eine kausale Verknüpfung und glauben, Sie hätten zugenommen, weil Sie sich zu wenig bewegt haben, und wären unbeweglich, weil Sie zu schwer wären. Diese Theorien von Ursache und Wirkung schlagen offenbar in weiten Teilen der Bevölkerung voll durch, wenn sich nach den Weihnachtsfeiertagen Scharen im Fitnessstudio anmelden, um den Weihnachtsspeck abzutrainieren.

Obwohl es diesen Zusammenhang gibt, sollten Sie sich fragen, ob Sport tatsächlich ein taugliches Mittel zum Abnehmen ist.

Schauen wir doch mal, wie viele Kalorien Sie verbrauchen, wenn Sie Sport machen:

Die folgende Tabelle gilt für einen 80 Kilo schweren Mann, der die jeweilige Sportart 30 Minuten ausübt.

Laufen 5 min/km	500
Radfahren 25 km/h	410
Schwimmen	350
Rudern	350
Golf	200
Tanzen	280

* Mit Beweglichkeit meine ich nicht in erster Linie so etwas wie Gelenkigkeit, obwohl die im Alter auch abnimmt, sondern die Gesamtheit an Muskelkraft und -tonus, Ausdauer und Gleichgewicht.

Der Wert für das Laufen entspricht beispielsweise einem Tempo von 12 Kilometer pro Stunde. Für einen Marathonlauf würden Sie bei diesem Tempo 3:31 Stunden brauchen, was für einen Freizeitläufer sehr ordentlich ist. Aber Sie würden nur 1758 Kalorien verbrauchen. Ernüchtert? Sie dachten sicher, das wäre mehr.

Und außerdem wollen Sie ja nicht fasten, nachdem Sie sich sportlich verausgabt haben: Wenn Sie mit einer Sportart neu anfangen, bekommen Sie meist tierischen Appetit! Später, wenn sich Ihre Muskulatur an diesen Sport gewöhnt hat, gibt sich das.

Also, ich muss Sie enttäuschen: Tanzen, Golf & Co. und sogar Laufen sind gut für die Beweglichkeit und sogar für Ihr Gehirn, aber abnehmen tun Sie damit nicht. Sie nehmen oft sogar zu, wenn Sie nach Jahren der Pause wieder mit Sport anfangen, weil Muskeln mehr wiegen als Fett.

Tatsächlich wiegen Sie zu viel, weil Sie zu viel und das Falsche gegessen haben. Zu wenig fit sind Sie, weil Sie sich zu wenig bewegt und zu wenig für Ihre Muskulatur getan haben.

Sie können es ja so sehen: Als Gesamtkunstwerk brauchen Sie mehrere Programme, wenn Sie mit 65 und einem *Body Mass Index* von über 27 dastehen, die Treppe nicht mehr schnell hoch, aber leider auch nicht schnell runterkommen und obendrein Schmerzen in Rücken, Schulter und Hüfte haben.

Konkret brauchen Sie:

◆ ein Programm zur Gewichtsreduktion. Nachdem Sie damit fünf bis zehn Kilo abgenommen haben, was eine beachtliche Leistung ist, schreiten Sie deutlich leichter durch die Gegend. Um Ihre Beweglichkeit zu aktivieren, reicht das aber noch nicht.

◆ Deshalb brauchen Sie ein Programm zum Aufbau Ihrer Muskulatur, vor allem Ihrer Rumpfmuskulatur, Ihres

Muskeltonus und Ihrer Muskelkraft zur Besserung Ihres Gleichgewichts, inklusive Falltraining, und zur Besserung der Ausdauer.

◆ Solange Sie jung sind, können Sie das alles hintereinander machen: zuerst Gewicht reduzieren, dann in die Muckibude rennen und schließlich Ausdauer trainieren. Mit über sechzig ist es besser, Gewichtsabnahme und den Anreiz zum Aufbau der Muskulatur zu kombinieren, damit Sie nicht auch Muskeln, sondern nur Fett abbauen.

Sie sind skeptisch und fragen sich, wofür das denn nun alles gut sein soll?

Die **Gewichtsabnahme** steigert Ihr Wohlbefinden und entlastet die Gelenke. Außerdem sprechen alle wissenschaftlichen Untersuchungen dafür, dass Normalgewicht besser als Übergewicht ist und Ihr Leben verlängert. Ihr Leben wird also im direkten und übertragenen Sinn leichter, wenn Sie weniger wiegen. Außerdem haben Sie es wahrscheinlich schon oft gelesen: Übergewicht ist auch ein Risiko für Krankheiten, an die Sie überhaupt noch nicht gedacht haben! Zuckerkrankheit, Bluthochdruck, Fettleber, Gefäßerkrankungen, Herzinfarkt, Schlaganfall und – überraschenderweise – Krebs.

Und es fühlt sich unerwartet gut an, ein paar Kilo leichter zu sein. Auch wenn Sie daran gar nicht gedacht haben: Sogar der Sex ist besser, was der schon erwähnte Bertolt Brecht mit den Worten zum Ausdruck brachte: »... und mitunter stört ein dicker Bauch«.

Wichtig ist, dass Sie selbst entscheiden, wie viel weniger Sie wiegen wollen.

Für die Umsetzung müssen Sie sich klarmachen, dass Sie sich einen Essensstil angewöhnt haben, mit dem Sie zu viel Körpergewicht aufgebaut haben: Sie haben es also mit Gewohnheit zu tun und mit einer Normabweichung.

Gewohnheit bedeutet Alarm, will sagen: Einfach wird das

nicht. Denn nichts ist so schwer zu ändern wie Verhaltensweisen, die wir uns angewöhnt haben. Sie passieren nämlich automatisch, also ohne dass sie uns bewusst werden. Und wie soll ich etwas verändern, das ich gar nicht mitkriege? Sie müssen nichts weniger tun, als Ihr Leben zu ändern! Stellen Sie sich auf eine Lebensphase ein, in der Sie kontrolliert und achtsam leben und vor allem achtsam essen. Leicht ist das nicht, aber wenn Sie sich ernst nehmen, können Sie es schaffen.

Schwerer zu akzeptieren finde ich persönlich die Sache mit der Norm. Normen haben mit dem Durchschnitt zu tun, mit irgendwelchen unbekannten anderen Menschen, und ich könnte gut verstehen, wenn es Ihnen widerstreben würde, sich in einem so persönlichen Bereich wie dem Gewicht nach anderen zu richten. Woher kommt denn solch eine objektive Vorgabe, wie viele Kilo »richtig« oder »zu viel« sind?

Normen beruhen auf Messungen, die in Bezug zur jeweiligen Bevölkerung gesetzt werden. Eine solche Norm ist der *Body Mass Index* (BMI):

> Der BMI legt fest, ob Sie im Vergleich mit einer als normal definierten Mehrheit der Bevölkerung Übergewicht haben, unabhängig von Ihrer Größe und Ihrem Geschlecht. Sie teilen Ihr Körpergewicht (Kilogramm) durch Ihre Körpergröße (Meter) zum Quadrat. Zum Beispiel: Sie sind ein stattlicher Mann, wiegen 98 Kilo. $98 : 1{,}91^2 = 27$! Etwas zu stattlich. Bei einem Alter unter 45 gilt ein BMI zwischen 18,5 und 24,9 als normal, zwischen 25 und 29,9 als Übergewicht und ab 30 als Fettsucht, netter ausgedrückt als Adipositas.
>
> Ein einfaches Maß für das Bauchfett, das vom BMI nicht erfasst wird, ist der Taillenumfang in ausgeatmetem Zustand. Männer haben bei mehr als 94 Zentimeter Umfang ein Problem, Frauen ab 80 Zentimetern.

Und nun sind Sie gefragt und müssen herausfinden, wie es Ihnen mit Ihrer Normabweichung geht und was Sie tun wollen. Ich schlage Ihnen einen mittleren Weg vor: Zunächst finden Sie raus, wie viel Ihnen ganz persönlich zu viel ist.

Vielleicht erinnern Sie sich an Kleidungsstücke, die Ihnen mal gepasst haben: dieses kleine Schwarze, das schon lange traurig im Schrank hängt, das schicke – und so teure – Jackett, das Sie selbst unter Aufgabe aller Selbstkritik nicht mehr anziehen können, weil es so peinlich spannt, dass Sie befürchten, es im falschen Moment unter Anteilnahme einer verblüfften Öffentlichkeit zu sprengen. Oder an bestimmte Fähigkeiten: Sie möchten ohne Zwischenhalt die drei Treppen zu Ihrer Wohnung hochkommen, Sie möchten wieder Joggen können, ohne sich schinden zu müssen, weil die zu schleppenden Kilos einfach zu viele sind.

Das wichtigste Kriterium ist, ob Sie mit Ihren Zielen im Reinen sind, das zweitwichtigste sind gesundheitsschädliche Normabweichungen, zum Beispiel das berüchtigte Bauchfett, das oft die Männer heimsucht. Männer sind meist an Beinen und Po nicht fett, tragen aber eine Wampe vor sich her, die richtig gefährlich zu sein scheint:

Die Fettzellen in der Bauchhöhle wirken sich negativ auf Blutdruck, Cholesterin- und Blutzuckerwerte aus und steigern die Wahrscheinlichkeit für Zuckerkrankheit, Schlaganfälle, Herzkrankheiten und sogar für Krebs. Bei Stress werden Fettsäuren freigesetzt, die die normale Zuckerverwertung blockieren. Diese Fettzellen können außerdem Hormone produzieren, die chronische Entzündungen begünstigen. Im Bauchfett sitzen zudem enorm viele Immunzellen, die ihrerseits Entzündungen begünstigen und so Gefäßerkrankungen verursachen. Dicke Menschen tragen ein höheres Risiko für Brust-, Darm- oder Bauchspeicheldrüsenkrebs in sich, wahrscheinlich ebenfalls unter Mitwirkung des Bauchfetts.

Falls Sie jetzt glauben, dass die Konsequenzen von Bauchfett objektiv gravierender sind als Ihre fehlende Motivation, so irren Sie: Bei dem, was Sie da vor sich haben, ist die Motivation alles!

So weit, so gut – oder schlecht. Sie haben objektiv einen BMI zwischen 27 und 30 und sind sich subjektiv zu schwer. Das heißt: Sie sollten etwas an Ihrer Ernährung ändern. Was? Dazu gibt es sowohl wissenschaftliche als auch subjektive Antworten.

Womit fangen wir an? Mit der wissenschaftlichen:

Wenn Sie sich die Frage nach den wissenschaftlichen Grundlagen der Ernährung stellen, werden Sie ein verhängnisvolles Merkmal der menschlichen Natur kennenlernen: die Neigung zur Ideologie. Jemand erkennt einen wichtigen Zusammenhang, in diesem konkreten Fall zwischen der Änderung seiner Essgewohnheiten und seinem zunehmenden Wohlbefinden, und macht daraus so etwas Ähnliches wie eine Religion, eine Ideologie eben. Im politischen Bereich kann man immer wieder beobachten, was dann passiert: Marx hat grundlegend richtige Ansichten über den Menschen und sein Verhältnis zum Geld formuliert, die auch heute noch zutreffend sind; die ideologische »Überhöhung« hat zum Kommunismus geführt, einer Art Religion, die Millionen von Menschen ihr Leben genommen und noch mehr ins Elend gestürzt hat. Das ist auf der Gegenseite mit Milton Friedman und dem Neoliberalismus nicht anders.

Dagegen nehmen sich die Ess-Ideologien relativ harmlos aus: *low fat, low carb,* vegetarisch, vegan, paläo ... und und und. Sie können auch ein Anhänger des Heilfastens sein oder bestimmter Körnerdiäten.

Wieso ist es so schwer, das für Sie richtige Essen herauszufinden? Im Grunde geht es um die Frage des Pilatus: Was ist Wahrheit?

Ähnlich wie Psychotherapien sind Diäten ein Tummelplatz genialer Gurus. Atkins, Hildmann, Perlmutter ... Eine charismatische Persönlichkeit macht eine interessante Beobachtung, zieht geniale Verallgemeinerungen daraus, und dank des Charismas kommt diese Idee bei einer großen Zahl von Jüngern hervorragend an. Geboren ist die ...-Diät. Dass

Guru Atkins selber am kranken Herzen gestorben sein soll, wird ins Reich der Verschwörungstheorien verbannt.

Um von den Gurus wegzukommen, müssten Sie eine wissenschaftliche Studie machen. Doch leider sind Studien zum Thema Essen unglaublich schwer durchzuführen. Denn um herauszufinden, ob ein Nahrungsbestandteil auf Menschen positive oder negative Wirkungen hat, muss man zwei Gruppen bilden: eine, die diesen Nahrungsbestandteil regelmäßig in einer bestimmten Dosierung zu sich nimmt, und eine, die auf diesen Nahrungsbestandteil verzichtet, ihn also zuverlässig nicht isst. Stellen Sie sich vor, es ginge um die einfache, und in der Realität schon längst beantwortete, Frage, ob Zucker gesundheitsschädlich ist. Die eine Gruppe darf ihre Nahrung süßen, die andere muss darauf verzichten. Stellen Sie sich weiter vor, Sie wären zufällig für die Gruppe ausgelost worden, die auf Zucker verzichten muss. Leider sind Sie aber selbst ein Süßer, das heißt, Kaffee oder Tee ungesüßt bringen Sie nicht runter, süße Nachspeisen sind Ihr Lebenselixier. Selbst wenn Sie eine unglaublich willensstarke und moralischen Kriterien verpflichtete Persönlichkeit sind, lässt es sich nicht hundertprozentig ausschließen, dass Sie in einem unbeobachteten Moment Ihrer Nahrung nicht doch den einen oder anderen Löffel Zucker zuführen. Bei solchen Studien kann man Sie ja nicht über Monate und Jahre kontrollieren! Und um Monate und Jahre geht es bei Studien über Nahrung. Diese Art von Wissenschaft ist also sehr mühsam in der Durchführung und wegen der nicht hundertprozentigen Kontrolle auch nicht zuverlässig.

Die andere Einschränkung dieser Art von Studien ist interessenbedingt. Da solche Studien lange dauern und deshalb teuer sind, können die Universitäten, einstmals Hort der freien und unabhängigen Forschung, aber seit längerer Zeit unterfinanziert, sich solche Studien nur noch in Ausnahmefällen leisten. Also braucht man Sponsoren, und natürlich sind die Milchindustrie oder Konzerne, die Nahrungsmittel herstellen, an der Studienteilnahme interessiert. Allerdings sind solche Firmen nicht nur den Käufern ihrer Produkte, sondern auch und vor allem ihren Aktionären verpflichtet. Es geht also um den Konflikt zwischen wissenschaftlichen und wirtschaftlichen Interessen. Der Journalist Bas Kast hat 2018 »Das Fazit aller wissenschaftlichen Studien zum Thema Ernährung« unter dem Titel *Der Ernährungskompass*[29] veröffentlicht. Und er kommt zum Beispiel bei der Bewertung von Milch oder Zucker zur Einschätzung, dass die Beteiligung eines Sponsors aus der entsprechenden Industrie die Chance auf ein für diese Industrie günstiges Ergebnis auf das vier- bis achtfache erhöht! Tja.

Was können Sie daraus lernen? Auch über etwas so Grundlegendes wie unser Essen wissen wir ziemlich wenig.

Am besten fahren Sie, wenn Sie der Versuchung widerstehen, ein weiteres Mitglied der Schar der *follower* dieses oder jenes charismatischen Gurus zu werden, und stattdessen mit einer gesunden Portion Skepsis an dieses Thema herangehen. Prüfen Sie alles Geschriebene auf Plausibilität, ruhig unter Zuhilfenahme des gesunden Menschenverstandes. Bedenken Sie, dass die Redakteurin dieser mit hoher Auflage erscheinenden Frauenzeitschrift auf der Suche nach einem »Aufreißer« in einer gesundheitsträchtigen Frühjahrsausgabe wahrscheinlich weniger Zeit für die Recherche hat als ein Journalist, der hauptsächlich Bücher schreibt und viel Aufwand bei der Datenfindung betreibt. Vielleicht denken Sie auch daran, dass Zeitschriften von Werbekunden leben, die natürlich nicht begeistert sind, wenn ihre Nahrungsprodukte in der Zeitschrift runtergemacht werden, für die diese Firma gerade viel Geld überwiesen hat.

Diese Zusammenhänge gelten übrigens in gleicher Weise für ein Thema, das Sie als älteren Menschen fast ebenso beschäftigen sollte wie das richtige Essen: die Wirkungen und die Nebenwirkungen von Medikamenten!

Aber bleiben wir erst mal bei den Nahrungsprodukten. Der

französische Journalist Michael Pollan hat einmal geschrieben, dass man nichts essen solle, was die eigene Großmutter nicht spontan als Nahrung erkannt hätte. Er bezieht sich auf die Tatsache, dass Nahrung in den letzten Jahrzehnten von etwas, das in der Natur wuchs, zu einem Produkt der Nahrungsmittelindustrie geworden ist, dessen Zusammensetzung als Firmengeheimnis gehandelt wird. Wir kommen beim Thema Fette noch einmal darauf zurück.

Meine Empfehlung: Entwickeln Sie Ihre individuelle Sensibilität, welche Nahrungsmittel Ihnen guttun, welche Sie in vernünftigen Mengen sättigen und Ihnen zu einem guten »Bauchgefühl« verhelfen.

Wahrscheinlich werden Sie zu dem Schluss gelangen, dass das die Nahrungsmittel sind, die Sie selber zubereiten. Meine Empfehlung »Kochen lernen!« deckt also verschiedene Aspekte Ihres Lebens als älterer Mensch ab.

Abnehmen zu wollen, hat, wie schon bemerkt, wenig mit Diät und viel mit der Änderung von Gewohnheiten zu tun. Den gleichen Stiefel weiterzumachen und »nur« weniger zu essen, wird unvermeidlich zu vermehrtem Hungergefühl führen – ein Zustand, den Sie nicht lange aushalten werden, auch wenn Sie ihn freiwillig herbeigeführt haben, weil Hunger ein enormer Stressfaktor ist. Und Stress löst schädliche Seelenzustände aus, die ihrerseits zu Bluthochdruck oder zu aggressivem Verhalten führen, sodass es niemand mit Ihnen aushalten mag.

Ich habe das hinter mir, 1000 Kalorien aufgeteilt auf zwei Mahlzeiten, intensive Gelüste in den Phasen, in denen ich gar nichts essen sollte, so reizbar, dass ich meine wirklich freundliche Partnerin zusammenfaltete – und nach einer Woche kein Gramm weniger wog. Ich war davon überzeugt, dass diese Mistwaage aus dem Baumarkt defekt wäre, und kaufte mir eine teure im Versand. Leider war die neue ebenso defekt wie die alte!

Dann habe ich Freunde in Südostasien besucht, für zwei-einhalb Wochen. Natürlich habe ich keinen Sport gemacht, denn zum Joggen war es viel zu heiß. Aber ich habe ganz anders gelebt. Und gegessen. Aber das fiel mir erst gar nicht auf: Zum Frühstück ein Omelett und ein halbes Baguette, Kaffee, Fruchtsaft. Tagsüber habe ich nur getrunken und am Strand eine Ananas gekauft. Abends gab es wechselnde Khmer-Food, wie das auf der Speisekarte hieß, Vorspeise, keinen Nachtisch, aber ein bis zwei 0,3 Liter-Biere. Die Portionen waren überschaubar, doch wenn ich aufstand, war ich satt. Das Erstaunlichste: Mich, der ich *Mousse au chocolat* liebe, ließ *Pineapple cake homemade,* am besten mit Sahne, nicht nur kalt, sondern die Vorstellung, ich müsste ein solches Stück in mich reinschaufeln, war auch ausgesprochen abtörnend. Regelmäßig habe ich nachgeschaut, was für ein Nachtisch angeboten wurde, um dann keinen zu bestellen. Meine Freundin ließ sich nichts anmerken, aber sie war vollkommen baff. Nur zwei Mahlzeiten, und ich hatte keinerlei Hunger. Nach acht Stunden spürte ich den Magen, das schon, aber dieser imperative Drang fehlte, der mir sonst signalisierte: Du musst dringend was essen! Nach zweieinhalb Wochen wieder zu Hause, habe ich mich auf diese defekte Waage gestellt. Sie zeigte 1,7 Kilogramm weniger. Solche Ziffern hatte ich im Zusammenhang mit meinem Gewicht seit fünf Jahren nicht mehr gesehen.

Was habe ich daraus gelernt?

Abnehmen wird erleichtert, wenn ich, und sei es auch nur vorübergehend, meinem Lebensstil die Chance auf Änderung gebe. Wenn Sie einfach nur Kalorien vermindern, kommt in Ihrem Gehirn das Signal »Mangel« an, das als Katastrophe interpretiert wird und Ihren Organismus dagegen Sturm laufen lässt. Wenn Sie Ihr Gehirn aber mit einer Menge neuer Eindrücke konfrontieren, dann hat es Besseres zu tun, als Ihnen Katastrophenszenarien vorzuspielen. Und ehe Sie sichs versehen, haben Sie sich an den neuen Essensstil gewöhnt, sodass die Kalorienreduktion erst einmal nicht auffällt. Als Ouvertüre ist das ganz gut. Für die Akte eins, zwei und drei müssen Sie sich allerdings noch etwas mehr einfallen lassen.

Denn nachhaltige Gewichtsreduktion ist kein triviales Unterfangen. Die Kombination aus guten Vorsätzen und irgendeiner Diät aus *Brigitte* oder *GQ* wird es nicht bringen. Sie müssen sich informieren und dann eine sinnvolle Strategie wählen, die – und das ist das Wichtigste – quasi maßgeschneidert zu Ihnen passt.

Ihr aktuelles Gewicht, das Sie nicht erst seit zwei Monaten, sondern seit den letzten fünf bis zehn Jahren haben, das also Ergebnis Ihres Lebensstils und Ihrer zum größten Teil unbewusst ablaufenden Gewohnheiten ist, können Sie nicht einfach so ändern. Sie geraten in ein furchtbares emotionales Fiasko, wenn Sie es mit der Brechstange versuchen.

Nahrungsaufnahme hat ja unterschiedliche Funktionen: Der Beseitigung von Hunger dient sie in unserer Gesellschaft nur noch selten. Oder essen Sie vielleicht nur, wenn Sie Hunger verspüren? Essen dient der Stressbeseitigung, funktioniert als Belohnung oder als Signal, dass jetzt der gemütliche Teil des Tages beginnt. Und vor allem: Gegessen, was auf den Tisch kommt, haben Sie vielleicht in der Kindheit. Heute bestehen Sie auf der Errungenschaft des Erwachsenenalters, dass Sie auswählen können, was Ihnen gut schmeckt. Am besten schmecken leider Fett und Kohlenhydrate, ja, in dieser Kombination! *Gratin dauphinois*, Nudeln mit Sahnesoße und diverse Nachspeisen.

Dagegen ist auch nichts einzuwenden, wenn Sie demnächst zum Triathlon starten, Bäume im Bergwald fällen oder ähnliche kalorienverzehrende Tätigkeiten planen. Für den zweistündigen Spaziergang mit Ihrem Labrador ist diese Kalorienmenge weit überdimensioniert. Erst recht bei der normalen Arbeit, wenn Sie fünf, sieben, neun Stunden in Ihrem Büro sitzen!

Stopp!

Gehen Sie denn nicht gerade in den Ruhestand? Sie müssen doch gar nicht mehr acht Stunden sitzen? Tatsächlich wäre der Einstieg in den Ruhestand eine wunderbare Gelegenheit, die Gewohnheiten zu ändern. Wir sitzen aber nicht nur bei der Arbeit, sondern beim Essen, beim Fernsehen, Computerspielen, Autofahren ...

Was wollen Sie eigentlich erreichen? Sie wollen ihren Organismus dazu bringen, dass er die angesammelten Fettreserven antastet und sukzessive vermindert, am besten ohne Hunger zu bekommen. Das geht. Sie müssen es nur etwas geschickt anfangen.

Geschickt heißt Intervallfasten.[30] Ob und welche Art von Intervallfasten ist Ihre Privatangelegenheit, das heißt, Sie müssen selbst herausfinden, welche Art Ihnen am besten gelingt.

Ihre Fettreserven werden angetastet, wenn Sie mehr als zwölf Stunden nichts essen. Zwölf Stunden, besser vierzehn Stunden, super wären sechzehn Stunden.

Wann merken Sie am wenigsten davon? Wenn Sie schlafen. Konkret kann das so aussehen, dass Sie um 18:00 Uhr das letzte Mal essen. Schon schwieriger: Das letzte Glas Rotwein sollten Sie auch um diese Zeit trinken. Wie viel Sie trinken können, sage ich Ihnen.

Die Essensmenge können Sie so wählen, dass Sie satt werden. Was für eine gute Botschaft! Aber nicht ganz einfach umzusetzen. Denn Sättigung hängt davon ab, was Sie essen und in welchem Tempo Sie das tun: Was Sie essen, hängt von der Tageszeit ab, gut wären morgens mehr Kohlenhydrate und abends mehr Proteine, wobei Proteine generell schneller zu Sättigung führen als Fette und Kohlenhydrate. Das Tempo sollte langsam sein, damit Ihr Gehirn mitbekommt, wenn Sie genügend Nahrung aufgenommen haben. Sie haben das wahrscheinlich schon mal gehört, denn das ist keine neu erfundene Weisheit: gründlich kauen, und auf den Geschmack achten.

Gegen 22:00 Uhr gehen Sie ins Bett. Bitte regelmäßig! Und schlafen bis 6:00 Uhr (acht Stunden sind ein Mittelwert). Wenn Sie um 6:00 Uhr aufstehen, können Sie nicht nur den Gesang der Vögel genießen, sondern auch die Tatsache, dass Sie schon zwölf Stunden ohne Essen hinter sich gebracht haben. Der Ansturm auf Ihre Fettreserven ist bereits in vollem Gange. Wasser, Kaffee, Tee trinken, – keine Milch, die stoppt die Fettverbrennung ebenfalls. Frühsport, die Zeitung, die Runde mit dem Labrador, so bringen Sie die Zeit bis 10:00 Uhr herum – und haben sechzehn Stunden geschafft. Jetzt dürfen Sie richtig frühstücken, auf die Inhalte kommen wir nachher noch, am besten so viel, dass Sie bis zur Abendmahlzeit um 17:15 Uhr durchhalten. Und wenn Sie das drei Monate schaffen, können Sie stolz auf sich sein und Ihren Astralleib im Spiegel bewundern.

Es kann sein, dass Sie die sechzehn Stunden nicht schaffen. Wenn Sie vorher alle vier Stunden etwas gegessen haben, sind schon acht Stunden eine ziemliche Leistung. Aber wie bei jeder Form von Training können Sie sich steigern. Haben Sie etwas gemerkt? Sie verändern gerade Ihre Gewohnheiten!

Drei Monate sind Ihnen zu lange, Sie wollen schneller? Das ist, bei allem Respekt, nicht schlau. Wenn Sie Ihr Gewicht schnell runterdrücken, besteht die Gefahr, dass Ihre Waage sich wie ein – etwas langsames – Jo-Jo verhält: runter und rauf.

Sie müssen vermeiden, dass Ihr Organismus die Gewichtsabnahme als zu großen Stress wahrnimmt. Um das zu verstehen, müssen Sie versuchen, sich in die Situation Ihrer Vorfahren zu versetzen:

Die sind wahrscheinlich die meiste Zeit hungrig durch die Gegend gerannt, mit leerem Bauch, da es nur sporadisch Nahrung gab und diese Nahrung mit großer Anstrengung, gejagt, gesammelt oder erbeutet werden musste. Nicht drei Mahlzeiten am Tag, sondern mit Glück vielleicht zwei in der

Woche. Da dieser Zustand auf Dauer mit dem Leben nicht vereinbar war, wurden jede Menge Stresshormone freigesetzt. Die machten Sinn, weil die hoch geschätzten Vorfahren dadurch schneller, aufmerksamer und effektiver in der Jagd und Sammlertätigkeit wurden – Wurzeln, Früchte, Nüsse konnten gesammelt, Tiere gejagt werden. Wenn es höchst selten etwas zu essen gab, war es wichtig, so viel wie möglich davon abzubekommen, nach Möglichkeit so viel, dass es nicht gleich wieder verbraucht wurde, sondern in Fett gespeichert werden konnte, um für die sicher kommenden harten Zeiten Vorrat unter der eigenen Haut mit sich herumzutragen. Das Schönheitsideal der Venus von Willendorf, mit *Germany's Next Topmodel* nicht kompatibel, spiegelt sehr gut wider, was für unsere Vorfahren wichtig war.

Dieses auf Mangel ausgerichtete Verhaltens- und Vorratsprogramm funktioniert heute immer noch, auch wenn sich die Zeiten dramatisch geändert haben: Für die Menschen in unserer Zivilisation ist Nahrung auch in hochkalorischer Form regelmäßig verfügbar, Fasten passiert allenfalls freiwillig und ist nicht die Regel. Allerdings gibt es diese Art von Wohlleben noch nicht lange genug, als dass sie sich evolutionär fixiert hätte: Wer sich übergewichtig ernährt, stirbt früher, aber eben meistens erst dann, wenn er seine genetische Ausstattung bereits weitergegeben hat. Es gibt auch keine gnädige Mutation, die verhindert, dass Kohlenhydrate und Fett zum Übergewicht führen. Wir tragen noch immer den Verhaltensplan unserer Vorfahren in uns, die ständig hungrig durch die Gegend liefen. Deshalb können Sie auf dem Weg zum Idealgewicht auch nicht irgendwelchen Instinkten folgen, die Ihrem Körper angeblich schon sagen, was er braucht. Ihr Körper weiß – bei allem Respekt – gar nichts, Ihr Gehirn hat sogar verlernt, wann es satt wäre, und vermittelt dieses Signal erst, wenn Sie schon eine ganze Weile zu viel gegessen haben. Aber wenn Sie es nur eine Woche lang geschafft haben, weniger zu essen, funktioniert dieses Signalsystem schon viel besser, und schließlich sind die 16 Stunden kein Problem mehr.

Dann können Sie auch souverän mit der Waage umgehen. Die brauchen Sie im Grunde erst wieder, wenn Sie Ihr Zielgewicht erreicht haben und aus dem Abfahrtslauf in die Zielgerade einbiegen. Es ist nicht so einfach, den Abnehmvorgang zu stoppen und ein konstantes, aber geringeres Gewicht zu erreichen und zu halten. Stellen Sie sich vor: schon wieder eine Gewohnheit ändern. Mit Ihrem frisch erworbenen Essensplan nehmen Sie seit einiger Zeit circa 400 Gramm pro Woche ab. Mehr sollen es für eine nachhaltige Gewichtsreduktion gar nicht sein. Erreichen wollen Sie ein Zielgewicht von 90 Kilo, bei Ihrer Körpergröße wäre das ein BMI von etwa 25, also ziemlich toll. Jetzt haben Sie's bald, denn Sie sind bei 92 Kilo angekommen. Aber im Gegensatz zum Marathonlauf müssen Sie jetzt auf der Zielgeraden verlangsamen! Das ist schwierig, weil wir den Endspurt gewohnt sind. Gewohnt! Allmählich gewöhnen Sie sich daran, immer wieder Ihre Gewohnheiten umzustellen. Nicht schlecht! Um nicht noch mehr abzunehmen, sollten sie einfach eine Zwischenmahlzeit tagsüber mehr zu sich nehmen. Die Essenspause in der Nacht behalten Sie bei, damit schlafen Sie auch gleich besser.

Wie Sie gesund essen und auch Ihre subversive Seite füttern

Nachdem Sie jetzt das Gewicht haben, das Sie in den letzten Jahren immer schon mal haben wollten, können wir in aller Ruhe über gesunde Ernährung nachdenken.

Was heißt gesund?

Diese Frage ist nicht leicht zu beantworten. Zum einen liegt das an den schon geschilderten Schwierigkeiten, Untersuchungen zum Essen nach harten wissenschaftlichen Kri-

terien durchzuführen. Und weiche Kriterien braucht keiner.
Zum anderen liegt das an Ihnen.

Die Frage nach dem gesunden Essen ist immer die Frage,
welches Essen **für Sie** gesund ist. Objektive Kriterien können
nur ein sehr allgemeiner Anhaltspunkt sein. Wenn Ihnen
das, was Sie aus Gesundheitsgründen essen sollten, nicht
schmeckt, werden Sie es nicht durchhalten. Natürlich können Sie sich an eine neue Nahrungszusammensetzung gewöhnen, zum Beispiel können Sie arabische oder asiatische
Gewürze in Ihren Speiseplan aufnehmen, wenn Sie auf das
neue Kochbuch von Ottolenghi stehen oder den Kochkurs bei
XY so genossen haben, aber es gibt schon Grenzen.

Und dann gibt es noch Ihre Gesundheit. Die ist zum großen Teil das Ergebnis Ihres bisherigen Verhaltens, Ess-verhal-
tens, Süßigkeiten-verhaltens, Alkohol-verhaltens, Rauch-ver-
haltens. Ich komme im Kapitel über »Alter und Ärzte« noch
darauf. Aber Sie haben natürlich gerade im Zusammenhang
mit dem Essen die Chance, auch was für Ihre Gesundheit zu
tun. Wenn Sie an beginnendem Bluthochdruck leiden, wenn
Sie zur Arteriosklerose neigen; beim Diabetes Typ 2 müssen
Sie sich in die Hände der Mediziner begeben. In vielen Fällen bekommen Sie Medikamente verordnet. Aber warum
diskutieren Sie nicht die Möglichkeit, ob eine Veränderung
Ihrer Ess- und Bewegungsgewohnheiten Ihnen nach einiger
Zeit den Verzicht auf Medikamente erlauben, die ja immer
auch Nebenwirkungen haben? Da ist sie wieder, die schwere
Veränderung Ihrer Gewohnheiten. Aber es gibt überhaupt
keinen vernünftigen Zweifel, dass Ihre durch Hochdruck
und, Diabetes, als Folgen des Übergewichts, verkürzte Lebenserwartung höher wäre, wenn Sie wenigstens den Versuch machen, Ihre Nahrungsaufnahme so umzustellen. Sie
werden nicht nur weniger wiegen, sondern auch gesünder
essen. Wenn Sie entsprechende Vorerkrankungen haben,
müssen Sie das gemeinsam mit Ihrem Arzt machen. Eigentlich sollte der von dieser Idee begeistert sein.

Ich bin kein Ernährungsmediziner. Deshalb bin ich auf die Meinung anderer angewiesen, die sich mit diesem Thema auseinandergesetzt haben. Zum Thema Ernährung habe ich mich vor allem bei Bas Kast und seinem *Ernährungskompass*[31] informiert, aber auch bei den »Ernährungs-Docs«[32] und nicht zuletzt bei Eckart von Hirschhausens Bemerkungen zu dem nicht von ihm erfundenen, aber hervorragend propagierten »Intervallfasten«[33].

Ich gebe Ihnen hier eine Zusammenfassung, sozusagen mein Fazit, und Sie sind herzlich eingeladen, Ihr eigenes zu finden.

Gibt es so etwas wie eine »Altersdiät«? Bas Kast wurde von dieser Idee umgetrieben, die ja auch naheliegt. Denn fast alle ernsthaften Erkrankungen häufen sich im Alter. Natürlich können auch in der Jugend ernsthafte Krankheiten auftreten, aber Gefäßerkrankungen von Herz und Kopf, die zu Herzinfarkt, Schlaganfall, Bluthochdruck führen, Diabetes Typ 2, chronisch obstruktive Lungenerkrankungen, Krebs von Brust, Dickdarm und Lunge und nicht zuletzt die Demenz erreichen im Alter ihre Höhepunkte; wie auch Gelenkerkrankungen, Osteoporose und so einiges mehr. Das ist es, was uns das Alter vermiest!

Ein großer Teil dieser Störungen hat einen statistischen oder funktionellen Zusammenhang* mit der Ernährung, oder beides. Also liegt die Überlegung ja nicht so fern, ob eine Veränderung unserer Ernährung nicht auch unser Alter verbessern könnte.

---

* Ein statistischer Zusammenhang ist gegeben, wenn eine Gruppe von Menschen bestimmte gemeinsame Merkmale haben, zum Beispiel Übergewicht, Diabetes Typ 2, Bluthochdruck oder Übergewicht mit Bauchbetonung und Darmkrebs. Das gemeinsame Auftreten dieser Merkmale sagt zunächst nichts darüber aus, ob ein ursächlicher Zusammenhang zwischen diesen Merkmalen besteht, aber in vielen Fällen wurde diese Frage untersucht und hat tatsächlich zur Einsicht geführt, dass auch ein funktioneller Zusammenhang besteht. Zum Beispiel führt Gewichtsreduktion in der Regel zu einer Besserung von Diabetes und Bluthochdruck und oft auch von arteriosklerotischen Gefäßveränderungen.

Einige Hinweise:

Wenn Sie gegessen haben, sollten Sie für längere Zeit keinen Hunger mehr haben, Sie sollten sich satt fühlen. Die Entstehung dieses Gefühls ist, wie fast alles, was uns olle Typen angeht, komplex, aber es hängt von der Menge des Gegessenen ab. Und davon, *was* Sie gegessen haben: Wenn Sie sich eiweißreich ernähren, werden Sie schneller satt, das heißt essen auch weniger Kalorien, als wenn Sie Ihren Hunger vor allem mit Kohlenhydraten und Fett stillen. Krabben, Lachs und Käse sättigen Sie schneller als Croissant und Honigbrot, und das Sättigungsgefühl hält auch länger an. Proteinreiche Nahrung macht das Abnehmen leichter, vor allem auch im Bereich des Bauchfetts.

Stopp! Hören Sie jetzt nicht auf zu lesen, und rennen Sie noch nicht in den Supermarkt ... Denn eine hohe Proteinaufnahme im mittleren Lebensalter verkürzt die Lebensdauer, erhöht die Krebshäufigkeit und die von Diabetes Typ 2.

Zwischen 50 und 65, im »besten Mannesalter«, ist des Mannes liebste Speise, das allabendliche Steak, auch mit Salat verzehrt, eine Katastrophe. Das kommt daher, dass Proteine über verschiedene zelluläre Mechanismen der große Anschub für Zellwachstum und -vermehrung sind. Sinn macht das in Kindheit, Jugend und im Erwachsenenalter, solange es um Reproduktion geht, und auch wieder jenseits der 65, wenn der altersbedingte Muskelschwund einsetzt.

Die gute Botschaft: Proteine sind keineswegs nur im roten Fleisch, sondern auch in Fisch, in Hühnchen und vor allem in Pflanzen: Bohnen, Linsen, Kichererbsen, Weizenkeime, Bulgur, Haferflocken, Quinoa, Amarant, Lein- und Chia-Samen, Sonnenblumenkerne, Nüsse, auch Erdnüsse und die aus ihnen gemachte Butter, Brokkoli, Spinat, Spargel – was für eine Liste! Und pflanzliche Proteine haben offenbar den schädlichen Effekt im mittleren Lebensalter nicht! Auch das regelmäßige Essen von Fisch scheint das gesunde Lebensalter zu verlängern.

Ein Spezialfall ist die Milch: Milch ist ein protein- und fettreicher Powertrank, den Sie allenfalls in der Kindheit brauchen können, aber als Erwachsener nicht mehr. Ein Glas Milch am Tag reicht völlig, wenn Sie keine mögen, ist das auch nicht schlimm. Dieses Bild dreht sich völlig um, wenn Sie Joghurt, Kefir, Käse et cetera zu sich nehmen: In fermentiertem Zustand haben Milchprodukte offenbar lauter positive Wirkungen: Joghurt, auch mit normalem Fettgehalt (!) begünstigt das Abnehmen, bei Frauen mehr als bei Männern. Das heißt, sie können die wichtigen Proteine zu einem großen Teil nicht über Milch, aber über fermentierte Milchprodukte zu sich nehmen.

Kohlenhydrate? Sie wussten nie, woher der Begriff kommt? In der chemischen Formel sind Kohlenstoffatome in unterschiedlicher Form von Wasserstoffatomen umgeben (hydriert!). Konkret geht es vor allem um die Zucker Glukose und Fruktose, die sich beide hinsichtlich ihrer Problematik nicht viel geben. Aber machen wir uns nichts vor: Nicht die Zucker sind das Problem, das Gehirn braucht Glukose dringend, sondern unser Umgang damit. Sie sollten sich klar darüber sein, dass beide Zuckerarten, der sogenannte Fruchtzucker und die Glukose, die in Reinform unter anderem als Traubenzucker verkauft wird, sehr direkt mit wichtigen Organen in Wechselwirkung treten: Die Fruktose, die in allen so beliebten *Softdrinks* reichlichst vorhanden ist, aber eben auch in Fruchtsmoothies, wird direkt von den Leberzellen aufgenommen, was zu deren Verfettung führt, zur Insulinresistenz und allen möglichen Folgestörungen. Die Glukose wird nicht von der Leber abgefangen, sondern gelangt zu Gehirn und Herz und anderen Organen, wo sie die benötigte Energie bereitstellt. Damit die Glukose in die Zellen hineinkommt, wird durch den Glukoseanstieg Insulin freigesetzt, das die Aufnahme der Glukose in die Zellen ermöglicht. Sinkt der Glukosespiegel dadurch zu schnell ab, entsteht eine Unterzuckerung, die mit einem starken Hungergefühl verbunden ist. Und dieser Zusammenhang zeigt auch sofort, was am Süßkram außer den Kalorien wirklich problematisch ist: Das Ausmaß der Glukosefreisetzung wird auch als glykämischer Index bezeichnet. Je niedriger er ist, desto weniger problematisch sind Kohlenhydrate:

Haferflocken 55, Cornflakes 86, körniges Vollkornbrot 55, Weizenbrot 74, Brezel 80, selbst gemachte Pfannkuchen 66, glutenfreie Pfannkuchenmischung 102; Apfel 38, Banane 52, Karotten 41, Bratkartoffeln 85; Spaghetti 44, Basmatireis 58, Jasminreis 109; Cashews 22, Erdnüsse 23, Walnüsse 0; Coca-Cola 53, Bier 89.

Für Ihre Mahlzeiten sollten Sie die Kohlenhydrate wählen, die einen geringen glykämischen Index haben, allein schon, weil Sie dann nicht sofort Hunger bekommen. Wenn Sie eiweißreich zu Mittag gegessen haben und nachmittags ein Stückchen Kuchen essen – ich liebe Kuchen! –, kurbeln Sie die Insulinsekretion an und bekommen eher wieder Hunger, als es ohne Nachmittagssnack der Fall gewesen wäre. Ganz auf der guten Seite der Kohlenhydrate stehen Hülsenfrüchte und Gemüse, dicht gefolgt vom Obst, ganz auf der schlechten Seite stehen Pommes, Chips und Süßigkeiten sowie Softdrinks.

Die Empfehlungen zu den Fetten sind eine schwierige Geschichte, dadurch belastet, dass man lange Zeit Fette und »Gefäßverfettung« in Zusammenhang gebracht hat. Tatsächlich ist die Situation viel komplexer.

Das gute Fett ist mit hoher Wahrscheinlichkeit das Olivenöl, das unterschiedliche positive Effekte auf verschiedene Organsysteme zu haben und sogar das Brustkrebsrisiko zu senken scheint, vor allem wohl wegen der in ihm enthaltenen einfach ungesättigten Fettsäuren. Die gibt es auch in Avocados, Nüssen (Hasel-, Pekan-, Macadamia-, Cashew-, Erdnüsse und Mandeln) und im Geflügelfleisch. Gesättigte Fettsäuren sind weniger gesund, richtig schlecht sind die Transfette, die sich in Margarine aus ungesättigten Fettsäuren nach deren Härtungsvorgang befinden.

Das Highlight unter den Fetten sind die mehrfach ungesättigten Fettsäuren, insbesondere die Omega-3- oder Omega-6-Fettsäuren; sie senken von allen Fetten das Sterblichkeitsrisiko am stärksten und scheinen auch präventiv gegen Demenz zu wirken: Lachs, Hering und anderer fetter Fisch.

Und die »gute Butter«, das Wirkprinzip unserer Großeltern und fast aller großen Köchinnen und Köche? Vom Teufel? Keineswegs, am ehesten steht Butter in einer neutralen Position zwischen den ungesättigten Fettsäuren und den Transfetten. Sie müssen sie ja nicht mit dem Löffel essen, aber brauchen kein schlechtes Gewissen zu haben, wenn Sie sie, wie die großen Köche, zur Geschmacksverstärkung einsetzen.

Ihnen ist wahrscheinlich nicht klar, dass Wurst überwiegend aus Fett und kaum aus Protein besteht, und zwar nicht aus guten, sondern eher problematischen Fetten. Dieser Fettanteil reduziert das Protein, für das Sie die Wurst wahrscheinlich essen, und zögert so die Sättigung hinaus.

Gute Fette: Nüsse, Leinsamen, Avocados, Olivenöl, Rapsöl, fettiger Fisch; im mittleren Bereich: Käse, Kokosöl, Eier, Butter – zu meiden wären Wurst und Transfette, Margarine allein schon deshalb, weil man praktisch nicht herausbekommt, was alles drin ist.

Eigentlich wissen Sie jetzt schon, welches Essen gesund ist, und können mit der gesunden, altersgerechten Ernährung anfangen. Allerdings, wenn Sie das kontrollieren wollen, sollten Sie selber mit dem Kochen anfangen. Der Speiseplan sollte, Sie haben es ja gelesen, viel Gemüse und Hülsenfrüchte enthalten. Dazu mehr Fisch als Fleisch, besonders Lachs, Hering, Sardinen – wegen der Omega-3-Fettsäuren, in der Woche ein- bis zweimal, alle zwei Wochen Hähnchen, einmal im Monat oder seltener Wild, Steak, Braten. Also in Umkehrung des bekannten Spruchs: »Gemüse ist mein Fleisch«!

Dazu Joghurt, Kefir, Käse, Quark, wenig Milch.

Genießen Sie! Probieren Sie aus, welche dieser neuen Vorschläge Ihnen schmecken. Oft ist das eine Frage der Gewöhnung oder des Würzens.

Ein Globalvorschlag, der mit einer erheblich verbesserten Lebenserwartung einhergeht, betrifft die sogenannte Mittelmeerdiät. Ehe Sie triumphieren: Damit ist nicht Pizza gemeint! Wenn Sie in Italien unterwegs waren und die Augen aufgemacht haben, ist Ihnen sicher aufgefallen, dass die Italiener von der Pizza nur relativ kleine Stücke, mit geringem Teiganteil essen. Die tischdeckende runde Pizza ist ein Zugeständnis an die Touristen.

Die reale Mittelmeerdiät enthält:

viel Olivenöl, zwei Ladungen Gemüse am Tag, davon eine roh, als Salat, dreimal Obst am Tag, wenig Butter, Margarine oder Sahne, ein Glas Wein, à 100 Milliliter pro Tag, öfters Fisch, dreimal Hülsenfrüchte in der Woche, wenig Fleisch und wenn, dann bevorzugt weißes, dazu viel Käse, viel Knoblauch und viele Kräuter.

Was ist Ihnen aufgefallen?

Das waren die Empfehlungen für gesundes Essen, nicht fürs Abnehmen. Aber wenn Sie sich um gesundes Essen bemühen, reduzieren Sie Dickmacher (Pommes, Nudeln, Zucker). Selbst wenn Sie gelegentlich schwach werden, weil die Pommes im Café Paris einfach göttlich sind oder weil Sie vor dem Marathonlauf Nudeln brauchen, um Ihre Glykogenspeicher aufzufüllen, werden Sie allein durch gesunde Ernährung allmählich Ihr Übergewicht reduzieren.

Wenn Ihnen das alles zu wissenschaftlich ist, gefällt Ihnen sicher folgendes Zitat:

»Sich auf seine eigene Erfahrung zu verlassen und daraus zu lernen, wie verschiedene Nahrungsmittel auf einen wirken, ist interessant und fesselnd. Lähmend und manchmal sogar herabwürdigend ist hingegen der Versuch, sich selber wissenschaftliche Erkenntnisse oder anderer Leute Vorstellungen aufzuzwingen.«[34]

Edward Espe Brown ist Koch und Zen-Meister. Übrigens: Zen-Buddhisten sind schlank! Was hat das mit Ihnen zu tun? Darauf komme ich gleich noch.

Diese ganze Ernährungsgeschichte klingt zugegebenermaßen schon ziemlich anstrengend. Ständig auf etwas achten, ist nicht so einfach – es sei denn, Sie haben ein Faible für Achtsamkeit. Achtsamkeit ist eine spirituelle Übung, Achtsamkeit ist Teil vieler moderner Psychotherapien.

Achtsam essen bedeutet:

> Nur zu essen, wenn Sie essen – also nicht zu lesen, fernzusehen oder zu twittern. Das ist nicht leicht.
> Sich auf das Essen konzentrieren, langsam und gründlich kauen, auf den Geschmack achten.
> Das Essen wertschätzen, nur so viel aufladen, wie Sie essen zu können glauben.
> Das sind alles Maßnahmen, durch die Sie Ihre Kalorienaufnahme reduzieren und schneller satt werden können (s. o.).

Eine Zusammenfassung der Auswege aus jener gefühlten Hoffnungslosigkeit, die den negativen Folgen von Nahrungsaufnahme anhaftet, könnte so aussehen:

- Genussvolles Essen ist nicht an die Menge der aufgenommenen Nahrung und schon gar nicht an einen übernormalen Leibesumfang gebunden! Der berühmte Restaurantkritiker Wolfram Siebeck war zeitlebens ein schlanker Mann. Lernen Sie Achtsamkeit, nehmen Sie wahr, was Sie essen, und schaufeln Sie nicht in sich hinein. Fangen Sie an, sich wirklich auf Ihren Genuss zu konzentrieren. Kaviar frisst man ja auch nicht kiloweise.
- Versuchen Sie, nur dann zu essen, wenn Sie genießen können, und verzichten Sie auf alles schnell Reingestopfte. Die berühmte Butterbreze vom Bahnhofsimbiss hat so viele Kalorien wie fast ein Kilo Erdbeeren und einen katastrophalen glykämischen Index. Und so weiter ...

◆ Exzellente Zutaten kosten im Rohzustand wesentlich weniger als fertig verarbeitet beim Lieblingsitaliener. Ein weiterer Vorteil des Selberkochens ist, dass Sie selbst die Mengen bestimmen können, die Sie zu sich nehmen wollen, und dass – kalorienarmes – Gemüse ebenso toll schmecken kann wie der Schweinebraten mit Knödeln. Ja, ja ich weiß – in Bayern braucht man für diese Erkenntnis länger.

◆ Lassen Sie sich Zeit! Gut Ding will Weile haben. Beim Essen und bei Ihren Zielvorstellungen. Wenn Sie langsam und aufmerksam essen, werden Sie satt, bevor Sie zu viele Kalorien zu sich genommen haben. Und wenn Sie langsam abnehmen, vermeiden Sie den Jo-Jo-Effekt, denn Ihr Gehirn kommt mit und stellt sich um. Und glauben Sie mir: Es gibt kaum etwas Tolleres, als wenn Ihnen Ihre Sekretärin, Ihr Kollege, Ihr Freund nach einem halben Jahr mit ungläubigem Staunen sagt: »Sag mal, du hast aber ganz schön abgenommen!«

Sie haben es geschafft: Sie haben Ihr Gewicht langsam, über sechs Monate runtergefahren, Sie leben überwiegend vegetarisch und fühlen sich total wohl damit. Dann gehen Sie mit einer Freundin in dieses angesagte Lokal und bestellen nach ausführlichem Studium der Speisekarte das vegetarische Menü, das Ihnen wirklich den totalen Geschmacksgenuss vermittelt, zumal Sie finden, dass alles viel besser schmeckt, seit Sie diese tierischen Fette vermeiden.

Abends, als Ihre Aufmerksamkeit schon vor Ihnen am einschlafen ist, drängelt sich ein Wort von dieser *fancy* Szenespeisekarte penetrant in den Vordergrund: ... Burger!

Jählings wird Ihnen klar, dass Sie jetzt nichts so begehren wie einen dieser satten, frischen, dampfenden und duftenden Burger, den Sie am Nebentisch zwar gesehen, aber schnell wieder verdrängt, ausgelöscht, aus Ihrer Wahrnehmung getilgt hatten! Nach Vertilgen wäre Ihnen jetzt schon ... Sie sind schließlich doch eingeschlafen, aber dieser Burger verfolgt Sie seitdem. Sie stellen sich vor, dass Sie wieder in dieses Lokal wollen, diesmal alleine, keiner soll Zeuge werden, wenn Sie diesen Burger bestellen und nicht nur bestellen.

Krank? Machen Sie alles zunichte, wenn Sie schwach werden?

Weder noch. Das ist Ihre subversive Seite.

Ich erinnere mich an einen amerikanischen Zen-Meister, der nach Deutschland zu Besuch kam und über seine Eindrücke in der wunderbaren deutschen Stadt berichtete. Er war sehr angetan von allem, was er erlebt hatte; Zen-Meister halt, ganz im Hier und Jetzt. Gegessen habe er auch gut. Jeder spitzte die Ohren, welches vegetarische Restaurant der Meister wohl den staunenden Zuhörern offenbaren würde. Er sagte: Besonders habe er diesen fantastischen Burger genossen, so etwas Gutes hätte er in den USA noch nicht bekommen!

Nehmen Sie sich ein Beispiel an ihm, und füttern Sie hin und wieder auch Ihre subversive Seite.

Ich sagte es ja bereits: Zen-Buddhisten sind schlank.

Alkohol ist kein Grundnahrungsmittel

Aber trotzdem können wir zunächst mal im Zusammenhang mit dem Thema Übergewicht anfangen. Ihnen sollte klar sein, dass Sie über alkoholhaltige Getränke ganz schön Kalorien zu sich nehmen:

1 Glas (0,3 l) Bier	129
1 Hefeweizen	215
1 Glas (100 ml) Weiß-/Rotwein	67
Whisky 4 cl	100
Klarer Schnaps 2 cl	42

Nicht zu vernachlässigen! Schwere Alkoholiker essen kaum noch normale Nahrung, sondern decken fast ihren gesamten Kalorienbedarf über den Alkohol. Das wird ihnen nicht selten zum Verhängnis, weil sie auf diese Weise in einen Mangelzustand an lebenswichtigen Vitaminen geraten, die man sonst, ohne es zu merken, selbstverständlich mit der Nahrung aufnimmt.

Das ist nicht Ihr Problem. Okay. Sie trinken regelmäßig zum Essen Wein, Bier, danach den Grappa, je nach Neigung und Stimmung. Das macht dann um die 400 Kalorien. Dafür sparen Sie an den Kartoffeln. Alles klar.

Nein, leider noch nicht.

Alkohol ist toxisch, also giftig. Mit der Wahrnehmung dieser Information tun sich vor allem die Gourmets schwer, während Schüler das bei einer Informationsveranstaltung über das »Komasaufen« schnell begriffen haben. Auch der fruchtige Weißwein und der tolle Rote, samtig, Johannisbeeren-Aroma mit dunkler Schokolade und diesem grandiosen Abgang, sind toxisch. Größere Mengen Alkohol erhöhen das Risiko für verschiedene Krebsarten, vor allem im Mund- und Rachenbereich und in der Speiseröhre, bei Frauen auch für Brustkrebs.

In großen Mengen ist Alkohol giftig für Herz, Lunge, Leber, Gehirn, um nur die wichtigsten Organe zu nennen, die durch Alkohol geschädigt werden können. Wie viel Sie von dieser Toxizität merken, ist individuell sehr unterschiedlich, giftig ist der Alkohol trotzdem. Früher konnte ich allein an einem netten Abend mit guten Freunden auch mal mehr als eine Flasche guten Rotwein wegputzen; wenn ich das heute versuche, kann ich den nächsten Tag vergessen.

Wenn Sie regelmäßig angetrunken sind – bedoodelt, beschwippst, angeheitert wird das umgangssprachlich gern verharmlost –, betreiben Sie nach der Internationalen Klassifikation der Krankheiten (ICD) Alkoholmissbrauch. Anders ausgedrückt: Sie schädigen Ihren Organismus in Maßen.

Wenn Sie im (Be-)Trinken maßlos werden, nennt das die ICD10 Alkoholabhängigkeit.

Wann sind Sie alkoholabhängig? Wenn Sie täglich Ihr Quantum Alkohol brauchen, um keine Entzugssymptome (Zittern, Schwitzen, Pulsjagen, Angst ...) zu bekommen. Sie haben dann eine Alkoholtoleranz entwickelt. Das heißt nicht etwa, dass Sie toleranter wären, ganz im Gegenteil! Nein, Sie brauchen, Sie »tolerieren« also mehr Alkohol, um den gewünschten Effekt der Beruhigung oder Entspannung, des »Runterkommens« oder was Ihre persönlichen Wunscheffekte sind, zu erreichen, also vier Bier statt zwei, aber beim Bier bleiben Sie in dieser Phase sowieso nicht mehr lange.

Wenn Sie abhängig sind, kommen Sie aus dem körperlichen und psychischen Alkoholgefängnis nicht mehr ohne stationäre (!) ärztliche Behandlung raus – auch wenn aus der Welt der schönfärbenden Mythen immer mal wieder die Geschichte von dem Onkel herüberklingt, der täglich eine Flasche Wodka gekillt hatte und trotzdem von einem Tag auf den anderen damit aufhörte.

Alkoholentzug ist trotz der Segnungen der Medizin nach wie vor eine ziemlich lebensgefährliche Angelegenheit, weiterzutrinken ist lebensverkürzend beziehungsweise tödlich – also auch keine überzeugende Aternative.

Übrigens: Menschen, die regelmäßig Alkoholexzesse zelebrieren, brauchen, selbst wenn sie vollkommen nüchtern leben, ungefähr ein Jahr, um die Hirnleistung vor dem Alkohol – wann war das noch mal? – wieder zu erreichen.

Ich erlaube mir hier die Behauptung, dass Alkohol in der Form von Wein, Bier, Schnaps niemals zugelassen worden wäre, hätte man ihn einer Zulassungsstudie unterzogen, wie sie bei Medikamenten üblich ist: viel zu gefährlich und nicht kontrolliert zu handhaben.

Und ich gebe es zu: Ich bin Psychiater und, was den Alkohol angeht, befangen. Fünf Millionen Menschen in Deutschland sind schwer alkoholkrank, ruinieren ihre Gesundheit und ihr Leben und meistens auch noch das Leben ihrer Angehörigen, weil sie nicht vom Alkohol wegkommen.

Ich selber trinke gerne hin und wieder ein Glas Bier oder Wein und habe in meiner Jugend sicher mehr getrunken. Beim Alkohol gibt es also offenbar zwei Gruppen von Menschen: diejenigen, die ihn genießen können, und diejenigen, die daran zugrunde gehen.

Aber so einfach ist die Geschichte nicht.

Auch für diejenigen, die Alkohol genießen können, weil sie nicht abhängig werden, ist der Alkohol problematisch, denn, wie Sie gerade gelesen haben, verkürzt er Ihr Leben – es sei denn, Sie trinken ihn in einer bestimmten Altersstufe in genau definierten Mengen; dann, und nur dann wirkt er lebensverlängernd.

Der Wissenschaftsjournalist Bas Kast zitiert »Hunderte von epidemiologischen Studien aus den unterschiedlichsten Weltregionen, die konsistent darauf hinweisen, dass leichter bis moderater Alkoholkonsum speziell das Herz-Kreislauf-Risiko senkt«[35]. Aber Sie müssen genau auf diese Daten schauen, die an 2 Millionen Briten gewonnen wurden: Der positive Effekt ist bei Frauen an eine tägliche Alkoholmenge von 12 Gramm, bei Männern an das Doppelte gebunden. 12 Gramm entsprechen etwa 120 ml Wein oder 0,33 l Bier. Ein kleines Bier am Abend? Ein Patient, der heute ohne Alkohol lebt, sagte mir, so was habe er früher »weggeatmet«, bevor er überhaupt zu trinken begonnen habe.

Noch komplizierter wird die Geschichte, wenn Sie sich klarmachen, dass diese Alkoholmenge Ihnen nur ab einem Alter von fünfzig bis sechzig etwas bringt, wenn Sie ein nennenswertes Risiko für Herz-Kreislauf-Erkrankungen haben, und nicht, wenn Sie jünger sind.

Was also sollten Sie angesichts dieser verrückten Datenlage tun?

Wenn Sie über 60 sind und nicht an einer Alkoholabhängigkeit leiden, können Sie maßvoll Alkohol trinken – nicht eine Maß voll, sondern die oben für Frauen beziehungsweise Männer angegebenen Mengen, die Ihnen wahrscheinlich sehr gering vorkommen werden.

- Ihnen ist wahrscheinlich klar, dass diese erlaubte Menge für Exzesse jeder Art ungeeignet ist, oder umgekehrt, dass Betrunkenheit immer gesundheits- und gesellschaftsschädlich ist.
- Alkoholfasten nach einem Exzess funktioniert nicht im Sinne einer Minimierung der vorangegangenen Schädigung. Das ist anders als bei der Nahrungsaufnahme, bei der Sie natürlich Intervallfasten können, wenn Sie an einem Tag zu viel gegessen haben.
- Sie sollten zum Essen trinken und nicht auf nüchternen Magen und sollten auch Alkohol und Wasser abwechseln.
- Schnaps eher vermeiden, Cocktails sind allein schon wegen der enthaltenen Kalorien Sünde und kommen nur zur Befriedigung Ihrer subversiven Seite infrage.
- Wenn Sie schlecht drauf sind, verzichten Sie ganz auf den Alkohol, denn der verbessert die schlechte Stimmung nicht, sondern bringt sie erst recht deutlich raus.

Rauchen sollten Sie bitte lassen!

Das »bitte« stammt aus dem Buch von Cameron Diaz[36]. Dass diese *toughe* Dame von den katastrophalen Folgen des Rauchens so betroffen ist, dass sie bittet, hat mich derart verblüfft, dass ich das »bitte« übernommen habe. Das Buch handelt davon, wie man lange lebt; das kann man in aller Regel nicht, wenn man raucht. In aller Regel heißt auch, dass es immer wieder sehr vereinzelte Menschen gibt, die dieser Regel nicht entsprechen. Schon wieder Helmut Schmidt. Gibt es sonst irgendwas an Ihnen, das Helmut Schmidt gleicht?

Rauchen ist ein »Altersbeschleuniger«, wie es in dem sehr alters-informativen Buch *Tag für Tag jünger*[37] genannt wird. Denn Rauchen begünstigt nicht nur Herz- und Gefäß-Krankheiten, erhöht die Wahrscheinlichkeit für Krebs-Erkrankungen aller Art, ruiniert Ihre Lunge, sondern macht Sie auch äußerlich älter, indem es die sichtbaren Alterungsprozesse der Haut, vor allem die Faltenbildung, begünstigt. Impotent macht es auch. Rauchen wird mit hoher Wahrscheinlichkeit Ihr Leben verkürzen: Mehr als zehn Zigaretten pro Tag reduzieren bei Männern die Lebensdauer um 9,4 und bei Frauen um 7,3 Jahre. Männer! Mit sechzig statt mit siebzig, oder Frauen mit siebzig statt mit achtzig! Rauchen wird das Sterben ziemlich unangenehm machen. Selbst Fachleute, die Empfehlungen von Ärzten, das Leben zu ändern, ziemlich kritisch sehen[38], können dem Rauchen nichts, aber auch gar nichts Positives abgewinnen. Über Blutzuckerspiegel, Cholesterin und Übergewicht kann man mit Recht streiten. Über Rauchen nicht.

Es ist ziemlich widersinnig, in einem Buch über gutes Altern ein Kapitel über das Rauchen schreiben zu müssen, denn die Notwendigkeit, mit dem Rauchen aufzuhören, besteht natürlich nicht erst im Alter, sondern in der Jugend – je eher, desto besser.

Sie wären besser dran, wenn Sie schon mit zwanzig nicht mehr geraucht hätten. Denn seitdem haben Sie jede Menge fieser Probleme eingesammelt. Und trotzdem gibt es Risiken, wenn Sie mit 55 aufhören, weil Ihr bester Freund am Lungenkarzinom gestorben ist. Risiken? Ja, natürlich! Wenn Sie sich bestimmte, abhängig machende Verhaltensweisen angewöhnen, ist es schwierig bis unmöglich, damit aufzuhören, und es hat auch Risiken.

Das Risiko besteht nicht darin, dass die 3000 bis 5000 schädlichen Inhaltsstoffe einer Zigarette nicht mehr auf Ihren Organismus wirken. Das ist der richtige Ansatz, total! Aber Nikotin & Co. haben durch den jahrelangen Missbrauch in Ihrem Gehirn so massive Veränderungen verursacht, dass Sie jede Menge Scherereien bekommen können, wenn Sie aufhören.

Zum Beispiel: Ein 55-jähriger Mann kam mit einer schweren Depression stationär in die Psychiatrie. Sein Freund war an Lungenkrebs gestorben, und ihn hatte daraufhin die Panik gepackt. Sechs Wochen, nachdem er abrupt mit dem Rauchen aufgehört hatte, bekam er nichts mehr auf die Reihe, konnte nicht mehr arbeiten, nicht mehr schlafen, die Stimmung war katastrophal, der Antrieb auch, und seine Frau brachte ihn in die Klinik, weil er lebensmüde Gedanken äußerte. In langen Gesprächen arbeiteten wir heraus, dass er nichts mehr hatte, was ihm Freude machte. Ganz einfach nichts. Seiner Frau konnten wir das gar nicht sagen. Wie kam das? Er war genügsam und brauchte nicht viel, war gewohnt, hart zu arbeiten. Auch genügsame, hart arbeitende Menschen kommen hin und wieder nicht ohne Belohnung aus, irgendwas Schönes, was mit unmittelbarem Wohlgefühl verbunden ist. In der Verhaltenspsychologie nennt man diese Belohner »Verstärker«, weil sie das an sie gekoppelte Verhalten verstärken. Ich fragte ihn nach seinem. Sie brauchen nicht zu raten, es gab nur einen Verstärker: die Zigaretten! Am Morgen und beim Arbeiten, zum Kaffee und nach dem Essen, und vor allem immer, wenn er eine kleine Arbeitspause machte. Letztere gab es reichlich, denn er war Programmierer und musste mit voller Konzentration arbeiten. Aber die Zeitspanne, die man mit voller Konzentration arbeiten kann, liegt bei zwanzig Minuten. Eine Zigarette – und schon konnte er sich wieder mit voller Power auf den Rechner stürzen.

In unserem therapeutischen Dialog arbeiteten wir heraus, dass Zigaretten in fast idealer Weise als Verstärker geeignet sind. Man weiß, dass selbst kleine Dosen Nikotin zu einem Dopaminanstieg führen, mit kleinen Glücksgefühlen einhergehen und nahezu unbegrenzt wiederholt werden können. Und sie bessern die Konzentration. Dazu kommt der Geschmack, der als angenehm empfundene Geruch beim Anzünden, das Ritual des Auspackens oder selber Drehens. Der abrupte Verzicht, so vernünftig er aus präventiv-medizinischer Sicht war, führte bei unserem Patienten zu einem kompletten Verlust seiner Verstärker.

Wenn Sie das durchhalten wollen, auf alles verzichten, was Sie an Belohnern haben, brauchen Sie einen Charakter wie ein Felsblock. Den haben Sie wahrscheinlich nicht, und er hatte ihn auch nicht. In den folgenden drei Jahren wurde er immer wieder schwer depressiv und öfters auch suizidal, er wollte nicht mehr leben. Hätte man ihn vor dem Entschluss, mit dem Rauchen aufzuhören, medizinisch aufgeklärt, so hätte man dieses Risiko erwähnen müssen. Als sein Therapeut durchlief ich immer wieder Phasen, in denen ich mich fragte, ob der Anstieg des Suizidrisikos die Abnahme des Lungenkrebs-Risikos aufwiege. Dazu kommt, dass nach medizinischer Einschätzung das Lungenkrebs-Risiko bei einem starken Raucher erst nach zehn bis fünfzehn Jahren wieder auf das Level eines Nichtrauchers absinkt. Die Atmung bessert sich nahezu sofort, das Herzinfarkt-Risiko wird nach fünf Jahren wieder normal. Sie werden also eine Durststrecke vor sich haben.

Trotzdem gibt es keine Alternative zum Aufhören, wenn Sie mit sechzig immer noch rauchen. Auch wenn Sie eine Frau sind, denn der Östrogenschutz ist mit der Menopause passé. Wenn Sie eine Chance haben wollen, müssen Sie es richtig angehen. Was können Sie tun? Wie können Sie sich motivieren?

Fangen Sie mit einer kleinen Verhaltensanalyse an: Schreiben Sie auf, wann Sie rauchen, zu welchen Zeiten, in welchen Situationen. Versuchen Sie sich zu erinnern, wann Sie die Zigarette besonders dringend brauchen, wann der Belohnungseffekt besonders stark, eigentlich unverzichtbar ist. Überlegen Sie sich Alternativen. Was kann Ihnen helfen? Statt einer Zigarette jedes Mal ein Eis oder einen Lolli zu essen, ist keine wirkliche Alternative.

Machen Sie sich klar, dass die ersten Wochen hart sein werden und dass es auch danach immer wieder Momente geben wird, in denen Sie plötzlich ein ganz starkes Verlangen bekommen. Für jeden dieser Momente müssen Sie sich eine Alternative ausdenken. Ein wichtiger Aspekt ist zum Beispiel: Zeit gewinnen! Wenn ein paar Minuten vergangen sind, ist der stärkste Drang schon weg. Wichtig ist auch, dass Sie an sich glauben, sich gewiss sind, dass Sie etwas schaffen können.

Sie brauchen unbedingt eine positive Motivation; nur weil etwas schlecht ist, werden Sie nicht damit aufhören. Also lassen Sie die wunderbaren Perspektiven ohne Zigaretten auf sich wirken:

Sie werden wieder frei atmen, Sie kommen wieder die Treppe hoch, dieser Gestank in der Wohnung, der Mundgeruch werden kein Thema mit Ihrer Partnerin/Ihrem Partner mehr sein.

Sie kennen die Risiken und handeln umsichtig: Risiken gehören zum Leben, und warum sollten Sie nicht damit umgehen können? Depressionen kann man behandeln.

Falls Sie noch arbeiten: Möglicherweise nimmt Ihre Arbeitsfähigkeit ab; klar, das ist nicht so einfach. Aber bei Licht betrachtet hat auch das Vorteile, denn Sie haben ohnehin zu viel malocht, für den Betrieb, nicht für Sie, das ist Ihnen schon lange klar. Ach so, Ruhestand! Den sollten Sie sich nicht noch vergiften.

Informieren Sie sich, welche Unterstützungsmaßnahmen es gibt, Entspannungstechniken, Meditation, vielleicht auch Hypnose: Es ist **Ihr** Entzug! Sie können Ihren Weg finden. Nikotinpflaster sind ein Übergangsweg.

Finden Sie heraus, was in Ihrem Leben toll ist, und kultivieren Sie das! Wenn Sie den Dopamin-Flush toppen wollen, müssen Sie sich schon etwas einfallen lassen. Schaffen Sie das?

Nicht nur ich wäre stolz auf Sie!

Mit Haut und Haaren

Wir haben Angst, es könnte uns schaden, wenn andere unser Alter erfahren. Eine 86-Jährige macht sich fünfzehn Jahre jünger; Bemerkungen wie »über das Alter spricht man nicht« oder »Sie sehen locker zehn Jahre jünger aus!« gehören zum Alltag, wenn man nicht mehr zwanzig ist. Niemand sagt zum Coach: »Erfreulicherweise sind Sie schon siebzig, denn jetzt haben Sie bestimmt mehr Erfahrung, die mir zugutekommt, als vor zehn Jahren.«

Das Aussehen steht hoch im Kurs; darüber nimmt man uns wahr. Und wenn Sie Ihre Umwelt über Ihr Alter im Unklaren lassen wollen, dann können Sie Ihre Fassade verschönern. Simone de Beauvoir beschreibt, dass sich auch Goya, der so unbestechliche Maler der Realitäten, als 70-Jähriger wie einen 50-Jährigen malte.

Veränderungen Ihres Erscheinungsbildes wirken sich darauf aus, wie andere Sie wahrnehmen, und, indirekt, auch auf Ihre Selbstwahrnehmung: Die anderen reagieren auf eine Frau mit ihrer früheren Haarfarbe anders als auf eine, die inzwischen ergraut ist; das gilt genauso für einen Mann mit Altersflecken und -warzen. Wie man Ihnen begegnet, beeinflusst Ihr Befinden, obwohl es natürlich nicht der einzige Einflussfaktor ist. Für die Rückmeldung Ihres Spiegleins an der Wand gilt das Gleiche.

Die Auswahl an Möglichkeiten zur Selbstverschönerung ist nahezu unbegrenzt: beginnend bei der Kosmetik, beim einfachen Färben der Haare oder Schminken des Gesichts, über das Auffüllen der Haare durch Haarersatz oder Perücke, das Entfernen von alterstypischen Hautveränderungen wie zum Beispiel Altersflecken, das Auffüllen von Falten und Lippen, das Verhindern weiterer Faltenbildung durch Botulinumtoxin (bekannt als »Botox«) bis hin zu Eingriffen des ästhetischen Chirurgen.

Für all dies gilt:

- Überlegen Sie sich gut, welchen Effekt Sie erzielen wollen und wie das in Ihr über die Jahre entstandene Erscheinungsbild bei Partnern, Freunden, Bekannten und Kollegen passt. Ein Endfünfziger, der sich nie um sein Äußeres gekümmert hat und, möglicherweise unter dem kreativen Einfluss einer neuen Partnerin, mit frisch entgrauten Haaren – die leider immer leicht rötlichbraun aussehen –, jugendfrischen Lippen und chirurgisch gestrafften Lidern erscheint, hat ziemlich gute Chancen, eher belächelt als respektiert zu werden. Zudem dürfte ihm sein vertrautes Umfeld die akute Verjüngung kaum abnehmen. Das muss Sie natürlich überhaupt nicht kümmern. Wenn Sie sich im neuen Look besser gefallen, könnten Sie sich ja einen neuen Freundeskreis suchen – obwohl das manchmal nicht so einfach ist. Wie auch immer, Sie sollten sich das vor dem Gang zum Friseur oder Schönheitschirurgen klarmachen.
- Das Wichtigste ist, dass Ihnen selbst Ihre Veränderungen gefallen, dass Sie sich mit dieser renovierten Person identifizieren können. Denn bei allem Geld, das Sie in Ihr Erscheinungsbild stecken, vor allem Ihr Selbstgefühl, Ihre Ausstrahlung bringen Ihre Mimik, Ihr Äußeres zum Leben. Denken Sie an Robert Redford: Falten ohne Ende – und trotzdem nach wie vor eine Hammerausstrahlung! Je eingreifender und anhaltender die durch Dermatologen oder Chirurgen vorgenommenen Korrekturen wären, desto genauer sollten Sie sich – vorher! – überlegen, ob Sie sich mit solchen Veränderungen wohlfühlen werden. Generell gilt, dass diskrete Veränderungen besser wirken als starke Effekte. Zum Beispiel beim Aufspritzen der Lippen. Das hat auch etwas mit Können und Qualität der Ärzte zu tun. Sie sollten sich also über den Dermatologen oder die Chirurgen informieren und denen im Vorgespräch genau sagen, was Sie wollen.

- Manche Veränderungen halten nur kurz an, andere immer. Botox und Filler vergehen spätestens nach einem halben Jahr, chirurgische Straffungen in diesem Leben nicht mehr. Mit den entsprechenden Folgen bei Selbst- und Fremdwahrnehmung.

- Auch wenn gelegentlich so darüber gesprochen wird: moralisch-ethische Vorgaben, ob Sie so etwas machen sollen oder dürfen, gibt es nicht. Das entscheiden Sie ganz allein.

- Sie müssen es ja auch bezahlen, denn Ihre Krankenkasse zahlt solche Maßnahmen nicht. Schönheitsveränderungen kosten! Botox und Hyaluronsäure sind teuer, und da es sich nicht um eine Heilmaßnahme handelt, müssen die behandelnden Ärzte Umsatzsteuer zahlen.

- Seien Sie kritisch gegenüber dem, was Ihnen da verkauft werden soll! Schönheit ist das wichtigste Manipulationsinstrument der Werbung und ein Millionengeschäft. Und es gibt viel Quatsch, wie das Fläschchen Hyaluronsäure zum Trinken, das die orale Behandelbarkeit von Falten suggeriert[39]. Auch die Behauptung, dass sich Depressionen durch Botox behandeln ließen, weil sich die fehlende Selbstwahrnehmung der Sorgenfalten positiv auf die Seele auswirke, ist bisher nicht durch wirklich aussagekräftige Studien belegt. Was hinter Botox auch und vor allem steckt, zeigt die Tatsache, dass der geschäftstüchtige Allesfresser Nestlé mit Nestlé Skin Health ein Viertel des Botox-Marktes kontrolliert.[40]

- Interessant und vielleicht auch für Sie bedenkenswert finde ich, dass Cameron Diaz in ihrem »Longevity Book«[41] über die hier besprochenen Verschönerungen so gut wie gar nichts schreibt, aber viel über Weiblichkeit, Gene, Zellen und vor allem über Stressverminderung, gute Ernährung und Beziehungsqualität. Sie ist immerhin Schauspielerin, der ihr Aussehen am Herzen liegen sollte.

Was kann der Dermatologe tun, damit die alte Haut schön bleibt?

Interview mit Dr. Ronald Hicks, Arzt für Dermatologie in Hamburg-Bahrenfeld

Was kann ich für eine schöne Haut im Alter tun?
Die richtigen Eltern aussuchen, Sonnencreme benutzen und nicht rauchen!
Die Hautalterung wird durch drei Komponenten beeinflusst: durch die Genetik, die Sonne und den Zigarettenrauch. Zur Genetik gibt es außer Akzeptanz keine Alternativen, manche Menschen neigen eben stärker als andere zur Faltenbildung, Menschen schwarzafrikanischer Herkunft zum Beispiel weniger als Kaukasier.
Ansonsten bleibt die Frage, was wir unserer Haut zumuten: Starkes Rauchen fördert die Faltenbildung massiv, und die UV-A-Strahlen dringen in die Haut ein und schädigen das Bindegewebe, das für die Straffheit der Haut verantwortlich ist. Die beste Anti-Aging-Creme ist also die schon seit der Jugend aufgetragene Sonnencreme, Faktor 50 bis 30. Der Kosten-Nutzen-Faktor ist da auch optimal. Wenn Falten einmal da sind, lässt sich kosmetisch nichts mehr dagegen machen. Ein großzügiger Gebrauch von Sonnencreme stellt gleichzeitig eine effektive Schutzmaßnahme gegen den Hautkrebs dar.

Aber wenn man in die Werbung schaut, gibt es ja noch viel, viel mehr!
Wenn das Kind erst mal im Brunnen und die Haut vorgealtert ist, sind die Möglichkeiten eingeschränkt: Fruchtsäure- oder Vitamin-A-haltige Peelings und Cremes haben einen glättenden Effekt auf die oberen Hautschichten und machen so eine glatte Haut. An die tieferen Schichten, also den Entstehungsort der Falten, kommt man damit nicht ran.

Da gibt es doch Cremes und, als letzten Schrei, Trinklösungen
mit Hyaluronsäure, auf Letztere schwören unter anderem Ce-
lebrities wie Veronica Ferres![42]
Na ja, vielleicht wirken die auf die Darmfalten, in der Haut
bewirken sie definitiv nichts!
Die nächste Stufe der Faltenbehandlung sind *Filler*, dazu gehört auch die Hyaluronsäure und Botox, beides muss man in
die Haut spritzen.
Bei den *Fillern* geht man davon aus, dass beim Alterungsprozess Volumen verloren geht, wodurch Falten entstehen,
und dass diese Falten verschwinden, wenn man das Volumen
wieder auffüllt. Hyaluronsäure kommt auch natürlich in der
Haut vor und bindet Wassermoleküle. Die einzigen Nebenwirkungen sind blaue Flecken, wenn bei der Injektion ein
kleines Blutgefäß getroffen wird, und kleine Knubbel, die
aber wie die blauen Flecken nach kurzer Zeit verschwinden.
Dieses Verfahren kann man noch verfeinern, indem man Ge-
lee unterschiedlicher Viskosität verwendet.

Beim Botox (Botulinumtoxin) kommt man als Neurowissen-
schaftler etwas ins Grübeln, weil das ja eines der toxischsten
Nervengifte ist!
Die Dosis macht es. Botox wirkt so, dass es die Muskeln lähmt,
die Falten machen, zum Beispiel die Querfalten der Stirn oder
die Zornesfalten. Die Nasolabialfalten, die von der Nase zu
den Mundwinkeln ziehen, entstehen nicht durch Muskel-
aktivität und können deswegen auch nicht durch Botox beeinflusst, sondern müssen unterfüttert werden.

Viele Frauen glauben, dass es etwas bringt, wenn sie ihre Lip-
pen voller machen lassen. Wie geht das?
Das macht man mit *Fillern*, man füllt das verloren gegange-
ne Volumen auf. Man kann auch versuchen, Falten um den
Mund mit Botox zu behandeln, wenn jemand die Lippen
schürzt und sich dadurch kleine Fältchen bilden. Das Pro-

blem ist, dass eine Lähmung der feinen Muskeln um den Mund eben nicht nur die Falten, sondern auch das Essen und das Sprechen beeinflussen. Da kann es schon passieren, dass der Dame die Suppe aus dem Mund läuft oder dass die Aussprache schwer verständlich wird.

Gefahren von Botox?
Wenn man den falschen Muskel erwischt, hängt schon mal das Oberlid, aber das vergeht relativ schnell wieder. Wie überhaupt die Wirkung der Filler und von Botox wieder abklingt, innerhalb von vier bis sechs Monaten.

Wenn man im Internet nachliest, kommt den Lasern ein große Bedeutung zu. Was können die?
Mit Lasern kann man Alterspigmentflecken – letztlich auch eine Sonnenfolge – und seborrhoische Warzen wegbekommen, und man kann auch Faltenbehandlung machen, indem man durch Wärmeeinwirkung das Bindegewebe strafft. Auch Haarentfernung ist möglich, indem die Haarwurzeln durch Hitze verödet werden.

Lassen sich damit nicht auch Tätowierungen entfernen?
Im Prinzip ja, aber das ist ein dornenvolles Geschäft! Denn man muss für jedes Pigment einen in der Lichtfrequenz passenden Laser finden, bei größeren Tätowierungen kann die Entfernung Monate dauern; ganz schmerzfrei ist das nicht.

Bleibt die sogenannte Schönheitschirurgie.
Wenn die Haut zu schlaff ist, kann man das nur korrigieren, indem man etwas Haut wegnimmt und so eine Straffung erreicht, zum Beispiel bei hängenden Lidern. Im Gegensatz zu den vorher genannten Methoden, die alle nach einigen Monaten abklingen und gegebenenfalls wiederholt werden müssen, sind chirurgische Eingriffe irreversibel – diese Veränderungen bleiben für immer.

Falls man eine solche Korrektur vornehmen lässt, sollte man also sicher sein, dass der schneidende Kollege sein Handwerk versteht.

So ist es. Auch wenn ein Eingriff gut gemacht wird, ist die frühere Person oft nicht wiederzuerkennen. Ein Beispiel ist die Sängerin Cher; die wurde sicher von einem hervorragenden Chirurgen operiert, aber sie sieht völlig anders aus als vorher.

Ist die Fettabsaugung ein sinnvolles Verfahren?

Sie kann bei jüngeren Menschen mit zu viel Fett auf Bauch und Hüften sinnvoll sein. Im Alter ist sie eher kontraproduktiv, weil das Problem ja meistens in der Volumenminderung liegt. Ein Kollege hat einmal gesagt, die optimale, vom Betroffenen selbst durchzuführende Antifaltenmaßnahme sei die sogenannte »Autolipoaugmentation« – bei jedem Büfett voll zuschlagen!

Schönheitsdermatologie kostet?

Das kann man sagen. Berechtigterweise werden diese Kosten nicht von der Krankenkasse übernommen, die Substanzen kosten nicht wenig, und da es sich nicht um eine Heilmaßnahme handelt, wird für diese Eingriffe auch noch Umsatzsteuer fällig. Da man die meisten Eingriffe nach einem halben Jahr wiederholen muss, sollte man sich überlegen, wie viel Schönheit der Geldbeutel hergibt.

Bleibt die Hautkrebsvorsorge.

Zunächst ist das mal keine Vorsorge, sondern eine Früherkennungsmaßnahme. Denn man verhindert ja nichts, sondern versucht, den Krebs rechtzeitig zu erkennen.

Die Hautärzte sind ja etwas ins Gerede gekommen, weil sie angeblich zu viele Naevi* entfernen, die sich als harmlos erweisen.

---

*   naevus (»Muttermal«) ist die allgemeine Bezeichnung für eine umschriebene,

Das sehe ich nun relativ entspannt; denn wenn ein Pigment-
mal sich nach der Entfernung als harmlos erweist, ist kein
großer Schaden entstanden. Falsch positive Befunde werden
durch die Histologie ausgeschlossen. Wenn aber ein Mela-
nom, weil ich es nicht beachte, von einem halben Millimeter
auf einen Millimeter anwächst, nimmt das Metastasierungs-
risiko doch deutlich zu. Und der Schaden ist viel größer.

Gesichts-Yoga als Antifaltenmaßnahme?
Überzeugt mich nicht!

Die Wir-Perspektive oder: gute Beziehungen, schlechte Beziehungen

Was brauchen wir Menschen am dringendsten?

Kontakt zu anderen Menschen, Austausch, Freundschaft,
Liebe.

Ohne Bestätigung und Unterstützung können wir kaum leben. Aber Beziehungen bringen uns noch viel mehr: Im Kontakt mit anderen können wir unseren Horizont erweitern
und immer wieder eine andere Sicht von der Welt gewinnen.

Das Besondere an uns Menschen ist unsere Fähigkeit zur
gemeinsam geteilten Aufmerksamkeit, zum geteilten Interesse, zur *shared attention*:

> »Sie macht das menschliche Weltverhältnis so einzigartig. Wenn
> ich auf diesen Stuhl zeige – oder eine Antilope –, nehmen wir sie
> beide wahr. Und beide natürlich anders. Und damit ist schon Ent-
> scheidendes geschehen. Denn damit begreife ich ja schon – sonst
> würde meine Zeigegeste ja gar keinen Sinn machen –, dass meine
> eigene Perspektive auf die Welt nur eine unter anderen ist. Nach
> dem Motto: ›Oh, ich sehe die Welt so, und du siehst sie so‹.«[43]

gutartige Fehlbildung der Haut oder Schleimhaut, bei der normale Zellen oder
Gewebe vermehrt, vermindert oder etwas ungleichmäßig vorkommen.

Diese neue Perspektive kann unsere Weltsicht erweitern und auch hilfreich sein, um einen Ausweg aus einer Sackgasse zu zeigen. Die eigentliche zwischenmenschliche Errungenschaft wäre also, dass uns andere erst verwundern, vielleicht irritieren, dann unser Staunen und schließlich unser Nachdenken auslösen. Ich finde das sehr schön, weil sich darin eine andere Facette von Menschlichkeit zeigt als die gegenwärtig so hoch im Kurs stehende Abgrenzung gegen alles Unbekannte!

Nach Auffassung des Anthropologen Michael Tomasello[44] entwickelt sich aus dieser Fähigkeit die emotional-kognitive Grundlage der »Wir-Haltung«: von oben auf Situationen schauen, in denen es um den anderen und um mich geht, nicht aus der »Ich«- oder »Er«-, sondern aus einer neuen, der »Wir«-Perspektive! So lässt sich Egoismus zwanglos überwinden, nicht aus dumpfem moralischem Druck – du musst dich wegen mir zurücknehmen –, sondern aus Neugier, Interesse am anderen und seiner Sichtweise auf die Dinge.

Das taugt für Begegnungen, für Freundschaften und für Liebesbeziehungen.

Freundschaft ist ziemlich beliebig geworden. Dabei vergessen wir, dass dieses besondere Verhältnis zweier Menschen in der Vorgeschichte wahrscheinlich lebensrettend gewesen ist.

Was machen denn Ihre Freundschaften, jetzt mit sechzig, siebzig oder achtzig? Sind sie ziemlich selten geworden? Das geht wahrscheinlich schon länger so. Freundschaften entstehen sehr oft in der Kindheit und Jugend, gelegentlich auch noch in den ersten Berufsjahren. Aber diese Beziehungen erhalten sich nicht von selbst. Räumliche Trennungen, berufsbedingt oder wegen einer Partnerschaft, andere Wichtigkeiten drängen sich in den Vordergrund. Karriere und/oder Kinder setzen andere Schwerpunkte, die uns absurderweise vergessen machen, was uns selbst in Kindheit und Jugend wichtig war. Wir verstehen dann nicht mehr, was wir früher an der oder dem fanden. Wiedersehen bei Klassentreffen offenbaren mehr Entfremdung als Vertrautheit.

Kränkungen wiegen schwerer. Kinder finden leicht einen Ausweg, wenn sie sich gestritten haben, Erwachsene viel seltener. Die Tochter fragt die Mutter: Warum triffst du dich denn gar nicht mehr mit Marion, Annette, oder Esther, ihr hattet doch immer euer regelmäßiges Kaffeekränzchen, eure Bridge-Runde oder habt zusammen gegolft? Die Mutter will erst nicht raus mit der Sprache, druckst herum und erzählt schließlich, dass es diesen blöden Streit um das bessere Rezept der Mousse au Chocolat gegeben habe; da hätten die beiden sich gegen sie verbündet und Sachen gesagt, über die sie nicht hinwegkomme. Und nicht wolle. Im nachtragenden Beleidigtsein hat sie an eines nicht gedacht: Was bleibt, ist Einsamkeit. Für Menschen gibt es wenig Schlimmeres.[45]

Was können Sie tun?

Wenn Sie Freundschaften für ein wichtiges Element in Ihrem Leben halten, müssen Sie ihnen eine Chance geben. Was war denn besser an den Freundschaften aus Kindheit und Jugend? In diesem Alter hatten Sie Zeit, jede Menge Zeit, um sie miteinander zu verbringen, tolle und weniger tolle Erfahrungen miteinander zu machen und sich aus vielen, sich wiederholenden Begegnungen einen robusten Schatz an Erinnerungen zu schaffen, auf den Sie beide in schwierigen Zeiten zurückgreifen konnten. Sie konnten zusammen in eine Welt eintauchen, die gut war, weil es so viele »Wir«-Situationen gab. Die haben Ihnen Kraft und Widerstandsgeist für das schwierige Erwachsenenleben gegeben.

In Kindheit und Jugend war Versöhnung noch leichter zu bekommen als später, weil Ihr Ego noch nicht so aufgeblasen war, dass es vor lauter Wichtigkeit das Verzeihen verlernt hat. Verzeihen klingt so großartig; dabei war es oft ganz einfach, weiterzumachen und nicht über Schrammen nachzudenken. Freundschaften konnten von diesem Vorschuss zehren, wenn es mal schwierig wurde.

Den später geschlossenen Freundschaften fehlt die gemeinsame Zeit, die Sie für Erfahrungen nutzen können, um sich aufeinander einzulassen. Da ist der Job, Ihr Partner ... Ich verstehe schon. Aber sind das nicht Prioritäten, die Sie setzen, setzen sollten?

Und jetzt passiert es oft, dass Sie dem Beharren auf Ihrer Kränkung mehr Raum geben als dem Versuch zur Versöhnung? Sie füttern Ihre Monster! Geheuer sind Ihnen die nicht, aber es liegt eine so klammheimliche, manchmal sogar lustvolle Befriedigung darin, in Ihren Wunden herumzubohren.

Anhaften nennt man das, im Guten wie im Bösen. Eine Ursache des Leidens in der Welt, meinen zumindest die Buddhisten.

Dahin gehört auch der Umgang mit dem Tod der Freunde. Mit zunehmendem Alter sterben Menschen häufiger. Vielleicht merken Sie erst beim Lesen der Todesanzeige, dass wieder eine Chance auf ein Treffen dahingegangen ist. Aber dass diese Chance vorbei ist, heißt ja noch nicht, dass Sie sich auch die Chance versagen müssten, diesen Verlust zu betrauern. Chance zum trauern? Was soll denn das für eine Chance sein?

Trauern fällt ja niemandem leicht. Aber schon die Überlegung, ob man sich das Trauern erlauben oder es sich verkneifen soll, ist eine ziemlich unsinnige Errungenschaft unserer westlichen Industriegesellschaft. Das Gefühl der Traurigkeit entsteht ganz von selbst, wenn Sie sich einen Verlust eingestehen und sich nicht dagegen wehren. Dann kommen Ihnen ganz von selbst die traurigen Gedanken, der Druck auf die Tränendrüsen – Sie heulen. Furchtbar? Quatsch! Heulen heilt! Denn Trauer ist für das Verarbeiten von Verlusten absolut notwendig: Sie konfrontieren sich mit den Erinnerungen an die Verstorbenen und werden traurig, fangen an zu weinen, und, wenn Sie sich das zugestehen, auch zu jammern. Wie lange das so geht? Das reguliert sich von selbst, wenn die Erinnerungen keine traurigen Gefühle mehr auslösen.

Dann kann das Leben weitergehen. Das ist Ihnen zu banal? Weil Sie keine Trauerkultur mehr haben. Je mehr wir Trauer aus dem Leben verbannen, desto mehr haften wir an Erinnerungen, die wir besser loslassen sollten.

Auf anhaften und loslassen kommen wir noch mal im Kapitel über Meditation.

Natürlich können Sie es schaffen, das Trauern zu vermeiden. Das menschliche Gehirn kriegt fast jeden Blödsinn hin. Aber das Vermeiden von Trauer hat unerfreuliche Folgen:

- Sie blockieren sich für neue Beziehungen, weil Sie keinen Platz in sich frei zu haben glauben, aber tatsächlich einfach nicht an den Trauerkomplex erinnert werden wollen, der da in Ihnen rumort.
- Diesen Trauerkloß wegzudrängen, ist extrem mühsam und anstrengend, denn er will ans Licht, will gesehen werden. So mühsam, dass Sie keine Kraft mehr für anderes haben.
- Eine häufige Folge der ganzen Anstrengung ist eine Depression.

Also insgesamt keine sehr clevere Strategie. Trauen Sie sich zu trauern. Es geht vorbei.

Wenn Sie Kränkung und Angst vor Trauer überwinden, können Sie auch als alter Mensch Freundschaften pflegen und etwas davon haben. Mit Freunden etwas zu machen oder nur rumzusitzen, ein Glas Rotwein zu trinken, über das Wetter zu quatschen oder die guten Zeiten des SV 1860 München – dafür muss man nun wirklich älter sein! – ist toll. Einfach so.

Was für Freundschaften gut ist, passt oft auch für die Liebesbeziehung, die wahre Essenz unseres Lebens. Aber die vollzieht sich in einer anderen Kategorie. Was Sie schon daran merken, dass eine Liebesbeziehung sich fast nie in eine Freundschaft umwandeln lässt.

Was Michael Tomasello über Beziehung im Allgemeinen gesagt hat – blättern Sie ruhig noch mal zurück: »Sie macht das Leben einzigartig« –, wird in der Liebesbeziehung noch überhöht. Die Gefühle, vorausgesetzt, Sie haben das Fühlen noch nicht verlernt, übertreffen in ihrer Intensität alles, was es sonst so zu fühlen gibt. Sie bringen Ihr Leben zum Leuchten.

Aber nicht nur zum Leuchten. Liebe ist eines der Wundermittel, die Ihr Leben verlängern: Menschen in guten Beziehungen leben signifikant länger. Das gilt aber nicht für Paare, die sich gegenseitig das Leben zur Hölle machen. Gut wäre also, wenn Sie rausfänden, wie das bei Ihnen aussieht.

Nun behauptet keiner, dass es leicht sei, eine Liebesbeziehung über längere Zeit, eine gute Ehe auf Dauer hinzukriegen. Das ist eine höchst anspruchsvolle Herausforderung. Wenn Sie sich das zu Herzen nehmen, sind Ihre Chancen auf eine gute Beziehung schon mal viel besser.

Es kommt Ihnen merkwürdig vor, in einem Buch über das Alter zu lesen, wie Liebesbeziehungen gelingen können. Gehören die nicht in eine ganz andere Lebensphase? Nö, gehören sie nicht. Liebe und Leben gehören zusammen. Liebe in der Jugend ist anders als Liebe im Alter, aber damit ist nichts über die Intensität und das Glück gesagt, die damit verbunden sind. Eine Besonderheit der Liebe in den Fünfzigern »plus« gibt es aber schon: Oft finden sich Paare dann in Zweierbeziehungen, die, wenn ich so sagen darf, ein bisschen Patina angesetzt haben, in denen beide verstohlen überlegen, wie die holde Zweisamkeit aus den Gleisen der Gewohnheit wieder in etwas wilderes Terrain geführt werden könnte. Das andere gibt es auch: nur noch Gewohnheit, die von einem oder beiden rigide kontrolliert und eingefordert wird. Wenn das die Sexualität betrifft, ist das Ende der Beziehung nicht weit.

Also was nun?

Gos und No-Gos für reifere Beziehungen:

- Anspruch und Anziehung sind wie Feuer und Wasser.
- Wenn Sie alles voneinander wissen, können Sie nicht mehr neugierig aufeinander sein.
- Eifersucht kann das Salz in der Suppe sein, wie Senta Berger mal gesagt hat, aber eifersüchtige Kontrollsucht ist die Hölle – für beide.
- Streiten ist beziehungserhaltend, wenn beide damit umgehen können und man sich gegenseitig nicht demontiert.
- Erfahrung hilft.
- Versuchen Sie mit aller Kraft, Ihre ins Schlingern gekommene Beziehung zu retten, aber wenn Ihre Kraft nicht ausreicht, dann trennen Sie sich.
- Angst vor dem Alleinsein ist eine miserable Richtschnur für ein gutes Leben.

War da nicht doch noch etwas?

»So habe ich an mir selbst in den letzten Jahren das allmähliche und schließlich vollständige Absterben des Sexualtriebs erlebt – die Träume eingeschlossen. Mir ist es sehr lieb so – als wäre ich endlich von einem Tyrannen befreit. Wenn Mephisto erschiene und mir die Wiedererlangung der sogenannten Virilität anböte, würde ich sagen: ›Nein, vielen Dank, daran liegt mir nichts, aber meine Leber und meine Lunge könntest Du kräftigen, damit ich mehr trinken und rauchen kann.‹«[46]

Sexualität!

Wie konnte ich erst so spät darauf kommen? Wenn Männer älter werden, kann doch tatsächlich bei ihnen die »Virilität« – kommt vom Lateinischen »vir«, der Mann – schwinden, wie dieses bemerkenswerte Zitat von Luis Buñuel belegt, der es im Alter von 82, ein Jahr vor seinem Tod, dem Schreiber seiner Erinnerungen diktierte. Bemerkenswert ist es deswegen, weil Buñuel im selben Buch schreibt:

»... hat mich, seit ich vierzehn war und bis in die jüngste Zeit das sexuelle Verlangen nie verlassen. Ein mächtiges Verlangen, fordernder sogar als der Hunger und oft schwerer zu stillen.«[47]

Bei anderen sind Libido und Potenz nicht mehr traulich vereint, was zu erheblichen Ängsten und Zweifeln am eigenen Ego, bis hin zur veritablen Depression, führen kann. Wieder andere erleben erfüllende Sexualität bis ins hohe Alter, und den Dritten fehlt ohne Sex gar nichts.

Es zeigt sich, dass es **die** Sexualität nicht gibt, sondern allenfalls »Sexualitäten«[48]: In seinem grundlegenden und sehr lesenswerten Buch betont Volkmar Sigusch immer wieder, dass kaum etwas so individuell ist wie sexuelle Neigungen. Bei Frauen und bei Männern.

Aber wenn die Potenz schwindet, gibt es doch Viagra & Co.! Das will richtig gebraucht werden, denn die Nebenwirkungen sind nicht ohne, und außerdem wirken die Wundersubstanzen nur auf die Potenz, nicht auf die Libido, denn die sitzt immer noch im Gehirn.

Folgendes Zitat lässt sich kaum übertreffen:

> »Potente junge Männer, die Viagra probiert haben, sagen übereinstimmend lapidar: ›Es geht auch ohne.‹ Ältere mit nachlassender Potenz geben sich gerne begeistert, während ihre Ehefrauen nicht selten entsetzt sind, stundenlang die bereite Geliebte geben zu müssen. Uns bleibt, gebetsmühlenartig zu wiederholen: Keine Pille kann fehlende Anziehung oder Nähe, kann unbewusste oder tiefer reichende Konflikte aus der Welt schaffen. Es wäre ja zu schön, um wahr zu sein, wenn wir über Pharmaka oder Rauschdrogen verfügten, die fehlende Liebesbeziehungen ersetzten und gestörte Sexualbeziehungen reparierten.«[49]

»... während ihre Ehefrauen nicht selten entsetzt sind, stundenlang die bereite Geliebte geben zu müssen ...« – dem habe ich wenig hinzuzufügen!

Aus der Vielzahl möglicher »Sexualitäten«, deren Ausgestaltung in der Partnerschaft, in der diese Verschiedenheiten aufeinandertreffen, jedem freigestellt sein muss, erlaube ich mir, auf die zwischen zwei Lebenspartnern abzuheben. Ihre wesentliche Grundlage ist die Wechselseitigkeit: Das Begehren des einen weckt das Begehren des anderen. Sexualität als ein Höhepunkt in Beziehungen, oft als das, was die beiden innig zusammenhält, aber eben auch tragisch trennen kann. Dieses Verständnis macht klar, dass das, was da sexuell zwischen zwei Personen entsteht, vergeht und wieder entsteht, eine Konsequenz der Begegnung dieser Personen ist, die sich im Idealfall immer wieder ereignet, wenn beide dafür offen sind. Es ist keine Konsequenz eines Anspruchs! Der Ausspruch »Das steht mir zu!« tötet Sexualität und Liebe. Punkt.

Diese drollige Idee mit dem Anspruch kommt wohl aus einer anderen Ecke: Sexualität, das körperliche Erleben der Sexualität ist unglaublich wohltuend, der Orgasmus ein Höhepunkt in vieler, aber eben auch in körperlicher Hinsicht. Jedes Mal, wenn ich das erlebt habe, kann ich mich ganz, heil, völlig in mir und im Hier und Jetzt fühlen. Dass sich Menschen so etwas Beglückendes wünschen, möglichst oft wünschen, ist verständlich und nachvollziehbar. Trotzdem, für Ansprüche ist da kein Platz. Ein sanfter Hinweis: Selbstbefriedigung ist nicht die schlechteste Alternative.

Bei dieser Betrachtungsweise wird klar, dass die Sexualität leidet, wenn die Beziehung leidet, verkümmert, keine Aufmerksamkeit mehr erfährt. Das passiert im Verlauf langer Lebensbeziehungen nur allzu oft.

Was können Sie also für Ihre Beziehung tun? Achtsam sein, hinschauen, wer das da eigentlich ist, der Ihnen Herzklopfen und andere körperliche Sensationen macht. Ausprobieren! Sexualität beruht auf Interesse, liebevoller Neu-Gier und ist keine Institution zur Erfüllung von alten Erwartungen. Wie alles, verändert sich auch Sexualität mit dem Älterwerden, aber sie wird nicht weniger spannend und erfüllend.

Sie kommen in Ihrer gar nicht so guten alten Beziehung nicht weiter? Gespräche ersticken schnell, Vertrautheit verschwindet, sobald Sie zartfühlend andeuten, dass die Liebe auch eine körperliche Seite hat.

Sie könnten es mit einer Paartherapie versuchen, die ist alterslos. Natürlich müssen Sie beide wollen.

Irgendwann kommen Sie zum Schluss, dass es nicht geht. Vielleicht ist dann doch Trennung angesagt. Mit 77? Ich hatte in meiner Psychotherapie-Ausbildung eine wunderbare Lehrtherapeutin, die sich mit 77 von ihrem Mann trennte. Nicht, weil sie einen anderen gehabt hätte, – nein, weil sie merkte, dass sie mit ihrem Mann nicht so sein konnte, wie sie sich ohne ihn erlebte.

Gut allein ist besser als schlecht zusammen.

Im Glück des Augenblicks

Vielleicht die beste Phase meines Lebens

Über das Altern ist viel gesagt und aufgeschrieben worden.
Einer von Woody Allens Sprüchen:

> »Du schaust in den Spiegel und merkst, dass dir was fehlt. Und spürst, dass es deine Zukunft ist.«

Geistvoll wie Woody eben ist, und genauso niederschmetternd.

Sven Kuntze verweist in *Altern wie ein Gentleman*[50] auf das berühmte Altersbuch der Beauvoir:

> »In ihrem Text dringt Simone de Beauvoir tiefer und sorgfältiger als alle Autoren vor ihr in die brüchigen Poren, abstoßenden Details und körperlichen Verwerfungen des Alters ein und legt unnachsichtig seine unschönen Seiten frei.«

Was Sie auch lesen, überall finden Sie ernste, mal bittere Statements zum Alter, lauter ernst zu nehmende Sätze von bedeutenden Menschen.

Welche Bedeutung haben diese Sätze für Sie?

Nur die, die Sie ihnen geben. Sie sind auf die Welt gekommen, um Ihre eigenen Erfahrungen zu machen. Und das sollten Sie so unvoreingenommen wie möglich tun.

Natürlich können Sie den von de Beauvoir erwähnten Montaigne lesen, die *Essais*[51]. In seinem Vorwort für *Des Herrn von Montaigne Versuche* beginnt er:

»An den Leser

Dieses Buch ist aufrichtig, geneigter Leser. Es erinnert dich gleich anfangs, dass ich mir dabey keine andere, als eine Privatabsicht, vorgesetzet habe. Ich habe dadurch weder dir zu dienen, noch mich berühmt zu machen gesucht. Meine Kräfte sind zu einem solchen Unternehmen nicht hinreichend. ... Also bin ich selbst die Materie meines Buches, geneigter Leser. Es ist nicht der Mühe wert, dass du deine Zeit auf einen so geringschätzigen und nichtigen Gegenstand wendest. Lebe wohl.«

Beeindruckend ist, wie er zu allem und jedem, was ihm bedeutsam erscheint, eigene Meinungen generiert und sie auch noch aufschreibt. Aber gibt es einen Grund, seine Gedanken über Ihre eigenen zu stellen? Das verneint er selber in seinem letzten Satz.

Was ist von Ihren eigenen Gedanken zu halten? Wie kommt es, dass Sie zurückblickend Ihren vierzigsten Geburtstag für besser halten als den siebzigsten? Sie bewerten und vergleichen. Lassen Sie's! Bewertungen sind nichts wert. Besser wäre, wenn Sie sich erst einmal klarmachen würden, was Ihren Bewertungen eigentlich zugrunde liegt. Achten Sie aufmerksam auf Ihre Wahrnehmungen und Eindrücke, ohne ihnen einen Wert aufzupappen. Bewertungen speisen sich aus dem Wunsch, das Schlechte, nicht Erstrebenswerte zu ändern. Aber wir überschätzen, was wir ändern können. Gerade im Zusammenhang mit unseren Empfindungen beim Älterwerden ist Ändern nicht das Thema. Doch indem Sie gleich auf die Änderung springen, berauben Sie sich der Möglichkeit, Wahrnehmungen und Empfindungen kommen – und wieder gehen – zu lassen.

Halten Sie nicht fest, was Ihnen in den Sinn kommt, sondern geben Sie dem Gedanken, dem Gefühl die Chance, auch wieder zu verschwinden. Wenn Wahrnehmungen, Empfindungen und die damit verbundenen Gedanken da sein dürfen, können sie wieder gehen. Auf dieses Spiel der Eindrücke und Empfindungen zu achten, auf den dauernden Wechsel, der dem Auf- und Ablaufen der Wellen am Meer gleicht, ist viel lohnender, als festhalten zu wollen, was Ihnen zwischen den Fingern zerrinnt.

Sie haben Hunger? Essen Sie etwas! Sie haben das Glück, in einer Gesellschaft zu leben, in der das möglich ist.

Ihnen tut die Hüfte weh? Wie wäre es, wenn Sie sich anders hinsetzen würden, oder vielleicht, was ohnehin besser ist, herumlaufen?

Probleme bekommen Sie, wenn Sie Empfindungen konservieren. Die negativ gefärbten, aber auch die positiven. Selbst eingemachte Marmelade, ein von Ihnen gemaltes Bild, eine passable Golfpartie oder meinetwegen auch Bridge, wenn es fürs Golf heute nicht reicht – all das ist besser als eingepökelte negative Empfindungen!

Noch mal: Nicht vermeiden, wegdrängen, unterdrücken! Nein, lassen Sie voll da sein, was sich an Monstern und Lemuren in den Leuchtstrahl Ihrer Wahrnehmung drängt. Beleuchten Sie es. Erst dann kann es sich auflösen.

Der Vergleich Ihres Alters mit der angeblich goldenen Jugend ist ein bisschen absurd, denn unser Gedächtnis arbeitet so, dass wir das Negative in der Vergangenheit ziemlich schnell vergessen. Im Rückblick bleibt dann nur das Positive übrig. Zurückblickend, sehen Sie eine verklärte Landschaft, die so nie gewesen ist, aber Ihnen die Gegenwart ruiniert, wenn Sie sie zum Vergleichsmaßstab stilisieren.

In Ihrer frühen Jugend war vielleicht Ihr Umgang mit sich selbst besser, die Zeit, die Sie sich und den Details Ihres Lebens gegeben haben. Weil nicht alles den ach so bedeutsamen Zwecken, vor allem dem Geld, untergeordnet war. Sie waren wichtiger als Ihr Job. Doch als Sie anfingen, Kompromisse zu machen, weil Sie vorwärtskommen wollten, nicht nur im Beruf, auch in der Beziehung, begannen sie, sich zu vergessen. Das könnten Sie ja ändern. Warum nicht?

»Ich habe mich noch nie getraut, mich selbst so rückhaltlos in den Mittelpunkt meines Lebens zu stellen.«[52]

Maren Kroymann sagt diesen Satz in einem Interview, in dem man sie bewundert, dass sie mit 68 noch ihre eigene Fernsehsendung bekam. Sie findet das:

> »Total antizyklisch! Eigentlich wäre ich jetzt Rentnerin. Ich bin alt, ich habe keine Familie, keine Kinder. Davor hatten früher alle Angst. Nun sehe ich an mir selbst, was man in diesem Alter alles machen kann. Es ist vielleicht die beste Phase meines Lebens.«[53]

Noch einer macht im Alter weiter sein Ding, immer wieder ein neues:

> »Ja, ich höre nie auf. Ich versuche, mich in einem Zustand zu halten, in dem ich immer etwas Neues lerne oder etwas Neues erlebe.«[54]

Clint Eastwood macht Filme, und er ist berüchtigt für seine Disziplin und seine Pünktlichkeit, auch im Alter von über achtzig.

> »Ich vergleiche die Phasen meines Lebens nicht. Jetzt ist es so gut wie damals ... Nicht zu viel über sich selbst nachdenken. Klar, ich schaue mich schon auch im Spiegel an und analysiere ein bisschen, wie ich gerade aussehe. Aber: Ich wollte mich nie zu ernst nehmen. Das führt nur zu Enttäuschungen.«[55]

Natürlich müssen Sie auch diese Statements nicht wichtiger nehmen als Ihre eigenen. Aber vielleicht können es Anregungen sein.

Denkt es – oder denken Sie? Wofür Meditation gut ist

Vielleicht kennen Sie diesen berühmten Satz des französischen Philosophen und Wissenschaftlers René Descartes aus dem 17. Jahrhundert:

»Ich denke, also bin ich.«[56]

Gott sei Dank stimmt das so nicht. Sie wären sonst arm dran. Tatsache ist, dass Sie kein einziges Ihrer großen Lebensprobleme mit Denken lösen werden.

Eigentlich spricht nichts gegen Denken. Die Menschheit wäre mit Sicherheit nicht dort, wo sie heute ist, wenn Menschen nicht denken könnten. Das Vorstellen von Situationen, das Ausmalen, »wenn ich das mache, passiert das, aber wenn ich es anders mache, dann ...«, ist die Voraussetzung aller Kreativität, von Wissenschaft und Fortschritt. Über das Denken verfügen können – genau hier allerdings liegt der Hase im Pfeffer. Denn im Alltagsleben gibt es viele Situationen, in denen wir keineswegs entscheiden können, ob wir jetzt denken wollen, ob es passen würde oder ob eigentlich Zeit für etwas anderes wäre.

Zum Beispiel, wenn Sie nachts um 3 Uhr aufwachen und anfangen zu grübeln, wie sicher Ihr Job ist, was das unklare Ergebnis der Vorsorgeuntersuchung bedeuten soll oder ob Sie sich beim Kauf des neuen Mountainbike übernommen haben. Es ist ja nicht so, dass dies irrelevante Fragen wären, und die richtigen Antworten würden Sie sicher erleichtern.

Aber morgens um drei ist definitiv nicht die Zeit dafür. Und diese Grübelei hat zudem meistens den Effekt, dass Sie danach nicht gelöst weiterschlafen, sondern den Rest der Nacht immer wieder hochschrecken und morgens übermüdet aufstehen. Diese Art zu denken macht Ihnen klar, dass Sie nicht der Herr – oder die Frau – im Hause sind. Sie wollen gar nicht denken, aber irgendetwas denkt einfach weiter.

Auch die Inhalte unseres Denkens sind keineswegs immer frei gewählt. Waren Sie schon mal eifersüchtig? Sie hatten eigentlich keinen Grund, aber Sie konnten einfach nicht aufhören, Ihrem Partner hinterherzuspionieren; immer wieder drängten sich quälende Bilder auf, in denen Sie ihn sich mit dieser Kollegin vorstellten, von der er sagte, dass sie ihn gar nicht interessiere. Natürlich ist Eifersucht nicht grundsätzlich Quatsch, vielleicht haben Sie ja eine feine Wahrnehmung. Aber es wäre schon richtig gut, wenn Sie die Inhalte Ihrer Gedanken kontrollieren könnten und ihnen nicht ausgeliefert wären.

Apropos kontrollieren: Wie oft prüfen Sie, ob Sie die Haustüre abgeschlossen haben, ob das Bügeleisen ausgesteckt war? Wenn Sie solch eine nette kleine Zwangssymptomatik entwickelt haben, sehnen Sie sich nach den Zeiten zurück, in denen Sie nicht die Haustür, sondern Ihr Denken kontrollieren konnten.

Wenn wir älter werden, wird oft die Grübelage mehr. Zum Beispiel über das, was werden wird. Die Zukunft. Oh ja. Eigentlich ist es ziemlich absurd: Wenn wir gar nicht mehr so viel Zukunft vor uns haben, fragen wir uns viel mehr als in jüngerem Alter, was wohl werden wird. Falls Sie schon mal in diesem Zustand waren und gut auf sich geachtet haben, ist Ihnen vielleicht aufgefallen, dass Ihre emotionale Seite umso mehr in den Hintergrund trat, je mehr Sie gedacht haben. Je mehr Sie sich in Ihre Denkgebäude hineinwühlen, desto weniger spüren oder fühlen Sie, was um Sie herum abgeht, was emotional zwischen Ihnen und den nächsten Menschen um Sie herum passiert. Manchmal scheint das geradezu eine Strategie zu sein: Weil wir mit bestimmten Gefühlen nicht so richtig klarkommen, denken wir über sie nach, versuchen, das emotionale Durcheinander übers Denken zu lösen. Besser geht es uns dadurch nicht, denn wir können aus emotionalen Sackgassen nicht durch unsere Kognition rauskommen, genauso wenig, wie Sie ein mathematisches Problem durch intensive Gefühle lösen können.

Wir haben zwei Hirnteile, über die wir unser Verhalten kontrollieren können, den linken und den rechten präfrontalen Kortex. Die haben nur wir Menschen. Um es sehr einfach zu machen – Neuropsychologen verzeiht mir: Der rechte kontrolliert über das Denken, der linke über die Emotionen, indem er Sie einfach Sie sein lässt. Gut wäre, wenn Sie lernen können, von dem einen in den anderen Modus zu switchen, je nach Bedarf. Aber es gibt keinen Schalter.

Sie könnten ja anfangen zu meditieren.

Warum denn das nun?

Esoterischer Kram!?

Ist es nicht!

Ich will Sie nicht missionieren, will Ihre Persönlichkeit nicht verändern! Meditation hilft Ihnen lediglich, besser durchs Leben zu kommen. Meditation ist eine uralte Technik, um sich nicht vom eigenen Denken ins Bockshorn jagen zu lassen.

Wie funktioniert Meditation? Anschauen kostet nichts.

Der Anfang geht ganz einfach:

◆ Üben Sie in einem Raum, in dem Sie für die nächsten zwanzig Minuten niemand stört, in dem Sie sicher allein sind. Die Welt geht auch nicht unter, wenn Sie gestört werden, aber es ist einfach hinderlich und lenkt Sie von sich selbst ab, wenn Sie erklären müssen, was Sie da machen, und so weiter.

◆ Setzen Sie sich auf einem harten, stabilen Stuhl gerade hin, die Rückenlehne brauchen Sie nicht. Versuchen Sie, auf Ihren Sitzbeinhöckern zu sitzen: Das sind die beiden Knochen, die Sie in Ihrem Hintern spüren, wenn Sie sich auf die Kante eines Stuhls setzen, bei dem Sie Ihre Oberschenkel annähernd waagrecht halten. Wenn Sie den Rücken ungefähr gerade halten und sich etwas nach hinten neigen, spüren Sie, dass sich Ihr Gewicht von den Oberschenkelmuskeln auf die Sitzbeinhöcker verlagert. Das ist nicht so schwierig, denn andere Knochen, die Sie spüren könnten, gibt es da nicht.

◆ (Sie können sich auch schon ein Meditationskissen gekauft haben und auf dem anfangen, aber damit ist es schwieriger, das Geradesitzen zu lernen, wenn Sie nicht einen Lehrer haben, der Sie korrigiert. Mit Lehrer ist meditieren sowieso am besten, aber wahrscheinlich sind Sie am Anfang zu schüchtern oder zu faul, um sich einen zu suchen. Wenn Sie auf dem Meditationskissen sitzen, können Sie die Beine in den halben oder vollen Lotussitz verschränken. Vielleicht finden Sie so besser zu Ihrer Mitte. Darauf kommt es anfangs aber nicht an. Experimentieren Sie, wie Sie sich am besten konzentrieren können, darauf kommt es an.)

◆ Halten Sie den Rücken gerade und nehmen Sie die Schultern zurück, »wie die Geier ihre Flügel halten«, legen Sie die Hände so aufeinander, dass die Mittelgelenke der Finger übereinanderliegen und die Daumenspitzen sich berühren, sodass die Zeigefinger und die Daumen ein Oval bilden – mehr oder weniger.

◆ Den Kopf halten Sie bitte so, dass der höchste Punkt am Hinterhaupt »den Himmel tragen« könnte; ich klopfe zur Probe immer ganz leicht auf die Platte, um ein Gefühl dafür zu bekommen.

◆ Atmen Sie drei- oder viermal tief in den Bauch ein, und dann lassen Sie die Luft so weit wie möglich aus sich raus. Eigentlich können Sie nicht in den Bauch atmen, denn die Luft kann nur in Ihre Lunge gehen, und die ist im Brustraum. Atmen funktioniert so, dass Sie entweder den Brustkorb erweitern oder das Zwerchfell nach unten bringen. Das Zwerchfell ist ein platter Muskel, der Brust- und Bauchraum trennt und der im Zustand der Ausatmung nach oben gewölbt ist; beim Einatmen zieht er sich zusammen und erweitert so den Brustraum. Da zwischen der elastischen Lunge, der Brustwand und dem Zwerchfell Unterdruck herrscht, dehnt sich die Lunge aus, wenn das Zwerchfell sich kontrahiert. Diese Ausdehnung der Lunge schafft mehr Raum, in den die eingeatmete Luft strömt.

Gott sei Dank müssen wir das alles nicht wissen, um zu atmen, und schon gar nicht darauf achten, denn sonst wäre es fraglich, ob die Menschen überhaupt überlebt hätten. Es geht automatisch.

◆ Aber, und jetzt kommen wir dem Kern der Meditation schon näher, achten sollen Sie auf Ihre Atmung! Konzentrieren Sie sich auf Ihre Atemzüge. Damit Sie sicher sind, dass Sie das auch wirklich tun, sollten Sie sie zählen, von eins bis zehn, und dann wieder bei eins anfangen.

◆ Um das zu starten, atmen Sie, wie gesagt, drei- bis viermal tief ein und aus, jetzt wissen Sie ja, wie es geht, und dann halten Sie in der Ausatmung an – der Brustkorb ist klein, das Zwerchfell nach oben gewölbt –, bis der Druck, einzuatmen so stark wird, dass Sie ihm gerne nachgeben: ein – und – aus – und – ein – und – aus … und so weiter.

◆ Achten Sie bitte auf Folgendes:

wie die Luft einströmt und wie sie ausströmt, und – wenn möglich – auch noch auf die Zwischenräume, in denen sich die Richtung ändert, vom Einatmen zum Ausatmen und vom Ausatmen zum Einatmen.

◆ Machen Sie das nicht halb automatisch, um den Rest Ihrer Aufmerksamkeit für andere wichtige Dinge übrig zu haben, sondern achten Sie so sehr auf die Atmung »... als hinge Ihr Leben davon ab!«[57].

◆ Vorher haben Sie Ihr Handy in den Flugmodus gestellt – telefonieren sollten Sie jetzt ja nicht wollen – und dann den Meditationszeitraum eingestellt – auf 10, 15, 20 Minuten – fangen Sie klein an, sodass Sie nicht auf die Uhr schauen müssen. Denn das wäre schon wieder eine Ablenkung aus dem Zustand der vollen Konzentration. Sie werden sich wundern, wie oft Sie gerne auf die Uhr schauen würden, oder sich fragen, ob Ihr Handy vielleicht plötzlich den Geist aufgegeben hat, weil es so lange dauert, oder ob Sie es falsch eingestellt haben, auf eine Stunde und 10 Minuten zum Beispiel.

◆ So gut der Zustand völliger Konzentration Ihnen tun wird, so schwer ist er durchzuhalten. Wenn Sie merken, dass Sie zu zählen aufgehört haben und schon darüber nachdenken, was Sie heute wohl zu Mittag essen werden oder ob sich endlich jemand Interessantes auf Ihre Parship-Partnersuche gemeldet hat, dann sollten Sie sich nicht innerlich und schon gar nicht äußerlich beschimpfen, sondern einfach Ihre Aufmerksamkeit auf den Atem richten und wieder zu zählen beginnen. Indem Sie bei der Eins anfangen. Es geht nicht darum, sklavisch zu zählen, sondern ein Gefühl dafür zu bekommen, wie Sie Ihre Aufmerksamkeit halten können. Das können Sie anfangs sehr oft üben, denn Sie glauben gar nicht, wie oft Sie abschweifen.

Sitzen, die Hände ineinander legen, die Augen schließen und ausatmen. Erst wieder einatmen, wenn Sie den Drang verspüren. In der Folge ruhig ein- und ausatmen und die Atemzüge zählen: ein – aus – 1, ein – aus – 2, und so weiter. Wenn Sie bei 10 angekommen sind, fangen Sie wieder von vorne an. Von vorne fangen Sie bitte auch an, wenn Sie nicht mehr wissen, bei welcher Zahl Sie angekommen sind. Wie die meisten Menschen fangen Sie zwischendrin ungewollt plötzlich zu denken an und vergessen das Zählen. Sie wollten gar nicht denken, wenn man Sie fragt; »es« hat plötzlich gedacht.

Das war's. Für den Anfang, ja.

Wenn Sie das jeden Morgen machen, werden Sie nach einigen Monaten merken, dass Sie ruhiger und konzentrierter werden, dass Ihre üblichen Stressoren allmählich den Einfluss auf Sie verlieren und dass es Ihnen schlicht und ergreifend gut geht.

Diese Anleitung habe ich Ihnen zum »Reinschmecken« gegeben. Damit Sie nicht als Erstes ein Buch kaufen müssen. Es gibt aber jede Menge guter Bücher zum Thema Meditation, mehr oder weniger spirituelle, für jeden etwas. Es gibt auch

Bücher mit Meditationsanleitung auf CD, da brauchen Sie nur zuzuhören.

Gehen Sie in die Buchhandlung und finden Sie raus, was Sie anspricht, mir gefallen die Bücher von Jon Kabat-Zinn[58]. Ein witziges Meditationsbuch ist von Chade-Meng Tan: *Search Inside Yourself* – auf deutsch oder englisch[59]. Er war Empfangschef für die berühmten Gäste bei Google, quasselt viel und begeistert, aber trotzdem ist es nach meinem Empfinden eines der besten Meditationsbücher für Menschen aus dem Westen.

Es kommt sowieso nicht auf das Buch an, sondern auf Sie.

Jetzt oder nie!

Es bleibt nicht alles beim Alten. Auch wenn wir gerne den Anschein erwecken, wir blieben gleich: Wir verändern uns, wenn wir älter werden. Nicht in allen Bereichen unserer Seele, aber in manchen, und auch hier wieder – jede/r anders.

Bei vielen nimmt die Sensibilität mit dem Alter zu. Sie werden empfindsamer, was manchmal empfindlicher bedeutet, bemerken Gefühle, die Sie nicht kannten, Empfindlichkeiten, die Ihnen noch nie aufgefallen sind. Bei eigentlich gar nicht so sentimentalen Filmen stehen Ihnen plötzlich Tränen in den Augen. Manchmal werden Sie auch verletzlicher oder aggressiver. Das können Sie erst mal nicht ändern, aber es hilft schon, wenn Sie es wahrnehmen und zumindest die Möglichkeit zulassen, dass es nicht an den doofen anderen liegt.

Diese Intensität Ihrer Gefühle, die Sie jetzt, im Alter, gar nicht erwartet hätten, verwirrt Sie. Woher diese erhöhte Empfindsamkeit kommt, ist nicht klar. Manche Schauspieler, die in die Jahre gekommen sind, berichten, das Lampenfieber sei jetzt schlimmer als früher, obwohl sie vielmehr Erfahrung haben. Auch wenn Sie Ihre erhöhte Sensibilität nicht verstehen, könnten Sie sie vielleicht nutzen, zum Beispiel um die Missverständnisse der letzten Jahrzehnte aufzuklären und aus der Welt zu schaffen. Vielleicht wäre es Zeit, sich zu entschuldigen, zum Beispiel bei Ihren Kindern oder bei Freunden.

Wozu das gut sein soll?

Ihre Kinder könnten Ihre Freude und Ihr Trost im Alter sein, zu Zeiten, in denen es um Sie herum einsamer wird, wenn – ja wenn Sie im Verlauf der sogenannten Kindererziehung und des Lebens danach nicht ziemlich viel Porzellan zerschlagen hätten, vielleicht nicht nur Porzellan. Ähnliches gilt für Menschen, mit denen Sie einmal gut Freund waren; jetzt im Alter werden Freundschaften kostbarer, einfach weil sie seltener werden. Hundertjährige sagen, das Schwierigste am hohen Alter sei der Verlust von vertrauten und befreundeten Menschen. Sie sind weggestorben, oder es fiel einem nichts Besseres ein, als sich über uralte Streitigkeiten zu entfremden.

Das ließe sich ändern, wenn Sie Ihre neu entdeckte Sensibilität nutzen würden, um etwas gegen die eigene Verhärtung zu tun. Sprechen Sie über die alten Kränkungen, die alten Wunden. Lassen Sie es zu, dass wieder Gefühle hochkommen! Wenn Sie heulen müssen, heulen Sie, denn Heulen heilt. Und wenn Sie wütend sind, lassen Sie's raus. Schreien heilt auch, solange Sie sich und nicht die anderen anschreien. Ihre gerade der Pubertät entronnenen Enkeltöchter werden Sie toll finden! Das schaffen Sie nicht? Doch, zum Beispiel im Gespräch mit einem Psychotherapeuten.

Psychotherapie – jetzt mit über sechzig? Brauchen Sie jetzt einen *Shrink**? Bis jetzt haben Sie es doch auch ohne geschafft! Das ist nicht ganz richtig. Denn dass Sie es »geschafft« haben, heißt weder, dass Sie mit Ihren ebenfalls alt gewordenen seelischen Problemen, oft Folgen von problematischen Lernerfahrungen oder Verwundungen, gut

---

* Kalifornische Bezeichnung für den Psychotherapeuten, den viele aufsuchen, anscheinend um sich zurechtschrumpfen zu lassen …

zurechtgekommen sind. Und es heißt auch nicht, dass Ihre Probleme in Zukunft nicht immer nerviger werden: Jetzt, im Alter, wenn die früheren Prioritäten von Beruf und Kindererziehung verblassen, rücken Sie und Ihre Persönlichkeit in den Vordergrund und damit auch Ihre Schwächen. Und manche Arten von traumatischen Störungen machen sich oft im Alter erst richtig bemerkbar, wenn sich die Alltagsstruktur abschwächt.

Ihre Ankunft im Alter heißt auch, dass Sie etwas besser machen könnten. Zum Beispiel in den Beziehungen zu Kindern und Freunden. Psychotherapie kann helfen.

Aufmerksamkeit für die alternde Seele: Jetzt haben Sie die Chance, etwas mehr auf sich aufzupassen, darauf zu achten, mit was Sie Ihren Geist beschäftigen, morgens und vor dem Einschlafen und zwischendrin ruhig auch. Denn Sie sind, was Sie in Ihren Kopf lassen, und wenn Sie sich mit lauter Widrigkeiten beschäftigen, geht's Ihnen gräulich. Dabei kommt es nicht nur auf die Inhalte an, sondern auch auf das »wann« und das »wie«.

Ein Vorschlag – machen Sie es wie im Flugzeug: »Bitte schalten Sie alle elektronischen Geräte aus.« Beziehungsweise: Schalten Sie sie gar nicht erst ein, morgens nach dem Aufwachen. Denn gerade da spielt es eine Rolle, wie Sie mit Ihrem Geist und Ihrer Seele, wie Sie mit sich umgehen. Schon wenn Sie wach werden.

Zuerst stellen Sie fest, dass Sie einfach nur da sind. Dann beginnen Sie, sich zu orientieren: Sie überprüfen, wo Sie sind, in welchem Zustand Ihre Umgebung ist, ob – falls vorhanden – Ihr Partner, Ihre Partnerin neben Ihnen liegt oder vielleicht schon aufgestanden ist. Wie ist das Wetter? Das Erste, was Sie nach dem Wachwerden wahrscheinlich tun, ist herauszufinden, ob noch alles beim Alten ist. Ist es, wie schon gesagt, ehrlicherweise nicht. Jeder Tag ist neu und anders? O Schreck!

Machen Sie sich erst mal einen Kaffee oder Tee und setzen Sie sich in Ihren favorisierten Sessel, immer noch ohne »elektronische Geräte«. Dieser Moment der Orientierung, bevor Sie in das alltägliche Netzwerk Ihrer Gedanken und Aufgaben eintauchen, ist kostbar. Jetzt können Sie etwas über sich erfahren, was von der Nacht übrig ist, wie es Ihnen geht, wo Sie persönlich gerade stehen, bevor Sie sich wieder von all dem Wichtigen aus der Welt beeinflussen lassen, das mit Ihnen direkt doch kaum etwas zu tun hat. Ehrlich. Sie müssen für einen Moment nichts machen, Sie werden nicht von irgendwelchen Emotionen geschüttelt, Sie sind einfach Sie selbst.

(Depressive Menschen haben mit diesem Moment oft ihre Schwierigkeiten, weil sie merken, dass sie nicht so sind wie sonst.)

Jetzt haben Sie zwei Möglichkeiten: Sie können noch bei sich bleiben oder Ihre Aufmerksamkeit von sich weglenken.

Was bedeutet das?

Wenn Sie diesen Zustand mögen, werden Sie vielleicht versuchen, ihn auszudehnen. Sie könnten zum Beispiel bewusst auf Ihre Atmung achten: Wie fühlt sich das an, wenn Sie einatmen, ausatmen, was in den Zwischenräumen, zwischen Ein- und Ausatmen passiert? Die eigene Atmung zu erleben, kann beglückend sein – Sie leben, ohne groß darüber nachzudenken.

Diese Übung ist nicht wichtig, weil die Zahl Ihrer Atemzüge irgendeine Bedeutung hätte, sondern weil Sie merken, wie Ihre Aufmerksamkeit und Ihr Denken funktionieren.

Aufmerksam auf Ihre Atmung oder Ihre Körperhaltung zu achten, bedeutet, in diesem Moment zu bleiben, im Hier und Jetzt. Wenn Sie anfangen zu denken, entfernen Sie sich aus der Gegenwart, gehen in Vergangenheit und Zukunft, weg von sich und zu Dingen, die Sie vielleicht für wichtig halten, aber die Sie in diesem einzigartigen Moment gar nicht betreffen.

Wesentlich ist, dass Sie ein Gespür für diesen Wechsel aus Wahrnehmen und Denken entwickeln. Denn dieses Wechselspiel findet den ganzen Tag statt, prägt Ihren Wachzustand. Sie haben die Wahl, sich auf einzelne Momente zu konzentrieren, mit sich im Mittelpunkt, oder Ihrem Denken seinen Willen, Ihre Gedanken schweifen zu lassen – und sich darin zu verlieren. Phantasiereisen können auch was Nettes haben, doch einzigartig sind die einzelnen Momente. Das Leben passiert in jedem Augenblick.

Wie Sie mit Ihrer Aufmerksamkeit und Ihrer Gedankenwelt umgehen, wie sehr Sie im Hier und Jetzt leben oder in der Welt Ihrer Erinnerungen, Planungen, Bewertungen, das macht Ihre Persönlichkeit aus.

Dass Sie sich damit beschäftigen können, ist ein Vorteil des Alters, denn Sie brauchen Zeit dafür. Die haben Sie nicht, wenn Sie gleich nach dem Klingeln des Weckers den drängenden Notwendigkeiten des Alltags ins Auge sehen müssen. Natürlich können Sie das auch als junger Mensch, aber da ist es viel schwerer, sich diesen Freiraum zu geben. Was Ihnen im Alter die Beschäftigung mit sich selbst erschwert, sind negative Überzeugungen von sich selbst, die aus unbewältigten emotionalen Erlebnissen entstanden sind. Sich abzulenken, ist der einfachste Weg. Aber gerade damit sollten Sie sich auseinandersetzen, denn solche negativen Überzeugungen vergällen Ihr Leben nachhaltig. Und bei dieser Auseinandersetzung hilft Ihnen die Fähigkeit, immer wieder ins Hier und Jetzt gehen zu können. Denn Sie sind mehr als das, was Sie an Erinnerungen und Erfahrungen von sich mitbringen. Es kommt darauf an, wie Sie jeden Moment, diesen und den nächsten, leben.

Wenn Sie das nicht wollen, greifen Sie zum Handy, hauen Sie sich vor die Glotze! Ihr Handy, dieses elektronische Gerät, das schon lange viel mehr als ein Telefon ist und Ihren Alltag am stärksten dominiert, ist ein hoch effektives Hilfsmittel, um von sich Abstand zu gewinnen; anders ausgedrückt: sich von sich selbst zu entfremden.

Stellen Sie sich vor:

Sie wachen auf. Ihr erster Griff geht zu Ihrem Handy, zum Beispiel um die Zeit zu checken, wenn Sie nicht sowieso durch die Weckfunktion wach wurden. Ein weiterer Blick: Hat mir jemand gesimst, hat jemand angerufen? E-Mails? Und dann überprüfen Sie gleich noch die wichtigsten Nachrichten. Schwupp, schon sind Sie weit, weit weg von sich selbst.

Sie machen das natürlich freiwillig, aber es fühlt sich an wie ein Sog, der von diesem Gerät und seinen vielen Möglichkeiten ausgeht; manchmal ist es schwer, dem zu widerstehen. Warum sollten Sie? Spielt es wirklich eine Rolle, mit was Sie sich beschäftigen?

Um das herauszufinden, schlage ich Ihnen Folgendes vor:

◆ Bleiben Sie morgens nach dem Aufwachen liegen und achten Sie auf Ihre Atmung wenn irgendwelche Gedanken kommen, lassen Sie sie gehen und atmen weiter.

◆ Alternativ schnappen Sie sich am nächsten Morgen Ihr Handy und ziehen die übliche Routine durch.

Und dann schauen Sie, wie Sie sich anfühlen, ob Sie Lust auf den Tag haben, auf das Frühstück, ob Sie Lust haben, etwas Ungewöhnliches zu tun, etwas Neues auszuprobieren, ob Sie plötzlich mit einem Gefühl, einer Erinnerung konfrontiert werden, die Sie nicht mehr kannten. Oder ob Sie sich schon vor dem Frühstück über Trump aufgeregt haben, über die subtil diffamierenden Schlagzeilen zum Flüchtlingsproblem, alternativ über den nächsten vergewaltigenden Ausländer, über …

Sie haben die Wahl, wie Sie mit sich umgehen, und auch das ist ein Vorteil des Alters, und was Sie dann machen.

Die Kinder sind schon lange raus und jetzt, im Ruhestand, gibt es im Prinzip auch keinen Zeitplan mehr, dem Sie folgen müssten. Was Sie jetzt tun, ist allein Ihre Entscheidung. Sie sind der Herr respektive die Frau im Haus.

Auch das geht die Seele an, wenn wir älter werden:

»Meine Frau, sie ist gestorben.«

»Wollen Sie darüber reden?«

»Nein.«

Ich verstehe, dass Sie nicht darüber reden wollen. Wahrscheinlich haben Sie Angst, dass Sie in Tränen ausbrechen würden, und das wollen Sie nicht, vor Dritten nicht und auch nicht alleine. Denn Sie wissen nicht, ob Sie Ihre Trauer dann noch kontrollieren könnten.

Eigentlich müssten Sie das gar nicht. Denn den Emotionen und dem Kontakt zu anderen tut es gut, wenn Kontrolle mal nicht alles ist, wenn einmal etwas Unkontrolliertes von uns zum Vorschein kommt.

Andererseits: Wenn Ihre Frau schon drei Jahre tot ist, wäre es gut, darüber zu sprechen, um die Trauerphase abzuschließen. Denkt der Psychotherapeut.

Sie fürchten, dass Sie Ihre Frau vergessen könnten? Das ist Unsinn. Sie werden Ihre Frau nie vergessen. Aber Sie könnten Ihre Trauer abschließen, weil danach wieder etwas Anderes Platz in ihrem Leben fände. Vielleicht auch ein anderer Mensch. Und Sie wären nicht mehr so einsam. Irgendwo stand: Es ist nicht gut, dass der Mensch allein sei.

Noch was für die alternde Seele: gelassen alt werden.

Was soll das schon wieder heißen: gelassen?

Sich nicht aufzuregen, Ihr Stresssystem dort nicht zu aktivieren, wo Aufregung und Stress nichts bewirken. Zum Beispiel: Auch wenn Sie noch so sehr im Viereck springen, können Sie nicht ändern, dass Sie alt werden. Stress habe ich nicht einfach so hingeschrieben. Stress ist sehr real ein System unseres Körpers, das aktiviert wird, wenn Aktion notwendig ist, um einer Gefahr zu entgehen, das Sie aber bei chronischer und wirkungsloser Aktivierung krank macht.

Also gelassen werden. Eine Buddha-Statue kaufen und Räucherkerzen davor anzünden? Ommhh machen?

Das wäre ein Weg, aber nicht der einzige. Tatsächlich leben buddhistische Meister länger und gesünder als der Durchschnitt, aber das tun christliche Mönche und Nonnen auch. Spiritualität hat eine antistressende und lebensverlängernde Wirkung. Sie wirkt nicht gegen alles, Krebs-Erkrankungen gehen davon nicht weg, aber alle Stressfolge-Erkrankungen werden besser: Diabetes, Hochdruck, Herz-Kreislauf-Erkrankungen.

Wie kann Gelassenheit solch eine Wirkung entfalten?

Stress in unserer Gesellschaft ist zum großen Teil Produkt unseres Denkens. Meditation, ein Instrument der Spiritualität, wirkt gegen Denken und Grübeln. Wahrscheinlich ist es das einzig wirksame Mittel.

Ob Sie religiös werden und nach welcher Spielart Sie leben, ist Ihre höchstpersönliche Entscheidung, in die Ihnen niemand hineinzureden hat. Ruhiger und gelassener zu werden, indem Sie mehr Abstand zum Denken und mehr Zugang zum Fühlen und Erleben bekommen, wird Ihr Leben besser machen. Davon können Sie immer, aber vor allem im Alter profitieren.

Das Schwierigste: Sicherheit gibt es nicht.

Sie haben endlich mit dem Rauchen aufgehört, Gewicht reduziert und joggen jetzt jeden Morgen; es macht sogar Spaß. Sie haben das Richtige getan. Ohne Zweifel. Trotzdem gibt es keine Sicherheit, dass Sie dem Herzinfarkt, dem Schlaganfall, dem Krebs entgangen sind. Diese Heimsuchungen sind durch Ihre Hinwendung zum gesunden Leben weniger wahrscheinlich geworden. Aber ausgeschlossen sind sie nicht.

Warum?

Weil es im Leben überhaupt keine Sicherheit gibt. Sicherheit ist ein Produkt unseres Wunschdenkens, eine Illusion. Eine einzige Sicherheit gibt es allerdings – dass wir sterben werden. Das macht das Leben so unvergleichlich und so besonders.

Wie bitte? Das wollten Sie jetzt nicht wissen? Vielleicht wollen Sie folgendes Zitat lesen:

>»Wenn die Menschen unsterblich wären, würden sie weniger nachdenken. Und wenn die Menschen weniger nachdenken würden, wäre das Leben weniger schön.
Ohne die Absurdität des Lebens und die Existenz des Todes wäre weder *Die Zauberflöte* noch *Romeo und Julia* geschrieben worden. Warum hätte irgendwer sollen?«[60]

Sie können ruhig Leonard Cohen, Pink Floyd, Wagner oder Bach einsetzen. Vielleicht vor allem Bach. Wenn Sie die »Johannespassion« gehört haben, in einer Vorstellung von »Romeo und Julia« waren oder Leonard Cohens »Halleluja« hören, dann geht Ihnen vielleicht auf, wie kostbar der Augenblick ist, in dem das geschieht. Dafür haben Sie auch erst jetzt so richtig Zeit, in Ihrem Alter. Wenn Sie die Musik wahrnehmen und die Worte hören, entstehen Ihre Gefühle. Im Moment. Jetzt. Das ist der Grund, warum wir im Alter umdenken sollten, warum es unbedingt notwendig ist, dass wir den Augenblick wertschätzen.

Die Lebensauffassung, die gegenwärtig so hoch im Kurs steht, hätschelt die Unsterblichkeitsillusion, ohne dieses Wort zu benennen. Wir halten lauter Dinge für wichtig, die für die Dauer bedeutsam wären, Geld, Haus, und – na ja – Prestige, was die Nachbarn von uns halten. Die Dauer gibt es aber nicht. Es gibt Momente, in denen etwas entsteht und in denen etwas vergeht. Dahin gehört der Spruch mit den »Lilien auf dem Felde, den Vögeln unter dem Himmel«. Wenn Sie das tief in sich reinlassen, kann es passieren, dass Sie sich nicht mehr sorgen. Dauerhaft ist der Wechsel. Die Hinduisten haben diese Tatsache mit dem Gott Shiva personifiziert, der beides tut: zerstören und neu schaffen. Dass der ständige Wechsel Leiden schafft, weil Anhaften eine menschliche Grundeigenschaft ist, lehrt der Buddhismus.

So! Jetzt habe ich in wenigen Zeilen drei unterschiedliche religiöse Ansätze erwähnt, die alle das gleiche Thema haben: Wechsel. Erlauben Sie mir die Frage, ob es nicht gut wäre, wenn wir uns stärker als bisher mit Spirituellem beschäftigten. Im Alter allemal.

Ja, ich weiß schon: Spirituelle Themen scheinen nicht so gut in unsere Zeit zu passen. Deswegen haben viele in den christlichen Kirchen, die immer zeitgemäß sein wollen, das Spirituelle fast vergessen.

Spiritualität ist kein Larifari. Sie ist die Essenz unseres Lebens, auch Ihres. Mit ihr tun sich aber viele schwer, auch und gerade viele Religionen, vor allem die staatlichen. Die Politik allemal. Das »C« in den Parteinamen ist sicher kein Ausdruck von Spiritualität. Sie können also ruhig weiter C-Parteien wählen und müssen nicht zu A-Parteien wechseln, wenn Sie mit Spiritualität nichts zu tun haben wollen. Aber Spiritualität ist eine starke Kraft. Unterschätzen Sie sie nicht. Der Umgang der Rotchinesen mit den Tibetern ist unmenschlich. Die Chinesen glauben, diese Grausamkeiten rechtfertigen zu können, weil sie den Buddhismus als den tiefsten denkbaren Widerspruch zu ihrem schönen, neuen Staatskapitalismus erleben. Ein aus ihrer Sicht bedrohlicher Widerspruch. Nicht Trump, schon gar nicht die EU, sondern ein paar arme Mönche.

Wo bin ich da hingeraten: Kapitalismus? Da war doch was? Entfremdung? Spiritualität bringt den Einzelnen zu sich, in jedem einzelnen Moment. Jetzt oder nie. Nie? Wahre Spiritualität spielt sich in Ihnen, im einzelnen Moment ab. Jetzt – oder nie.

In der Geschichte mit den klugen und den törichten Jungfrauen geht es um verpasste Momente, aus denen die Chance auf ein neues Leben hätte entstehen können. Akzeptieren Sie, dass Sie kostbar sind, in jedem Moment. Auch wenn Sie ein unerträglicher, selbstbezogener Idiot sind. Selbsterkenntnis bedingt Wandel. Bleiben Sie bei sich und lassen Sie sich nicht zerstreuen!

Pflegen Sie die kostbaren Momente des Tages, in denen Sie die Chance bekommen, sich selbst zu begegnen. Für den einen ist es der Morgen, nach dem Aufwachen, der erste Kaffee – für den anderen der Abend, Sonnenuntergang, vielleicht ein Glas Rotwein.

Wertschätzen Sie diese Momente! Verdaddeln Sie die nicht mit Ihrem Handy, dem Computer, den E-Mails oder mit der Glotze. Bleiben Sie bei sich, und schauen Sie, was entsteht.

Angekommen! – Altersweisheit

Sie sind nicht glücklich? Glaubt man Barry Schwartz, einem Psychologieprofessor vom Swarthmore College in Philadelphia[61], so liegt das daran, dass Sie zu viele Wahlmöglichkeiten haben: Statt der einen Jeans, die Sie immer schon getragen haben, können Sie heute zwischen mindestens zwölf verschiedenen Varianten wählen, statt dem griechischen Joghurt, der Ihnen schmeckte, müssen Sie sich zwischen mindestens fünf Joghurts entscheiden. Das Gleiche gilt für die Innenausstattung Ihres neuen Wagens, für Krankenversicherungen und und und ...

Das wäre nicht schlimm, wenn das Auswählen nicht so viel Zeit kosten würde. Angesichts dieser vielen Wahlmöglichkeiten entsteht ständig das Gefühl, dass es vielleicht doch noch eine bessere Variante gäbe. Und wenn Sie sich entschieden haben – irgendeine Hose müssen Sie ja anziehen! –, tauchen Zweifel auf, ob Ihre Wahl wirklich die beste war. Die Suche nach dem immer noch Besseren raubt Ihnen das Gefühl der Zufriedenheit, vom Glück ganz zu schweigen. Dieses Prinzip finden Sie auch bei den Sportarten, die Sie betreiben könnten, inklusive der tollen, nur dafür geeigneten Kleidung, oder bei den Restaurants, die Sie ausprobieren könnten. Gibt es nicht doch noch einen besseren Italiener, ein besseres Steak in Ihrer Stadt? Und wer ist nun der beste Arzt für Sie?

Natürlich sind Sie auf Ihrer Suche längst im Internet angelangt und finden neben wirklich allem, was Sie suchen, einen bis viereinhalb Sterne. Das heißt, einen finden Sie nicht, denn mit einem Stern braucht man gar nicht erst im Internet zu werben. Da kauft man sich lieber noch zwei bis drei dazu! Sie können sowieso nicht mehr unterscheiden, welche Meinung echt und welche gekauft ist. Und selbst wenn sie echt ist, wenn jemand diesen Arzt als die Offenbarung und den bestmöglichen anpreist – es ist immer ein anderer Mensch, mit seiner Meinung, die mit Ihrer überhaupt nicht kompatibel sein muss, eigentlich gar nicht sein kann.

Zum Verzweifeln?

Die gute Botschaft: Je älter Sie werden, desto besser ist Ihre Chance, diesem Terror zu entrinnen. Aus drei Gründen: Ihre Fähigkeit nimmt ab, im Wettbewerb der Maximierung und Optimierung mitzuhalten. Sie sind auch gar nicht mehr dazu motiviert, es kommt Ihnen doof vor, sich immer den neuesten Trends anzupassen. Und Sie haben es gar nicht mehr nötig! Denn mit zunehmendem Alter stellen Sie fest, dass Sie mit einfacheren Lösungen zufrieden sind. Wie Biolek sagte:

> »So ist der Mensch: Wenn eine Sache nicht mehr geht, sucht er sich Ersatz und freut sich über andere, kleinere Dinge, die noch möglich sind, die einem früher gar nicht aufgefallen sind. ... Ein Blick aus dem Fenster auf den Park. Ich beobachte, wie sich die Jahreszeiten ablösen und die Natur sich verändert.«[62]

Vergleichen gehört in die Kategorie »Denken«, und das ist gut fürs Planen und Bilanzieren, aber nicht für die Akzeptanz des Augenblicks. Beides trägt zu Ihrem persönlichen Glück nichts bei, planen geht in die Zukunft, bilanzieren sagt Ihnen, was Sie rückblickend nicht so richtig gut gemacht haben. Akzeptanz hingegen ist das Spüren vom Hier und Jetzt, im Guten wie im Schlechten, ohne zu werten. Negative Empfindungen zulassen ebenso wie die guten, aber eben auch wahrnehmen, wenn der Schmerz, der Mangel aufhören. Das Gefühl für das erste Stück Brot, den ersten Schluck Wasser. Bewegung spüren, solange ich mich bewegen kann. Atmen. Das Bewusstsein, dass mit dem Altern vieles weniger wird, sensibilisiert uns für die Momente, in denen Gegenläufiges passiert.

Altersweisheit entsteht, wenn die Erwartungen abnehmen. Und die Ansprüche. Solange ich erwarte, dass mir das Leben all das bereithalten muss, was andere auch bekommen, entfremde ich mich von meinen tatsächlich vorhandenen Möglichkeiten. Und wenn sich diese Erwartung zu einem Anspruch verdichtet – »es steht mir zu!« –, dann bin ich auch noch empört, sollte dieses »es« nicht eintreten. Überlegen Sie doch mal, welche Geschenke die tollsten sind: die geplanten, oder die anderen, die Sie nicht vorher gesehen haben, die ganz unerwartet kommen? Überraschen müssen Sie sich lassen.

Diesem Frieden trauen Sie nicht? Da hätte ich doch etwas sehr Wesentliches übersehen? Die Freiheit. Ja, ich gebe es zu: Die Freiheit zu wählen, nimmt mit zunehmendem Alter ab. Allerdings wurde diese Freiheit in Ihrem bisherigen Leben von der Illusion begleitet, dass unsere Wahlmöglichkeiten unbegrenzt seien. Jetzt, wo wir alt sind, könnten wir immer noch wählen, aber die Wahlmöglichkeiten sind geschrumpft.

Schrecklich? Komischerweise: nein.

In der Kindheit beginnt es, dass sich der Horizont unserer Möglichkeiten langsam und dann immer mehr entfaltet. Schnell wird das große Ziel sichtbar, unsere Anlagen in der Weise zu entwickeln, wie es die Gesellschaft für richtig hält: Erst wird für uns entschieden, und wenn wir gelernt haben, in welche Richtung die Entscheidungen gehen sollen, übertreffen wir uns freiwillig noch.

Da das meiste davon Mühsal und Arbeit ist, muss sich die Wunscherfüllung immer weiter nach hinten verschieben:

»Der Ruhestand ist eine Zeit X in der Zukunft. Ich werde genug Geld haben, um zu tun, was ich will. Es stünde mir frei, an allen Aktivitäten teilzunehmen, die mir Spaß machen, und ich könnte jeden Tag auf erfüllende Weise verbringen.«[63]

Doch jetzt ist etwas Merkwürdiges passiert: Sie, die Alten, sind angekommen! Angekommen? Ja, jetzt und heute, in dieser Zeit X mit all ihren Verheißungen. Echt? Doch, ja! Sie können die kommenden Tage auf erfüllende Weise verbringen.

Machen Sie nicht einfach so weiter wie bisher, sonst verspielen Sie die Chance des Ruhestandes.

Einfach weiterzumachen, ist Folge unserer Gewohnheiten. Um glücklich zu werden, müssen wir uns ändern.

Ja, das ist ein Thema der wohlhabenden Länder. Vielleicht erklärt das, warum die weltweit glücklichsten Menschen in einem der ärmsten Länder, in Bhutan[64], leben.

Wie wird es weitergehen?

Mein Großvater überlebte die Demenz seiner Frau. In dieser Zeit lernte er Hausmann und wurde in dieser Disziplin ziemlich gut. Mit dem Alleinleben kam er gut zurecht, Einsamkeit war kein Thema. Er war geistig rege, las die Tageszeitung, Fernsehen war nicht so seins, auch über achtzig gab es keine Hinweise auf eine Verminderung seiner geistigen Kräfte. Er kochte sich seine Mahlzeiten selbst, ab und zu erlaubte er sich als Highlight ein Mittagessen in einem der besseren bayerischen Restaurants der Stadt. Sport im heutigen Sinn hat er nicht gemacht, und er fing natürlich auch im Alter nicht damit an, aber er ging gerne lange Strecken und fuhr mit Begeisterung Straßenbahn. Den Führerschein hat er nie abgegeben, aber nachdem er mir mit Mitte siebzig seinen geliebten VW-Käfer geschenkt hatte, fuhr er nicht mehr Auto. Er schlief immer gut. Mit seiner Gesundheit hatte er Glück, schwerere Krankheiten blieben ihm erspart. Aber mit über achtzig bekam er bei einer Grippe Zeichen einer Herzschwäche, die mit einem Digitalis-Präparat behandelt wurde, das er wohl nicht vertrug. Er setzte es irgendwann ab, ohne das zu erwähnen; meine Mutter, die sich regelmäßig mit ihm zum Mittagessen traf, glaubte von ihm gehört zu haben, dass er sich beim Treppensteigen etwas schwerer tue. Nach diesen Mittagessen telefonierten sie immer noch kurz, ob der andere gut wieder zu Hause angekommen sei, anschließend las er die Zeitung. Eines Tages, er war schon 84, nahm er den Hörer nicht ab, und weil das sehr ungewöhnlich für ihn war, fuhr sie durch die halbe Stadt zu ihm: Da saß er in seinem Sessel, hatte die Tageszeitung noch in den Händen und atmete nicht mehr. Eine Reanimation erübrigte sich.

So ähnlich würde ich mir das auch wünschen: Das Leben ohne nennenswerte Beeinträchtigungen leben und mich dann ohne großen Aufwand verabschieden. Aber wir können es weder wissen noch uns wünschen.

Was sind die großen Themen der Autonomie im Alter?

Wohnen, mobil sein, sich ernähren und selber seinen Körper pflegen zu können, sich zurechtzufinden, seine finanziellen und rechtlichen Angelegenheiten selbst im Griff haben, nicht hilflos und nicht abhängig werden, schnell und schmerzlos sterben. Ein ambitioniertes Programm! Schauen wir's uns an.

Wohnen: die kleine, aber nicht zu kleine Wohnung, die Sie sich mit den Dingen, die Ihnen etwas bedeuten und auf die Sie nicht verzichten mochten, eingerichtet haben. Ordnung halten, ist nicht Ihr Problem, einmal in der Woche kommt die nette Putzfrau mit Migrationshintergrund, die auch Ihre Blumen gießt, wenn Sie mal in Urlaub fahren. Diese Wohnung liegt im zweiten Stock, das entsprach Ihrem Sicherheitsbedürfnis. Dann sollte es sinnvollerweise einen Aufzug geben! Denn wenn Sie älter werden wollen, kann es sein, dass es mit dem Treppensteigen immer schwerer wird, von der Puste her und von der Kraft in den Beinen. Treppensteigen mit Unterarmgehhilfe, früher haben wir Krücken gesagt, ist Hochleistungssport, und wenn Sie das nicht ab fünfzig trainieren – warum sollten Sie? –, haben Sie mit achtzig in dieser Disziplin keine Chance.

Treppen können übrigens auch zum Problem werden, wenn Sie noch im eigenen Haus wohnen. Alternativ könnten Sie Bad und Schlafzimmer im Erdgeschoss einrichten oder einen Treppenlift installieren. Der kostet allerdings.

Ihre Freundin ist in dieses schöne Seniorenheim gezogen, zwei Zimmer, kleine Küche, Bad, möglicher Anschluss an die Pflegestation. Nein, so weit sind Sie noch nicht. Nein? Auch wenn Sie das gegenüber Ihren Kindern nie zugeben würden, – warum eigentlich nicht? –, denken Sie doch gelegentlich darüber nach. Das Hauptargument dagegen: Sie müssten sich von so vielem trennen, was Ihnen etwas bedeutet, Bücher, die Bonsais, Ihr schönes Geschirr, die vielen Garnituren Bettwäsche, wenn die Kinder mal zu Besuch kommen. Die könnten natürlich auch im Hotel wohnen.

Ein Psychiater würde sagen: Sie sind ambivalent. Das ist keine Krankheit, sondern beschreibt den Zustand, wenn Sie zwischen zwei Entscheidungsmöglichkeiten festhängen und sich weder für die eine noch für die andere entscheiden können. Machen Sie ruhig weiter so! Ich meine es ernst: Machen Sie weiter so, und lassen Sie ab und zu die Alternativen Revue passieren. Irgendwann sehen Sie klar und können sich entscheiden.

Seniorenheim, die Zweite: Ihre Freunde kennen alle alten Geschichten, die Sie so gerne erzählen: Ihre tollen Dinger, die Sie in Ihrer Jugend gedreht haben, Ihre drei Frauen, Ihr beruflicher Aufstieg – alles schon bekannt. Dabei erzählen Sie doch so gerne und haben es immer geschafft, über Ihre Geschichten gute Kontakte zu knüpfen. Leider verschwinden die alten Kontakte allmählich. In dem schönen Seniorenheim hätten Sie die Möglichkeit, dankbare Zuhörer zu finden. Sie sollten nur nicht zu spät dorthin ziehen.

Mobilität: Sie wohnen etwas außerhalb, im Grüngürtel. In die Stadt zu kommen, war nie ein Problem, denn Autofahren war Ihr Hobby, erst der Golf, dann für ein paar Jahre in einem Anfall von Größenwahn Ihres lieben Mannes der SUV, nach seinem Tod haben Sie sich einen Smart gekauft und lieben es, mit dem durch die Stadt zu kurven, überall eine Parklücke zu finden. Jetzt gehen Sie auf die Achtzig zu, und Ihr Sohn hat schon mal ganz behutsam nachgefragt, wie lange Sie noch fahren wollten. Vorsicht! Darüber wollen Sie nicht diskutieren, aber der Gedanke kommt Ihnen auch immer öfter.

Das Problem: Die nächste S-Bahn-Station ist einen Kilometer weg, und so rasant sind Sie nicht mehr zu Fuß unterwegs. Auf die Stadt wollen Sie nun einmal nicht verzichten, einmal in der Woche Bridge mit Ihren Freundinnen, vorher ein kleiner Einkaufsbummel und ein leckeres Mittagessen in Ihrem Lieblingscafé, abends wird es schon mal neun oder zehn, und da wollen Sie eigentlich nicht mehr mit der S-Bahn fahren. Wenn Sie den Smart verkaufen würden, könnten Sie sich eigentlich ohne Probleme ein Taxi leisten. Stimmt. Die Schwierigkeit ist, den richtigen Zeitpunkt zu finden. Was ist schon richtig? Wenn Sie mit dem Straßenverkehr nicht mehr zurechtkommen? Davon kann doch keine Rede sein. Umgefahren haben Sie schließlich noch keinen! Ehrlich gesagt wäre es auch nett, wenn Sie das nie, nie täten, denn abgesehen von dem Schaden, den Sie einem anderen zufügen, werden Sie sich von dieser Erinnerung auf Ihre alten Tage wohl nicht mehr erholen.

Wenn Sie sich sehr unsicher sind, können Sie mit einer Fahrschule eine Fahrt mit Fahrlehrer vereinbaren, damit der Ihnen sagt, was er von Ihrem Fahrstil hält. Das könnten Sie als Entscheidungshilfe nehmen. Wenn Sie sich unsicher sind, verkaufen Sie den Smart. Aber die subjektive Sicherheit ist auch kein hartes Kriterium, denn die hängt von der Selbsterkenntnis ab, zu der Sie in der Lage sind. Und die ist bei uns Menschen sehr unterschiedlich ausgeprägt.

Ernährung: Ich koche gerne. Das habe ich schon erwähnt. Auch so ein Altersproblem, dass man nicht mehr genau weiß, wann und wo man etwas erzählt hat. Also, mir macht kochen Spaß, ich koche auch für mich als einzelne Person, für zwei bis vier macht es mehr Spaß, ab sieben wird es Stress – aber das steht nicht mehr an. Ich glaube, dass diese Vorliebe bleiben wird, solange ich klaren Geistes bin. Ich kann mir nicht vorstellen, dass sich das ändern wird. Essen auf Rädern – na ja, wem's schmeckt. Andererseits: Wie war das mit Alfred Biolek? Der hat ja sogar Kochbücher herausgegeben, eines mit Eckart Witzigmann, meinem ungeschlagenen Kochhero, und er hat Menschen eingeladen, Feste gegeben, für sie gekocht. In einem Interview sagte er neulich: »Heute kann ich gerade noch Möhrchen schnibbeln.«[65] Mit Mitte achtzig. Schwer zu glauben? Er war gestürzt, lag lange im Koma und musste sich das Leben ganz allmählich wieder zurückerobern. Das Kochen ist dabei auf der Strecke geblieben. Biolek! Wenn Sie klug sind, machen Sie sich klar, dass auch Sie im Alter plötzlich Ihre Kernkompetenzen verlieren können. Ein Sturz, ein Schlaganfall, eine schwere Krankheit. Je älter Sie werden, desto wahrscheinlicher ist das. Die Hochbetagten aus der Berliner Altersstudie haben alle mehrere Krankheiten, nicht alle schwer, aber doch einschränkend.[66] – Die haben aber auch nicht Ihr Fitness-Programm absolviert, Falltraining und so weiter! Nein, haben sie nicht, weil es das damals noch nicht gab. Aber all das verbessert zwar Gesundheit und Lebensqualität, gibt Ihnen jedoch keinen absoluten Schutz. Passieren kann ein Desaster immer. Auch Ihnen. Und dann wäre es gut, wenn Sie sich überlegt hätten, wie es mit Ihrer Ernährung weitergeht. Essen auf Rädern? Wie war das Mittagessen in dem Seniorenheim noch mal? In einem durchschnittlichen

Alters- und Pflegeheim wird für das Essen 4,45 Euro/Tag ausgegeben.[67] Eine Kugel Eis bei Ihrem Spitzenitaliener kostet 1,20 Euro.

Körperpflege: Ob ich jetzt spinne? Natürlich können Sie sich sauber und gepflegt halten! Bestreite ich gar nicht. Aber wie ist es unter der Dusche mit den Füßen? Nicht nur unter der Dusche kommen Sie da nicht mehr so richtig hin. Und auch für leichter zugängliche Regionen gilt, dass Sie sie mit zunehmendem Alter immer schwerer pflegen können. Diejenigen, die Gymnastik und Dehnübungen kultivieren, sind da besser dran als die leicht Übergewichtigen, die wie ich Dehnübungen hassen.

Oder: Sie sind stolz auf Ihre Haare und haben der Versuchung der so praktischen Kurzhaarfrisur immer widerstanden. Aber Haare waschen, trocknen, legen ist ein Angang, und zum Friseur kommen Sie nicht mehr ohne Weiteres. Schlecht wäre es also nicht, wenn Sie sich dafür um Hilfe bemühen könnten. Wenn Sie schwerer krank werden sollten, zum Beispiel nach einem Schlaganfall, dann kommen Sie nicht mehr daran vorbei, dass Sie sich auch für intimere Aspekte der Körperpflege Hilfe holen müssen. Der Pflegedienst? Der Pflegeservice im Seniorenheim? Je älter Sie werden, desto wichtiger sind gute Körper- und Hautpflege.

Geschäftsfähigkeit: Was heißt denn das? Sie sind in der Lage, sich um Ihre Lebenssituation, Wohnen und Alltag, um Ihre Finanzen und um Ihre Gesundheit zu kümmern? Klar! Gut.

Es muss aber nicht immer so bleiben. Ein Schlaganfall, die beginnende Demenz, transiente ischämische Attacken und Ähnliches. Über die Prozentzahlen, die beim Zuwachs dieser Heimsuchungen im Alter eine Rolle spielen, habe ich schon berichtet. Es kann passieren, und vor allem, es kann plötzlich passieren: Ein Schlaganfall passiert plötzlich, ohne

Vorzeichen, die Sie bemerken. Notarzt, Notaufnahme, *Stroke unit** – Ihre Partnerin, Ihre Tochter ... möchte gerne mit den Ärzten sprechen, denn sprechen können Sie ja bis auf Weiteres nicht! Gut, dass Sie eine Generalvollmacht, eine Patientenverfügung, eine Betreuungsverfügung haben! Haben Sie nicht? Dann wird Ihr ohnehin gefährlich hoher Blutdruck noch mal ansteigen, weil sich diese Ärzte doch tatsächlich weigern, mit Ihren Vertrauenspersonen zu sprechen! Geschweige denn, sie an den wichtigen Entscheidungen zu beteiligen! Leider sind die Ärzte vollkommen im Recht! Ohne Schweigepflichtsentbindung, Generalvollmacht, Patientenverfügung – die Vor- und Nachteile der einzelnen Verfahren erkläre ich Ihnen im folgenden Kapitel – haben Ihre Angehörigen kein Recht, etwas über Ihren Zustand zu erfahren und können auch nicht mitreden.

Daraus folgt: Selbst wenn Sie die Gedanken an Schlaganfall, Demenz oder andere schwere Krankheiten ängstigen und Sie sie verdrängen, sollten Sie Vorsorge für jede dieser Wahrscheinlichkeiten treffen, indem Sie in juristisch tragfähiger Form festlegen, wer in einem solchen Fall Ihre Interessen vertreten soll. Dabei hilft Ihnen ein Notar. Dieses Geld ist gut angelegt! Und wenn Sie keine Freundin haben, mit Ihren geldgierigen und charakterlosen Kindern zerstritten sind und auch sonst keine gute Seele kennen, der Sie Ihre Fürsorge anvertrauen würden? Dann machen Sie trotzdem beizeiten eine Betreuungsverfügung, damit ein vom Amtsgericht einzusetzender Betreuer Ihre Interessen wahrnimmt, wenn Sie das nicht mehr selbst können. Damit sparen Sie Zeit! Denn wenn Sie in einen entsprechenden Zustand geraten, dürfen die Ärzte alles, was über den absoluten Notfall hinausgeht, nicht tun, ohne die Zustimmung des Amtsgerichtes,

---

* Intensivstation, die auf die Behandlung von Schlaganfällen spezialisiert ist; eine solche Spezialbehandlung hat eine deutlich bessere Prognose als die normale Krankenhausbehandlung.

Abteilung Betreuungsrecht, einzuholen. Das dauert, und um diesen Zeitverlust für Ihre Gesundheit zu vermeiden, können Sie eine entsprechende Verfügung schon vorher machen.

Sie wollen mich jetzt daran erinnern, dass ich die Lilien auf dem Felde und die Vögel unter dem Himmel erwähnt habe, mit der Empfehlung, sich nicht zu sorgen?

Ja, das habe ich. Aber ist das nicht etwas Komisches an unserer Denkkultur, dass es immer nur ent- oder weder geben darf und dass der Mittelweg als ein fauler Kompromiss erscheint? Und: Sorgen tun Sie sich ja sowieso schon, sonst hätten Sie diese Gedanken gar nicht. Der beste Weg, nicht dauernd zu grübeln, ist der, Vorkehrungen zu treffen.

AltersLasten –
Darüber sollten wir reden!

Sorgt euch nicht – über den Umgang mit Risiken

> *»Darum sage ich euch: Sorgt euch nicht um euer Le-*
> *ben, was ihr essen und trinken werdet; auch nicht um*
> *euren Leib … Seht die Vögel unter dem Himmel an:*
> *Sie säen nicht, sie ernten nicht, sie sammeln nicht in*
> *die Scheunen; und euer himmlischer Vater ernährt*
> *sie doch. Seid ihr denn nicht viel mehr als sie? Wer*
> *ist unter euch, der seines Lebens Länge eine Spanne*
> *zusetzen könnte, wie sehr er sich auch darum sorgt?«*
> *(Matthäus 6,26)*

Was für ein schöner Text! Aber nicht jedermanns Sache, wie
man aus der Geschichte des Sprechers ersehen kann. Mit den
Vögeln unter dem Himmel haben Sie es nicht so? Weil die
ja auch immer weniger werden? Ein Hinweis, wie weit man
kommt, wenn man alles dem himmlischen Vater überlässt?

Sie hingegen wollen sich schon sorgen, und hoffen ja
durchaus, »Ihres Lebens Länge eine Spanne zuzusetzen«.
Diese Strategie hat bisher gar nicht so schlecht geklappt, denn
die allgemeine Lebenserwartung ist seit Jesu Zeiten gewaltig
angestiegen. Sie wollen sich also sorgen, vor allem im Alter
und zumindest um Ihre Gesundheit. Scheint logisch, denn
mit dem Alter wächst auch Ihr persönliches Risiko, krank zu
werden. Ist das so?

Ich möchte Sie gerne anregen, ein wenig mitzudenken:
Was bedeutet Sorge um die Gesundheit konkret? Denn der

Umgang mit Risiken und Chancen hat eher mit Nachdenken als mit Wissen zu tun.

Das große Risiko des Alters ist natürlich die Demenz. Dass sie viele Menschen beschäftigt, erkennt man unter anderem daran, dass die Zahlen der Erkrankungen gewaltig überschätzt werden:

> »Während tatsächlich bei 60 von 1000 Deutschen zwischen 70 und 80 Jahren eine Demenzerkrankung diagnostiziert wurde, haben die befragten Bundesbürger im Durchschnitt eine Größenordnung von beinahe 300 erwartet.«[68]

Fünfmal zu viel. Das relativiert Ihre Angst doch etwas. Schlüsselt man die Zahlen etwas weiter auf, ergibt sich folgendes Bild:

Wenn Sie ein Mann sind, zwischen 65 und 69 Jahren alt, liegt das mittlere Demenz-Risiko bei 1,8 Prozent; später verdoppelt es sich etwa alle vier Jahre, sodass es zwischen 85 und 89 immerhin bei 20,8 Prozent liegt. Die Frauen fangen niedriger an, zeigen ab 70 aber einen stärkeren Anstieg und landen zwischen 85 und 89 bei 28 Prozent.

Was heißt das? Bei den 69-Jährigen sind circa zwei von 100 an einer Demenz erkrankt, bei den 89-Jährigen immerhin schon 20 von 100, und bei den Frauen sind es mit über 90 fast 30 von 100.

Natürlich haben diese Zahlen Konsequenzen für die Krankenkassen und die Betreiber von Pflegeheimen. Doch wenn Sie mit keiner der beiden Gruppen etwas zu tun haben, wird Sie das Thema als 60-Jährige/n nicht sonderlich beeindrucken, mit 89 wahrscheinlich schon mehr; bedenken Sie aber, dass Sie als Mann Ihre durchschnittliche Lebensdauer von gegenwärtig 72 Jahren dann schon weit überschritten haben.

Trotzdem: Sie wollen wissen, was das für Sie, ganz persönlich für Sie, heißt? Wie sehr sollen Sie vorsorgen? Wer bekommt Ihre Betreuungsvollmacht? Wollen Sie sich lieber zu Hause oder in einem guten Seniorenheim pflegen lassen?

Sie fänden es also ziemlich gut, wenn Sie einschätzen könnten, ob Sie mit 69 zu den 98 Gesunden oder zu den zwei Dementen gehören werden. Zu diesem nachvollziehbaren Wunsch lässt sich leider nur sagen, dass die Stärke statistischer Überlegungen umso schwächer wird, je kleiner die Zahl ist. Für Sie als Einzelfall kann die Statistik nichts tun.

Und was ist mit Ihren Risikofaktoren? Können die das allgemeine Risiko nicht weiter eingrenzen? Der gegenwärtige Erkenntnisstand benennt ja schon einige Faktoren:

In der Vorgeschichte dementer Patienten finden sich vermehrt Bluthochdruck, Fettstoffwechselstörungen, Diabetes mellitus, starkes Übergewicht und Rauchen. Faktoren, die Gefäßerkrankungen wahrscheinlich machen, führen offenbar auch vermehrt zur Demenz.

Streng genommen ist das eine statistische Korrelation und kein ursächlicher Zusammenhang. Aber rein intuitiv macht diese Korrelation ja auch Sinn. Weitere Risikofaktoren sind geringe geistige Aktivität und wenig Sozialkontakte, Schädel-Hirn-Verletzungen in der Vorgeschichte, neurologische Erkrankungen wie der Morbus Parkinson und übermäßiger Alkoholkonsum.

Das haben Sie alles nicht?

Weibliches Geschlecht? Ein seltsamer Risikofaktor! Denn Frauen verhalten sich im Allgemeinen risikobewusster als Männer. Woher kommt das höhere Demenz-Risiko? Dazu weiß man zu wenig, um für Sie etwas daraus zu machen.

Bleiben die Erbanlagen: Wenn Ihre Eltern an einer Alzheimer-Demenz erkrankt waren, erhöht sich auch Ihr Risiko. Aber selbst das bleibt statistisch, Sie haben eben eine erhöhte Wahrscheinlichkeit, keine Gewissheit. Tut mir leid, aber konkreter geht es nicht.

Nehmen wir an, Sie haben doch einen der oben genannten Risikofaktoren, einen, bei dem Sie etwas »machen« könnten, zum Beispiel einen Bluthochdruck. Das wäre eine gute Gelegenheit, etwas an Ihrem persönlichen Risikoprofil zu verbessern. Wäre es das? Zum »machen« muss man zunächst bemerken, dass es leider keine wissenschaftlich solide Information gibt, ob und wie sich die Senkung des Blutdrucks – und das gilt auch für die anderen Risikofaktoren – auf das Demenz-Risiko auswirkt. Intuitiv macht die Blutdrucksenkung Sinn, klar, aber Wissen sieht anders aus. Ich muss Ihnen gestehen, dass auch ich als Mediziner von leicht verärgertem Unverständnis erfüllt werde angesichts der Tatsache, dass unser Medizinsystem es zwar fertigbringt, unendliche Mengen von Hochglanzbroschüren zu generieren, aber offenbar nicht in der Lage ist, Studien zu so einfachen Fragen zu erstellen. Okay, pfeifen wir auf wissenschaftliche Evidenz und folgen wir der Intuition.

Möglicherweise empfiehlt Ihnen Ihr Arzt ein Medikament, zum Beispiel einen Hemmer des Angiotensin-converting-Enzyms, einen sogenannten ACE-Hemmer. Sie sind froh und wollen nicht groß rumfragen, vertrauen Ihrem Arzt. Alles gut? Nicht ganz. Sich selbst tun Sie damit keinen großen Gefallen, denn wenn Sie sich rational verhalten wollen, müssen Sie das nicht ganz harmlose Wirkungs-/Nebenwirkungsverhältnis des Medikaments gegen das Demenz-Risiko abwägen. Und Sie sollten auch ganz sichergehen, dass Ihr Arzt von Ihrer Brustkrebs-Vorgeschichte weiß, denn da können die ACE-Hemmer negativ wirken. Sie müssen also mehrere Risiken im Blickfeld haben. Das gilt umso mehr bei den Wundermitteln des letzten Jahrzehnts, den cholesterinsenkenden Statinen. Die kennen Sie bestimmt, falls Sie erhöhte Cholesterinwerte haben. Bei diesen Medikamenten spukt neben anderen Nebenwirkungen bis heute die Frage herum, ob sie das Demenz-Risiko nicht sogar steigern. Wahrscheinlich nicht, aber Sie wären schon gerne sicher. Und bei all dem ist die Diskussion, welcher Cholesterinspiegel denn eigentlich zu hoch ist, noch gar nicht berücksichtigt.

Medikamentöse Risikosenkung ist also eine komplexe Angelegenheit.

Nun haben Sie es sowieso nicht mit Medikamenten, Chemie kommt Ihnen, wenn irgend möglich, nicht in Ihren Körper. Sie informieren sich und erfahren, dass Bewegung und Gewichtsreduktion – das bisschen Übergewicht hatten Sie eigentlich gar nicht auf dem Schirm – bei Hochdruck langfristig sogar besser sind als Medikamente. Das hätte Ihr Arzt Ihnen eigentlich mitteilen sollen, denn nach den Kriterien des *informed consent* sollten es die Ärzte mit den Patienten besprechen, wenn es mehrere Möglichkeiten der Behandlung gibt. Aus Ihrer Sicht sind Bewegung und Gewichtsreduktion erst mal erfreuliche Perspektiven, weil Sie selbst aktiv werden und sich im Erfolgsfall das Ergebnis auf Ihr Konto schreiben können.

Aber – auch hier müssen Sie abwägen:

Für mich war Joggen alles, mein Wohlbefinden und ein bisschen auch mein Gewicht hingen davon ab. Eines schönen Tages im Oktober vor vier Jahren bin ich tagsüber nicht zum Laufen gekommen, solange es hell war, hatte relativ viel Stress und wohl auch zu viel Süßes gegessen. All das führte zum Entschluss, abends unbedingt noch zu laufen. Hell war es nicht mehr, aber der Weg schien mir gut ausgeleuchtet. War er auch, aber eine der Gehweg-Platten stand ein bisschen vor, ich blieb hängen, und beim Versuch, mich zu fangen, überstreckte ich mein anderes Bein so, dass ich mir einen Muskelfaserriss im Oberschenkel holte. Drei Monate konnte ich nicht rennen, bekam Kreislaufprobleme, musste eine Koronarangiografie machen lassen und und und … Ich will Ihnen meine Story ersparen, will eigentlich nur rüberbringen, dass mein ja keineswegs ungewöhnlicher Entschluss zum Joggen eine ganze Reihe unerwarteter Komplikationen mit sich brachte.

Vielleicht hätte ich gehen sollen. Es gibt eine eindrucksvolle Studie zur präventiven Wirkung von Bewegung gegen Demenz: In der Woche acht Kilometer gehen, senkt das Demenz-Risiko um 30 Prozent.[69]

Aber grundsätzlich sollten Sie sich wie bei allen positiven Handlungsempfehlungen bitte auch hier klarmachen: Wenn Sie sich bewegen wollen, so hat das Risiken, vor allem, wenn Sie sich lange nicht bewegt hatten.

Selbst der löbliche Entschluss zur Gewichtsabnahme ist nicht ohne Risiken. Von einem Jo-Jo-Effekt haben Sie überhaupt nichts, und wenn Sie Ihr Gewicht nur über maximalen Stress runterbekommen, tun Sie Ihrem Hochdruck damit nichts Gutes. Und: Leider gibt es auch wieder keine kontrollierten Studien zum positiven Effekt der Gewichtsabnahme auf das Demenz-Risiko: alles Intuition.

Tatsächlich befinden Sie sich bei Ihren Bemühungen, Ihr persönliches Demenz-Risiko zu senken, fast immer in der Grauzone zwischen Intuition und Evidenz, meistens eher auf der Seite der Intuition. Wenn Sie dies wissen, und wenn Ihnen klar ist, dass Sie bei jeder Entscheidung nach Ihrem Gefühl gehen wollen, ist alles gut. Sie sollten sich nur nicht zu irgendetwas zwingen lassen! Das gibt die Datenlage nicht her.

Sie finden, dass ich Sie gegen eine Wand laufen lasse? Sie wollen was tun, und ich gebe Ihnen doppelte Botschaften: Ja, es könnte positiv für Ihre Gesundheit sein – und auch ja: Es birgt ein Risiko! Ich will Sie nicht ängstigen oder ärgern, aber nehmen Sie einfach zur Kenntnis: Leben hat Risiken, die Sie eingehen, wenn Sie leben, auch wenn Sie gut leben wollen. Und glauben Sie Ihren Ärzten nicht, wenn Sie Ihnen weismachen wollen, es gebe klare Gewissheiten!

»Viele Ärzte bieten dem Patienten eine scheinbare Wahl zwischen *Gewissheit* und *Risiko*. In Wahrheit hat man aber stets nur eine Wahl zwischen verschiedenen Risiken.«[70]

Sich das klarzumachen, ist Ihre Chance, denn nur, wenn Sie sich so viel Information wie möglich besorgen, wenn Sie Ihre Risiken so genau wie möglich abbilden, können Sie wirklich gut für sich sorgen. Sie können das nicht alleine tun, sondern im Dialog mit Ihrem Arzt: *Informed consent* heißt das und ist ein Merkmal moderner Medizin. Dazu gehört, dass Ihr Arzt Sie informiert:

◆ wie das Risiko Ihrer Erkrankung konkret aussieht,
◆ welche Vorteile und
◆ welche Nachteile die verschiedenen Behandlungsoptionen haben,
◆ inklusive der Option, nichts zu tun.

Für dieses Gespräch sollte Ihr Arzt Zeit haben, klar, aber dazu kommen wir noch. Ihre wesentliche Leistung besteht darin, dass Sie sich Ihre Situation bewusst machen, was heißt: zur Kenntnis nehmen. Und dann in Ruhe überlegen.

Sie müssen das nicht tun, aber es ist Ihre Chance.

Ein anderes Risiko, das im Alter zunimmt: an einem Krebs zu erkranken.

Das ist wieder so eine Geschichte, mit der Sie sich eigentlich nicht auseinandersetzen wollten. Sie können diese Zeilen auch überspringen, aber tatsächlich ist die Auseinandersetzung mit dem Risiko angenehmer als die Realität.

Von den Gesundheitsportalen im Internet wird Ihnen ans Herz gelegt, an Vorsorge-Untersuchungen teilzunehmen: Mammografie, Darmspiegelung, Prostata-Screening.

Der Umgang mit der Mammografie[71] ist ein Klassiker. Er betrifft Sie, denn ...

> »... vom 50. bis zum 69. Lebensjahr werden Frauen alle zwei Jahre zur Mammographie-Untersuchung eingeladen, also eine Röntgenanalyse der Brust auf Tumoren.«[72]

Für die folgende Betrachtung ist wichtig, dass sie sich auf das Mammografie-Screening bezieht, also auf die Reihenuntersuchungen von Frauen, bei denen bis dahin kein konkreter Verdacht auf einen Tumor der Brust besteht. Es geht hier um Früherkennung. Und Früherkennung ist ja nicht Vorsorge, was meistens übersehen wird. Sie erfahren lediglich früh, dass Sie eine Krebserkrankung haben, verhindern können Sie sie damit nicht. Allerdings besteht die Hoffnung, dass die dann einsetzende rechtzeitige Behandlung einen positiven Effekt hat. Wenn Früherkennung also sinnvoll wäre, dann sollte sie die Sterblichkeit am Mammakarzinom verringern.

Untersucht hat man das in großen Studien an über 500 000 Frauen. Herauskam, dass von jeweils 1000 Frauen, bei denen kein Mammografie-Screening durchgeführt wurde, vier, und von 1000 Frauen, bei denen ein Mammografie-Screening durchgeführt wurde, drei an Brustkrebs starben.

Statistisch kann man das sehr unterschiedlich darstellen. Auch wenn Sie es wie ich nicht so mit der Statistik haben, sollten Sie das wissen, denn es hat eine große Bedeutung dafür, wie Sie künftig Informationen über den Wert diagnostischer oder therapeutischer Maßnahmen einschätzen und wie Sie mit Ihrem Arzt kommunizieren sollten.

> Die absolute Risikoreduktion liegt bei 1 von 1000, also bei 0,1 Prozent.
> Die relative Risikoreduktion liegt bei 25 Prozent, denn wenn Sie vier Frauen mit 100 Prozent gleichsetzen, dann entspricht die eine, die durch das Screening weniger stirbt, einem Viertel, also 25 Prozent.
> Die Anzahl der notwendigen Untersuchungen, damit ein Todesfall verhindert wird, beträgt 1000.

Verwirrend? Schon. Aus diesen Unterschieden wird zumindest sehr klar, dass Sie sich immer dann, wenn Ihnen irgendwelche Vorteile eines Untersuchungsverfahrens präsentiert werden, vergewissern sollten, ob diese Zahlen das relative Risiko (nicht erhellend), das absolute Risiko (sinnvoll) oder die Zahl der notwendigen Behandlungen[73] (sinnvoll) betrifft. Besonders Letztere ist entscheidend:

»Wie hoch muss die Zahl an Untersuchungen (oder Behandlungen) sein, um einen Todesfall et cetera zu verhindern?«

Wenn man die Ergebnisse dieser Studien nach dem Alter differenziert, so zeigt sich, dass für Frauen zwischen 40 und 49 gar kein Vorteil herauskam, dass das Screening bei Frauen ab 50 – also eher Ihre Gruppe – dazu führte, dass eine von 270 beziehungsweise vier von 1000 vor dem Tod durch Brustkrebs bewahrt wurden. Bei älteren Frauen scheint das Mammographie-Screening also etwas sinnvoller zu sein.

Sollten Sie sich einer solchen Untersuchung unterziehen wollen, dürfen Sie an dieser Stelle noch nicht mit dem Denken aufhören. Denn wie jedes Untersuchungsverfahren hat die Mammografie auch Nachteile:

Falsch positive Befunde: Die Zahlen der verschiedenen Studien zu diesem Thema sind schlicht ungeheuerlich: Bei 26 000 Frauen, die zum ersten Mal an einem Screening teilnahmen, wurden nur bei 1 von 10 positiven Mammogrammen wirklich ein Karzinom festgestellt, 9 Ergebnisse waren also falsch positiv! Und diese Zahl gilt für Frauen zwischen 40 und 50! Bei Frauen, die regelmäßig Mammogramme durchführen lassen, muss jede zweite ohne Brustkrebs damit rechnen, einen positiven Befund zu erhalten! Machen Sie sich klar, was »falsch positiv« eigentlich heißt: Für Sie bricht zunächst mal eine Welt zusammen: Krebs! Sie müssen sich zusätzlicher Diagnostik unterziehen, eine Gewebeprobe wird entnommen, ein Schnitt in die Brust gemacht, der sich unter ungünstigen Umständen infizieren kann.
Wenn schon sicher ist, dass Sie keinen Krebs haben, brauchen Sie Ihre Zeit, sich davon zu erholen, und im ungünstigen Fall entwickeln Sie eine Depression.
Nicht fortschreitende Karzinome: Nicht jeder »positive« Befund zeigt ein Karzinom, das auch die negativen Eigenschaften hat, wegen derer man diese Erkrankung fürchtet. Es gibt gerade im Milchgang Karzinome, die dort bleiben, nicht in das Gewebe wachsen und nicht in entfernte Körperregionen metastasieren.
Strahlungsinduzierte Karzinome: Die Untersuchung mit Röntgenstrahlen hat selbst ein Krebsrisiko, das macht sich insbeson-

dere im jüngeren Lebensalter bemerkbar, aber auch bei häufig wiederholten Untersuchungen älterer Frauen.

Falsch negative Befunde: Auch das kann passieren und führt dazu, dass eine, von Ihnen selbst bemerkte, Auffälligkeit als harmlos abgetan wird, weil der Befund ja negativ war.

Ähnliche Diskussionen gibt es für die sogenannten Vorsorge-Untersuchungen des Prostata-Karzinoms und für die Dickdarm-Endoskopie.

Was nun?

Wenn Sie Symptome haben, oder wenn eine Untersuchung beim Arzt Hinweise erbringt, dass irgendwas nicht stimmt, sollten Sie alle Untersuchungen machen lassen, die nötig sind, um den Befund aufzuklären. Oder auch, wenn Sie »nur« ein Gefühl haben, dass sich etwas verändert hat. Glauben Sie an Ihr Gefühl! Kritik wird nur an der sogenannten Reihenuntersuchung ohne konkreten Anlass geübt, wegen des minimalen Effektes und der beeindruckenden Nachteile.

Am Ende einer vom Arzt empfohlenen Untersuchung oder Behandlung steht nie eine Gewissheit, etwas zu »haben« oder nicht, sondern immer ein Risiko, das sich im günstigen Fall in klaren Zahlen ausdrücken lässt. Das ist eine wesentliche Erkenntnis, die Sie menschlich weiterbringt. Denn das bedeutet einmal, dass Zahlen zwar nie Ihre persönlich gelebte Realität abbilden, aber zum Zweiten, dass Sie Ihr Leben wertschätzen und intensiv leben sollten, weil es keine Sicherheit gibt, dass in den nächsten Jahren alles so weitergehen wird wie bisher.

So ganz daneben liegt Matthäus 6,26 also vielleicht doch nicht.

Ärzte fürs Alter – eine Entscheidungshilfe

Je älter Sie werden, desto wahrscheinlicher ist es, dass Sie es
mit Ärzten zu tun bekommen. Das ist gleichermaßen Chance und Risiko. In der bevorstehenden Lebensphase hängen
Ihr Wohlbefinden, Ihre Lebensqualität und nicht zuletzt
Ihre Lebenserwartung von Ihrer Interaktion mit den von
Ihnen ausgewählten Ärzten ab. Ein Arzt, der mit Ihren gesundheitlichen Problemen richtig umgeht, die Behandlung
nicht nur nach allgemeinen Kriterien, sondern auch an Ihrer
individuellen gesundheitlichen Situation und Ihren Lebens-
umständen ausrichtet, wird Ihre weitere Lebensqualität
stärker positiv beeinflussen, als das bei jüngeren Menschen
der Fall ist, also in einem Alter, in dem das Regenerations-
potenzial viel höher ist als bei Ihnen. Deswegen müssen Sie
sich vergewissern, wes Geistes Kind Ihr Arzt ist.

Was brauchen Sie?
1. Sie brauchen einen Arzt, dem Sie vertrauen.
Sie sind wichtig, konkret: Ihre Einstellung zu Ihrer Behandlung beeinflusst das Ergebnis. Das haben die Studien zu Pla-
cebo/Nocebo herausgefunden. Wenn Sie vom Wert einer Behandlung überzeugt sind, schlägt sie bei Ihnen besser an, als
wenn Sie davor Angst haben und bezweifeln, dass sie Ihnen
helfen wird. Da Sie selbst kein Spezialist sind, bekommen
Sie die wesentlichen Informationen über Diagnose und nötige Therapie von Ihrem Arzt. Wenn Sie ihm nicht glauben,
können Sie's knicken. Vertrauen ist Ihr Vertrauen. Sie geben
es einem anderen Menschen, in diesem Fall Ihrem Arzt. Von
was lassen Sie sich leiten? Machen wir uns nichts vor: Sehr
häufig spielen dabei irrationale Gründe eine Rolle. Ist sie/er
Ihnen sympathisch? Sieht sie/er gut aus? Spricht sie/er Ihre
Sprache? Kleidet sie/er sich wie Sie, kommt sie/er aus der
gleichen Schicht? Nimmt sie/er sich Zeit für Sie, geht sie/er
auf Sie ein? Wie reagiert sie/er, wenn Ihre Meinung nicht

zu ihrer/seiner passt? Es ist der Gesamteindruck, der entscheidet, ob Sie vertrauen oder nicht. Einige dieser Punkte sind begründet — die Sprache, die Zeit, das Umgehen mit sperrigen Patientenmeinungen –, andere sind vollkommen sinnlos, wie zum Beispiel Aussehen und Ausstrahlung. Nicht selten sind große Spezialisten auf ihrem Gebiet nicht gerade *Prince Charming* oder haben schlicht keine Zeit, die sie für Verbesserungen an ihrem Aussehen aufwenden könnten. Trotzdem: Da Ihrer beider Vertrauensverhältnis das Behandlungsergebnis entscheidend beeinflussen wird, müssen Sie miteinander klarkommen. Also vertrauen Sie sich!

2. Sie brauchen einen Arzt, der Kompetenz für sein Fachgebiet und für die Behandlung älterer Menschen hat.
Wie sieht es aus mit dem Fachwissen Ihres Arztes und dessen Aktualisierung?

Sie brauchen einen Arzt, der auf dem neuesten Stand des Wissens in seinem Fachgebiet ist. Die Halbwertszeit medizinischen Wissens beträgt zur Zeit etwa fünf Jahre:[74] Also nach fünf Jahren hat die Hälfte dessen, was ein Arzt in seiner Aus-, Fort- und Weiterbildung gelernt hat, das Verfallsdatum überschritten, das heißt, es stimmt nicht mehr. Konkret heißt das nicht unbedingt, dass er jede aufsehenerregende, angeblich total bahnbrechende journalistische Eintagsfliege kennen muss, die alle paar Monate auf die Titelseiten der Boulevardblätter flattert. Von denen haben Sie sowieso nichts, denn Sie wissen nicht, ob diese »Entdeckung« die nächsten Monate überstehen wird, ob sie widerlegt wird und ob sie Ihnen wirklich etwas bringen würde. Aber Ihr Arzt muss »am Ball bleiben« und sich ständig fortbilden.

Was würden Sie machen, wenn Ihr Berufswissen so schnell veraltet? Fachliteratur lesen und Fachtagungen besuchen, die über die neuesten Daten in Pro/Contra-Dialogen berichten. Wichtig ist dabei, dass solche Veranstaltungen unabhängig und nicht vom Industrie-Interesse gefärbt sind. Ein Arzt muss also erheblichen Aufwand betreiben, um immer auf dem neuesten Stand zu sein.

3. Ihr Arzt sollte nach den Kriterien der evidenzbasierten Medizin arbeiten.

Gutes medizinisches Wissen beruht auf evidenzbasierter Medizin. Selbst viele Mediziner verstehen nicht, was damit gemeint ist. Deshalb will ich hier etwas weiter ausholen:

Fall A: Ein Arzt, ein ausgewiesener Spezialist, behandelt einen Patienten mit einer Methode, die er sich ausgedacht hat, weil bestimmte Daten in der Fachliteratur eine solche Wirkung wahrscheinlich machen. Er hat Erfolg, der Patient wird gesund.
Kann diese Methode nun als allgemeines Behandlungsprinzip propagiert werden?
Nein. Der Behandlungserfolg kann zwar durch seine Überlegungen, aber genauso gut durch einen unspezifischen Behandlungsfaktor bedingt sein, den der Spezialist gar nicht bemerkt hat. Oder durch eine Besonderheit beim Patienten, von der keiner etwas wusste.
Fall B: In der tierexperimentellen Forschung zeigt sich, dass ein bestimmtes Medikament besonders gut bei bestimmten Hirnverletzungen wirkt. Da solche Verletzungen beim Menschen ein großes Problem darstellen, versucht man, besonders schwere Fälle mit diesem Medikament zu behandeln, und scheint gute Erfolge zu sehen.
Kann diese Methode als allgemeines Behandlungsprinzip propagiert werden?
Nein. Die Übertragbarkeit vom Tier auf den Menschen ist ein weites Feld mit vielen Unsicherheiten, und positive tierexperimentelle Befunde können ein Ansatzpunkt für Studien an Menschen sein, aber nicht mehr.
Fall C: Man vermutet, dass die rechtzeitige Entdeckung eines Risikofaktors für eine bestimmte bösartige, zum Tode führende Erkrankung das Auftreten der Erkrankung verhindern könnte. In einzelnen Fällen ist das tatsächlich so.
Kann diese Methode nun als allgemeines Vorsorgeprinzip propagiert werden?

Nein. Einzelfälle ohne Statistik sagen zu wenig oder genau genommen gar nichts aus, vor allem erlaubt die Einzelfallebene keine Aussage darüber, welche zusätzlichen Faktoren eine Rolle spielen könnten, ob es falsch positive und falsch negative Befunde gibt und wie damit umzugehen ist.

Fall D: Ein sehr erfahrener Facharzt behandelt aufgrund seiner tatsächlich überragenden klinischen Erfahrung bestimmte Störungen offensichtlich meistens erfolgreich mit einer in der Fachliteratur nicht abgesicherten Kombination von Medikamenten.

Kann diese Methode nun als allgemeines Behandlungsprinzip propagiert werden?

Sie ahnen es schon: auch wieder nein.

Selbst die große Erfahrung schützt den Kollegen nicht davor, dass er unwissentlich unspezifische Behandlungsfaktoren einbringt, dass er unbewusst eine spezielle Auswahl von Patienten betreibt, dass sein großes Charisma einen besonders hohen Placebo-Faktor auslöst, der bei allgemeiner Anwendung nicht zum Tragen käme, weil die anderen Doktoren so ein Charisma eben nicht haben.

Was könnte man tun, um die vielleicht tatsächlich wertvollen Erfahrungen der Kollegen für die Allgemeinheit und vor allem für Sie als vielleicht betroffenem Patienten zu nutzen? Denn die beschriebenen Behandlungen oder diagnostischen Verfahren könnten ja durchaus sinnvoll sein. Man weiß es nur eben nicht.

Abhilfe wäre in jedem Fall eine Doppelblindstudie, placebo-kontrolliert. Was heißt das? Die angeblich wirksame Behandlung, um die es geht, wird gegen eine andere getestet, die sicher unwirksam ist – also zum Beispiel eine angeblich wirksame Tablette durch eine Zuckertablette. Und das Wichtigste: Ärzte und Patienten wissen beide nicht, welche Tablette gegeben wird. Dieses Verfahren garantiert, dass unspezifische Faktoren keine Rolle mehr spielen und das Verfahren tatsächlich wirksam ist, vorausgesetzt, die Studie wurde vernünftig und statistisch ausreichend geplant. Das nennt man evidenzbasiert.

Natürlich kann ein Arzt in Einzelfällen auch anders behandeln, was als Heilversuch bezeichnet wird. In Einzelfällen, aber nicht in der Regel.

Was hat das nun mit Ihnen zu tun? Ist das nicht alles ein bisschen theoretisch? Na, es geht einfach um die Frage, ob Sie sich mit wirksamen Methoden behandeln lassen wollen oder mit nur vermutlich wirksamen. Oder, was noch schlimmer ist, mit Methoden, die letztlich angewendet werden, weil sie von der Pharma-Industrie gesponsert sind. Aber dazu kommen wir noch. Und Fall C ist deswegen wichtig, weil Sie sicher sein sollten, dass eine sogenannte Vorsorgeuntersuchung tatsächlich eine Vorsorge darstellt und nicht eine Früherkennung, dass sie nicht die große Verunsicherung durch falsch positive Befunde bringt oder die trügerische Entwarnung durch falsch negative. Solche Aussagen lassen sich aber erst dann machen, wenn die Untersuchung an einem so großen Kollektiv getestet wurde, dass solche Fälle überhaupt in hinreichend großer Zahl auftreten.

Auch wenn es Ihnen paradox vorkommt und das Thema nicht einfacher macht: Praktische Medizin lässt sich nicht ausschließlich auf der Grundlage evidenzbasierter Überlegungen betreiben. Warum? Weil es nicht zu allen Behandlungsverfahren entsprechende Studien gibt, denn solche Studien sind aufwendig und teuer, und die Pharmaindustrie ist an Studien nicht mehr interessiert, wenn der Patentschutz abgelaufen ist.

Schauen Sie einfach mal unter »*Cochrane Deutschland*« im Internet nach: Das ist die beste Datenbank zum Thema Evidenz. Sie werden vor allem herausfinden, was wir alles nicht sicher wissen. Und nun? Soll man Behandlungen immer unterlassen, wenn es keine ausreichende Evidenz gibt? Soll Ihr Arzt Ihnen sagen: Bei diesem Problem kann ich Ihnen nicht helfen, weil es keine Evidenz gibt? Zu überlegen ist das, aber vermutlich werden Sie sich nicht darauf einlassen. Und natürlich kann im Einzelfall oft etwas erreicht werden, auch wenn die Studienlage mau ist. Aber: Sie müssen entscheiden können, ob Sie wissen wollen, wie sicher Erfolg und Nebenwirkungen irgendeiner für Sie infrage kommenden Behandlung sind. Und Sie müssen sich klar werden, ob Sie über den Einsatz einer Behandlung mit entscheiden wollen oder Ihrer charismatischen Ärztin einfach freie Hand geben: mach mal!

4. Ihr Arzt sollte der Komplexität medikamentöser Behandlungen gewachsen sein.

Alte Menschen bekommen mehr Medikamente als junge Menschen, weil sie häufig mehr Krankheiten haben als junge. Eine Schwierigkeit: Medikamente werden nicht an alten Menschen getestet, und auch die Zulassungsuntersuchungen werden nicht an Älteren gemacht. Man kann also streng genommen nur vermuten, was nach Einnahme passieren wird, genau weiß man es nicht. Außerdem gibt es noch folgende Probleme:

Überdosierungen werden mit zunehmendem Alter häufiger. Das Ansprechen auf Medikamente ist individuell, individuell und noch mal individuell. Das heißt, Sie sprechen unter Umständen empfindlicher darauf an als der vorige Patient im Sprechzimmer. Die Empfindlichkeit nimmt mit dem Alter zu. Sie brauchen mit über sechzig oder achtzig Jahren eine geringere Dosis als ein Mensch aus der Gruppe, an der das Medikament für die Zulassung getestet wurde. Manchmal viel weniger! Ihr Arzt muss sich an die richtige Dosis »herantasten« – das muss er wissen, und dafür muss er sich Zeit nehmen.

Wechselwirkungen: Da mit dem Alter die Krankheitswahrscheinlichkeit zunimmt und Sie von verschiedenen Ärzten behandelt werden, nimmt auch die Wahrscheinlichkeit zu, dass Sie mehrere Medikamente gleichzeitig einnehmen, oft von unterschiedlichen Ärzten verschrieben. Manche vertragen sich nicht, manche erhöhen oder senken die Dosis des anderen oder beider Medikamente. Es ist überhaupt nicht leicht, das alles im Blick zu haben, sogar für einen kompetenten und sehr verantwortungsvollen Arzt! Denn was weiß ein Kardiologe von den Medikamenten des Psychiaters und umgekehrt? Erfreulicherweise gibt es Computerprogramme, in die Ihr Arzt die verschriebenen Medikamente eintragen kann und die ihm dann die möglichen Komplikationen angeben. Das braucht allerdings Zeit. Zeit braucht auch, wenn sich dieser verantwortungsbewusste Arzt mit dem, oder manchmal auch den, mitbehandelnden Kolleginnen und Kollegen in Verbindung setzt, um nachzufragen, ob dieses Medikament, das die meisten Komplikationen machen könnte, wirklich unbedingt nötig ist, und so weiter und so fort.

Warum ist das für Sie wichtig? Weil Sie daran sterben können. Jedes Jahr kommt es in der BRD zu geschätzt 16000 bis 25000 Todesfällen aufgrund von unerwünschten Pharmawirkungen,[75] und viele Betroffene sind vermutlich ältere Menschen.

Sie sehen, gute Ärzte sind für Sie lebenswichtig.

5. Sie brauchen Personal und Stationen, die für ältere Menschen geeignet sind.

Für einen Jungen ist es keine große Sache, für ein paar Tage stationär aufgenommen zu werden. Gut, der Nachbar im Zweibettzimmer schnarcht, das Essen ist nicht 3-sternemäßig, aber all das ist nach der Entlassung schnell vergessen.

Für einen älteren Menschen ist das schon bei einem Bagatelleingriff anders, denn alte Menschen brauchen länger, mit Narkosen et cetera zurechtzukommen. Alte Menschen mit einer zwar erst beginnenden, leichten Demenz finden sich in einer fremden Umgebung schwer zurecht und reagieren oft mit Verwirrtheit und Aggressionen.

Auch nicht demente ältere Menschen brauchen individuell oft länger, um sich nach einem operativen Eingriff zu erholen; die Unterbrechung der normalen körperlichen Aktivität führt zu einer Verschlechterung von Muskelstärke und Kondition.

Ältere Menschen schlafen oft schlecht. Um Ruhe zu garantieren, werden manchmal Schlafmittel gegeben, die eine Gewöhnung bewirken, den Gleichgewichtssinn beeinträchtigen, zu Stürzen führen und und und ...

Toll wären Stationen, die durch Baulichkeit, Farbgebung,

klare Abläufe und entsprechendes Personal besonders auf ältere Menschen ausgerichtet wären. Aber das kostet. Aufs Geld kommen wir etwas später.

6. Sie und Ihre Ärzte müssen mit der Altersdifferenz zurecht kommen.

Ärzte sind in der Regel viel jünger als ältere Patienten. Sie sind achtzig, Ihre Tochter fünfundfünfzig, Ihr Enkel dreißig. Ihr Stationsarzt auch. Er untersucht Sie, erklärt Ihnen die Befunde, klärt Sie über die Operation und die Risiken auf. Ihren Enkel fanden Sie in seiner jugendlichen Unbedarftheit erfrischend. Ganz so finden Sie den Stationsarzt nicht. Altersunterschiede müssen kein Problem, können aber eines sein.

7. Ihr Arzt sollte unabhängig von der Pharmaindustrie sein.

Die Pharma-Industrie! Das ist so ein Stichwort, zu dem Sie ebenfalls eine Meinung haben sollten. Zum Beispiel diese:

> Die Pharmaindustrie entwickelt mit einem enormen Einsatz an Geld und Personen neue Medikamente, mit deren Verkauf sie das Geld, das sie in die Entwicklung hineingesteckt hat, wieder rausholen will.

Dagegen ist nichts einzuwenden. Aber es gibt einige Unklarheiten. Der enorme Einsatz an Geld betrifft nicht nur das Entwicklungs-, sondern auch das Werbebudget. Pharmawerbung für neue Medikamente ist allererste Sahne und wird so geschickt gemacht, dass selbst Spezialisten den Wahrheitsgehalt der Aussagen nicht immer durchschauen können. Für Sie ist wichtig, dass »Ihr« Arzt sich seine Fortbildungspunkte, über die er sein inzwischen verfallenes Wissen wieder auf den neuesten Stand bringt, nicht nur bei pharmagesponserten Veranstaltungen holt. Ob Sie das rausfinden können, ist unklar. Am besten fragen Sie ihn.

Dann gibt es auch noch »MEZIS«, Abkürzung für »mein Essen zahle ich selbst«, die, wie sie selber sagen, »Initiative unbestechlicher Ärztinnen und Ärzte«[76]. MEZIS hat sich unter anderem zum Ziel gesetzt, »den Einfluss der pharmazeutischen Industrie auf Ärzte transparenter zu machen und zu reduzieren.« Die können Sie googeln.

8. Sie brauchen einen Arzt, der für Sie Zeit hat.
Die Notwendigkeit von Gesprächszeit zwischen dem Arzt und Ihnen, dem Patienten, muss ich nicht erklären. Medizin ist komplex, Sie sind ein Laie. Selbst ich als Psychiater habe keine Ahnung, was die Kardiologen oder die Krebsmediziner heute so können und machen. Das wesentliche Problem heutiger Ärzte ist die Zeit, die sie nicht haben. Und das ist auch gleichzeitig ein ganz wichtiges Kriterium für die Entscheidung, ob Sie zu diesem Arzt Vertrauen haben werden. Nimmt er sich die Zeit, oder wimmelt er Sie ab?

Die Situation der Haus- und Fachärzte ist nicht einfach. Ich will Sie mit Darstellungen zum wirklich komplexen Zeitmodell niedergelassener Mediziner nicht nerven, aber ganz sicher können die meisten von ihren Kassenpatienten nicht leben, vor allem wenn sie sich die Zeit nehmen, die Sie eigentlich brauchen. Niedergelassene Ärzte mit einem passablen – für die Patienten passablen! – Zeitmanagement können sich das nur bei einem wirtschaftlich halbwegs günstigen Mischungsverhältnis von Privat- und Kassenpatienten leisten. Das muss Sie nicht interessieren, aber es ist nicht schlecht, wenn Sie eine Ahnung haben, in was für ein System Sie sich da hineinbegeben.

Unabhängig von seiner wirtschaftlichen Situation muss sich jeder Arzt die Zeit nehmen, Sie über Ihre Krankheit und die sinnvollerweise zu ergreifenden Maßnahmen so aufzuklären, dass Sie das verstehen. Punkt.

Wenn Sie darüber nachdenken, wird Ihnen schnell klar, dass hier zwei dazugehören: der Arzt, der Ihnen die Zeit gibt, und Sie, die/der mit dieser geschenkten Zeit sinnvoll umgehen kann. Ich kann mir durchaus Situationen vorstellen, in denen ein Arzt nicht begeistert sein wird, und Ihnen dies auch nonverbal vermittelt, wenn Sie seine Erklärungen nicht verstehen und mehrfach nachfragen müssen. Das liegt wiederum an seiner Art der Darstellung und an Ihrem Vorwissen. Ich kann mir auch vorstellen, dass Sie sich einschüchtern lassen und gar nicht fragen, was Ihnen auf der Seele liegt. Das ist noch schlechter. Angesichts dieser angespannten Situation wäre es gut, wenn Sie dem Arzt auf halbem Weg entgegenkommen würden und sich vor dem Termin informieren. Denn Sie haben auf jeden Fall mehr Zeit als er.

Das Ziel ist, sich die Entscheidung zu teilen. Eine solche *shared decision* ist der moderne Weg, Entscheidungen über medizinische Eingriffe zu treffen.[77]

Warum teilen?

Der Arzt ist kompetent, er hat studiert, Examina bestanden, ist vielleicht auch mal durchgefallen; was seinen Wissensstand noch weiter verbessert hat: Er muss sich regelmäßig fortbilden. Und er hat einige Berufserfahrung. Da können Sie nicht mithalten.

Aber Sie sind betroffen. Sie sind der berühmte Einzelfall, an dem die Statistik konkret wird. Und die medizinische Maßnahme, Medikamente oder Operation oder vielleicht auch eine Psychotherapie, wird Ihr Leben nachhaltig beeinflussen. Soll sie ja auch. Hoffentlich im positiven Sinn.

Wo informieren Sie sich?

Es gibt Bücher, Fachbroschüren und, vor allem, das Internet.

Zum Beispiel:

> www.leitlinie-gesundheitsinformation.de des Deutschen Netzwerks für evidenzbasierte Medizin;
> www.nationales-netzwerk-frauengesundheit.de vom Nationalen Netzwerk Frauen und Gesundheit;
> www.patienten-information.de zeigt die Leitlinien der Fachgesellschaften; klicken Sie zum Beispiel mal das Kapitel »Kreuzschmerzen« an, könnte ja Sie betreffen: Da bekommen Sie einen

guten Einblick, wie erfolgversprechende Behandlungskonzepte aussehen können;

oder die Information zum Thema Darmkrebs: ausgezeichnet, detailliert, es bleibt keine Frage offen;

www.gesundheit.uni-hamburg.de die Website des Institutes von Frau Prof. Ingrid Mühlhauser, auf der die Grundlagen für eine intensive Diskussion über Transparenz und evidenzbasierte Medizin angeboten werden.

Grundsätzlich ist eines wichtig: Die Information, die Sie da in sich aufnehmen, sollte so objektiv wie möglich sein und nicht durch Firmeninteressen gefärbt. Alles, wo »Anzeige« draufsteht, ist firmengesponsert. Das sollten Sie nicht anklicken, weil Sie sonst nur Werbung bekommen, obwohl diese Präsentationen zugegebenermaßen oft viel attraktiver aufgemacht sind. Da man für die Position bei einer Google-Suche bezahlen kann, kommen die Anzeigen meist zuerst, und Sie müssen oft eine ganze Weile nach unten klicken, bis Sie nicht gesponserte Beiträge finden: Normalerweise stehen die am häufigsten angeklickten Beiträge am weitesten oben, aber eine interessierte Firma kann ihre Position nach oben verschieben, wenn sie dafür Geld zahlt, weil dann die Wahrscheinlichkeit höher ist, dass der Beitrag gelesen wird.

Wenn Sie Gedrucktes bevorzugen: Verzichten Sie auf Anzeigen oder firmengesponserte Broschüren!

Fortgeschrittene können sich fragen: Wie werden die Informationen aufgearbeitet? Werden die statistischen Angaben in Prozent angegeben ohne dass die Bezugszahlen erwähnt werden (Prozent von wie viel?) oder in absoluten Zahlen. Sie werden nicht alles verstehen, aber Sie bringen Ihren Dialog mit dem Arzt ein ganzes Stück voran, wenn Sie sich informiert haben und ihn zu den verbliebenen Unklarheiten befragen. Für eine gute Zusammenarbeit ist es nicht schlecht, wenn der andere merkt, dass Sie ein Bewusstsein für seine Probleme haben.

Zusammenarbeit? Der moderne Begriff für Ihre Zustimmung zu Untersuchungen und Eingriffen heißt *informed consent*, informierte Zustimmung. Eigentlich klar: Zustimmen können Sie ja nur, wenn Sie wirklich informiert sind.

Sie wollen das alles nicht wissen? Die Krankheit, die noch so kleine Wahrscheinlichkeit für den Krebs soll einfach weg, weg, weg? Das ist verständlich, aber nicht schlau. Lassen Sie sich nicht ahnungslos in ein System fallen, das neben dem Interesse für die Patienten noch viele andere hat.

9. Sie brauchen einen Arzt, der mit den aktuellen Problemen der praktischen Medizin in Deutschland verantwortungsvoll umgeht.

Was für Probleme? Der Palliativmediziner Gian Domenico Borasio hat Folgendes geschrieben:

> »Wer glaubt, dass im Gesundheitssystem lauter selbstlose Akteure mit freudiger Hingabe ihren Dienst am Nächsten verrichten, der übersieht die Zwänge, die in einem der größten Wirtschaftszweige der Welt herrschen. Tatsache ist, dass es drei Hauptfaktoren gibt, die für moderne Gesundheitssysteme handlungsleitend wirken: *erstens, Geld; zweitens, Geld; drittens, Geld.*«[78]

Ich bin Psychiater, habe dem aber nichts hinzuzufügen. Die Fokussierung auf ökonomische Belange ruiniert nach meiner Auffassung die Medizin, die wir kennen. Und zwar im ambulanten wie im stationären Bereich.

Niedergelassene Ärzte arbeiten nach einem Budget; wenn es aufgebraucht ist, müssen sie umsonst behandeln. Außerdem wurden diese patientenbezogenen Leistungen in den meisten Fächern – vielleicht allen? Das System ist interessanterweise völlig intransparent! – im Laufe der Jahre immer weniger! Da sie das genauso wenig sinnvoll finden, wie Sie das wahrscheinlich täten, versuchen niedergelassene Ärzte, auf andere Weise Geld zu machen: indem sie den Zeittakt erhöhen, indem sie möglichst viele Privatpatienten behandeln und indem sie Ihnen alle möglichen Leistungen schmackhaft zu machen versuchen, die nicht evidenzbasiert sind, aber zusätzliches Geld bringen, sogenannte Individuelle Gesundheitsleistungen, bezeichnet mit dem schönen, aber auch nicht weiterführenden Kürzel IGeL. Ich überlasse es Ihrer Phantasie, sich auszumalen, welche anderen Werte in solch einem System mit den guten alten medizinischen Werten, etwa dem hippokratischen Eid, konkurrieren.

Im stationären Bereich ist es anders, aber keineswegs besser: Hier wurden die diagnosebezogenen Entgelte (DRGs) eingeführt: Ein Krankenhaus bekommt für eine bestimmte Behandlung einer bestimmten Störung eine festgesetzte Bezahlung, egal, wie lange man den Patienten behandelt. Aha. Ehe Sie lange überlegen: Das bedeutet, dass dieses Krankenhaus umso mehr verdient, je eher es einen Patienten entlässt. Dreimal dürfen Sie raten, welchen Druck die Krankenhausverwaltung machen wird. Dabei kommen die sogenannten »blutigen« Entlassungen heraus, ein unangemessen flapsiger Ausdruck dafür, dass die Wundheilung oft erst ansatzweise eingesetzt hat, wenn der Patient in die sogenannte »Kurzzeitpflege« entlassen wird. Die ist auch neu; sie wurde nötig, damit Patienten, die noch pflegebedürftig waren und nicht nach Hause entlassen werden konnten, trotzdem aus dem Krankenhaus rauskamen.

Parallel zu dieser Entwicklung haben die Verwalter in den Krankenhäusern immer mehr Macht bekommen und die Mediziner immer weniger zu sagen.

Sie sollten wissen, dass das so ist und dass vieles im Krankenhaus aus finanziellen Gründen gemacht wird. Und nicht unbedingt, weil es für Ihre Genesung unbedingt nötig wäre.

Wie kommen Sie an all diese Informationen?

Indem Sie mit Ihren Ärzten sprechen, indem Sie fragen und indem Sie sich Notizen machen, sodass Sie sich auch noch nach einigen Wochen daran erinnern können. Ein Gegenüber, das sich Notizen macht, erweckt den Eindruck, ernsthaft interessiert zu sein und auch nicht so leicht über den Tisch gezogen werden zu können.

Das Problem ist vielleicht die oben schon erwähnte fehlende Zeit. Aber bei allem Verständnis für die Kollegen: Wenn es keine Zeit für Aufklärungsgespräche nach dem Bedarf der Patienten gibt, sollten Sie aufstehen und sich einen anderen Arzt suchen.

Was können Sie tun, wenn Sie den Eindruck haben, dass die Behandlung schiefläuft?

Wenig. Die Beweislast, wie die Juristen sagen, liegt auf Ihrer Seite, Sie müssen also nachweisen, dass ein Arzt etwas falsch gemacht hat. Allein schon deswegen ist es gut, sich zu informieren, sich alles schriftlich geben zu lassen und öfters mal nachzufragen, wenn Sie eine Maßnahme nicht verstehen.

Nachtrag zur Zeit: Die Homöopathie ist die Nemesis der Geldmedizin. Homöopathie – ich will Ihnen nicht zu nahe treten, aber so ist es – hat mit Evidenz nichts zu tun. Fast alle Wirkungen beruhen auf dem Charisma der Heiler und auf günstigen Rahmenbedingungen für Placebo-Effekte. Aber was soll's: Wer heilt, hat recht. Gute Homöopathen wissen, wann sie Sie zum Schulmediziner schicken müssen. Zum Beispiel zur Krebsbehandlung. Schlechte Homöopathen behandeln Tumorpatienten entgegen aller Evidenz und ziehen sich diskret zurück, wenn sie sehen, dass es zu Ende geht. Dass die Homöopathie so wichtig geworden ist, liegt an dem Zeitverlust der Schulmediziner: Homöopathen hören zu, gehen auf die Bedürfnisse der Patienten ein. Da gäbe es für die Medizin einigen Nachholbedarf.

Der zweite Pfeil des Schmerzes

Schmerz ist einer der Gründe, warum wir uns vor dem Alter fürchten. Weil Schmerz eines der großen Themen des Alters werden kann, sollten wir uns mit den möglichen Ursachen von Schmerzen und mit dem sinnvollen Umgang mit ihnen beschäftigen. Wenn sich Schmerz mit Hilflosigkeit und Kontrollverlust in der Demenz trifft, wird er zu einem von drei apokalyptischen Reitern und verbreitet großen Schrecken. Der ist deswegen eigentlich unangemessen, weil wir beizeiten viel gegen Schmerzen tun können.

Andererseits ist Respekt vor dem Schmerz berechtigt, denn in den verschiedenen Phasen des Alterns kann Schmerz zum beherrschenden Thema werden. Es ist eine der Kuriositäten dieses unseres wohlhabenden Landes, dass wir für Verschönerungsarbeiten an Haut und Haaren Millionen ausgeben, aber den Schmerz und seine richtige Behandlung, vor allem bei den sehr Alten und Hilflosen, vernachlässigen. Wir übersehen geflissentlich, dass Schönheit nur die äußere Schale und damit unsere Wahrnehmung durch andere betrifft, während uns der Schmerz bis ins Mark dringen und unser Seelenleben völlig verändern kann.

Wenn wir älter werden, nehmen die möglichen Ursachen für Schmerzen zu. Und Ältere empfinden Schmerz besonders stark! Das steht im Gegensatz zur verbreiteten Annahme, dass ältere Menschen schmerzunempfindlicher sein sollen. Dieser Irrtum hat wohl eher damit zu tun, dass ältere Menschen ihren Schmerz oft schlechter äußern können, weswegen er in unserem Medizin- und Pflegesystem schlechter registriert wird – übrigens einer der vielen vermeidbaren Mängel dieses Systems. Tatsächlich machen uns erlebte Schmerzerfahrungen im Laufe unseres Lebens sensibler und nicht unempfindlicher.

Plötzlich auftretender Schmerz ist im Alter, wie im ganzen Leben, ein wichtiges Signal, dass in unserem Körper etwas nicht stimmt, was sinnvollerweise schnell und effektiv behandelt werden sollte. Wenn Schmerz chronisch wird, ist das ein Hinweis, dass eine körperliche und meistens auch seelische Problematik nicht angemessen bearbeitet wurde. Behandlung ist auch hier nötig, doch sieht sie anders aus als beim akuten Schmerz.

Wann entstehen welche Schmerzen, was sind ihre Ursachen, und wie sollten sie behandelt werden?

In den Jahren unserer Berufstätigkeit, wenn älter werden noch kein Thema ist, legen wir die Grundlagen für degenerative Schmerzen: Gelenkschmerzen, Muskel- und Sehnenschmerzen, vor allem in der Variante der Rückenschmerzen, die noch vor den psychischen Störungen am häufigsten zur Krankschreibung von Arbeitnehmern führen: Wir bewegen uns über Jahre bis Jahrzehnte viel zu wenig, lassen vor allem unsere Haltungsmuskulatur verkümmern. Und das wird zum Problem, sobald wir unter Nichtbeachtung unseres fehlenden Trainingszustands plötzlich aktiv sein wollen, den Sport wieder machen, den wir vor Jahren mal gekonnt haben, uns in eine für selbstverständlich gehaltene Urlaubsaktivität stürzen, für die wir längst nicht mehr die Voraussetzungen besitzen. Und dann fallen wir nicht nur, wir überdehnen, zerren, zerreißen irgendwelche Teile unseres Bewegungsapparats. Manchmal passiert das absurderweise gerade in dem Augenblick, wenn wir gute Vorsätze in die Tat umsetzen und uns wieder mehr bewegen wollen! Das betrifft nun vermehrt durchaus das Alter, es passiert beim Einstieg in den sogenannten Ruhestand, wenn endlich Sport angesagt sein soll und wir keine Ahnung haben, ob wir das noch können. Die konkreten Gründe und was Sie dagegen tun können, habe ich im Kapitel über Beweglichkeit behandelt, fasse aber gerne noch mal zusammen: vorsichtig anfangen, unter Anleitung bewegen, richtig bewegen, langsam steigern – und dann regelmäßig bewegen. Nicht aufhören, sonst können Sie wieder von vorne anfangen.

Wenn wir älter werden, melden sich andere Schmerzen, die von einer besonderen Problematik begleitet sind: Ältere Menschen können oft keine präzise Zuordnung mehr treffen, was ihnen konkret Unbehagen bereitet. Sie fühlen sich unwohl, werden unruhig, manchmal aggressiv, irgendetwas stimmt ganz offensichtlich nicht, doch sie können es nicht genau benennen. Die Neigung, sich mit den Signalen des eigenen Körpers zu beschäftigen, hat längst abgenommen, denn Vermeiden erscheint uns als wirksame Strategie, Unannehmlichkeiten auf Distanz zu halten. Die Prostatavergrößerung zum Beispiel ist nervig, die will man nicht gerne haben, und deswegen versucht man(n) eine Mischung aus Minimieren und Ignorieren: minimieren, indem man weniger trinkt – und isst –, und ignorieren, indem man versucht, nicht so oft auf die Toilette zu gehen. Das entstehende medizinische Problem, die Austrocknung, macht gar nichts besser, im Gegenteil; wir schaffen so die Grundlagen für eine ernsthafte medizinische Problematik, die oft erst viel zu spät erkannt wird.

Clint Eastwood, dem Inbegriff des in die Jahre gekommenen harten Mannes, ist es hoch anzurechnen, dass er diesen Aspekt zeigt, »erbarmungslos« zeigt. So hat er keine Hemmungen, den Helden in *Back in the Game*[79] nach dem Aufstehen mangels klarer Sicht – zum Augenarzt will er auch nicht gehen – über die kleineren Teile seiner Wohnungseinrichtung stolpern und dann halb gelangweilt, halb amüsiert die Probleme beim viel zu lange dauernden morgendlichen Pinkeln kommentieren zu lassen. Der Film zeigt, wie das Vermeiden der eigenen Alterswahrnehmung in die Krise führt, aber es wäre nicht Eastwood, wenn er nicht auch einen Ausweg anböte.

Sven Gottschling, Palliativmediziner und Schmerztherapeut, zählt in seinem hervorragend lesbaren Buch *Schmerz los werden*[80] Gründe für Schmerzen bei älteren Menschen auf: Harnwegsinfekte, Entzündungen im Anal- und Genitalbereich, Bauchschmerzen bei voller Blase (Prostatavergrößerung!), Verstopfung, Herpes Zoster, Nervenerkrankungen etwa bei Diabetes mellitus, rheumatische Erkrankungen, Entzündungen des Zahnfleischs durch nicht richtig sitzende Prothesen, Tumorschmerzen, Wundliegen. Aus der Kategorie Beweglichkeit kommen jetzt noch Muskelschmerzen durch langes Sitzen und Liegen dazu sowie die Folgen von Sturzneigung: Prellungen und Brüche.

Das wollen Sie alles nicht gerne haben? Ich auch nicht. Und damit wollen Sie sich ebenfalls nicht gerne bei Ihren alten Angehörigen beschäftigen. Diese Schmerzen kommen aus dem Lebensbereich, der so gar nicht glamourös ist: Eine Sportverletzung ist zwar nervig, aber die können Sie noch vorzeigen, verklärt durch eine gewisse Veteranenpatina. An einen Harnwegsinfekt wollen Sie nicht mal denken. Doch gerade um diesen Kram müssen Sie sich kümmern, weil er Ihnen sonst richtige Scherereien machen wird.

Und dann, ach ja, gibt es noch die Zustände in den Altenheimen, ganz und gar hausgemacht, völlig unnötig, aber furchtbar. Die machen den wahren Schrecken des Alters aus, denn wenn Sie dort angekommen sind, verfügen Sie kaum noch über Möglichkeiten, auf sich aufmerksam zu machen, sich zur Wehr zu setzen.

In deutschen Heimen leben grob geschätzt 750 000 Bewohner, von denen bis zu 80 Prozent an Schmerzen leiden![81] Sie haben Schwierigkeiten, ihre Schmerzen exakt zu benennen; was dazu führt, dass Schmerzen, ähnlich wie Depressionen, für eine selbstverständliche Begleitung des Alters gehalten werden. Die Forderung, dass gute Schmerzbehandlung integrativ ist und sowohl Menschen als auch Zeit braucht, gerät vor allem in den Alten- und Pflegeheimen in einen unlösbaren Konflikt mit der Realität.

Die Gründe haben wir alle schon mal gehört, man hört sie eigentlich ständig, wenn man sich mit dem Thema Altenheime beschäftigt: Im Zentrum steht Personalmangel. Da ist niemand, der das Jammern hören beziehungsweise darauf reagieren könnte; der Pfleger, die Pflegerin ist gerade auf dem anderen Stockwerk beschäftigt. Als direkte Folge geht die Lebensqualität runter, Schlafstörungen, Angst, Depression und Unterernährung gehen rauf. Und weil man mit dem dementen, rumjammernden Herrn, der nichts mehr isst, nicht klarkommt, legt man ihm eine dieser PEG-Sonden; so kann man ihm das Essen reinfüllen, ohne sich um sein Gejammer kümmern zu müssen – und läuft weniger Gefahr, irgendwelche Vorgaben nicht erfüllt zu haben.

Ja, was soll man denn tun? Demenzkranke können sich nicht adäquat verbalisieren, und aus dem Gejammer wird keiner schlau! Stöhnen, Weinen, aggressives Verhalten und Verwirrung nehmen zu, vor allem Schlafstörungen. Sedierende Schlafmittel folgen, die keinen Schlaf, aber Sturzgefahr bringen. Wenn man sich erst einmal etwas gebrochen hat und ans Bett gefesselt ist, hat das Elend irgendwann ein Ende. Soll so das Lebensende aussehen?

Nein! Aber wie soll man nun aus alten Menschen schlau werden, die ihre Schmerzen nicht adäquat ausdrücken können? Es gibt Schmerzbeobachtungsskalen[82], die auf der Grundlage von Verhaltensbeobachtungen Rückschlüsse auf Schmerzen und die zu ergreifenden medizinischen Maßnahmen erlauben. Allerdings braucht man Personal, das solche Beobachtungen machen, auswerten und aus ihnen Konsequenzen ziehen kann.

Gottschling und seine Kollegen haben eine Studie in Deutschland und in Luxemburg erstellt. Die Unterschiede:

In Luxemburg ist speziell für die Schmerzerkennung ausgebildetes Pflegepersonal vorgeschrieben, in Deutschland nicht. In Luxemburg werden Fremdbeobachtungsskalen einmal pro Woche gemacht, in Deutschland einmal in drei

Monaten. Das hat dann allenfalls noch den Sinn, den medizinischen Dienst der Krankenkassen zufriedenzustellen; am Elend alter Schmerzpatienten ändert es nichts. Tatsächlich bekommen Demenzpatienten sehr viel seltener Schmerzmittel. Was aber nicht daran liegt, dass sie seltener Schmerzen hätten.

Diese Situation wird durchaus benannt: Pflegekräfte sehen und sprechen die Probleme an; zu wenig Personal, zu wenig Schmerztherapeuten, zu wenig Schulungen, Nebenwirkungen der Schmerzmittel – dazu kommen wir gleich –, fehlende Zusammenarbeit zwischen dem noch vorhandenen Pflegepersonal, den Belegärzten et cetera. Das sind alles hausgemachte Probleme in diesem reichen Land. Ob es besser wird?

Der entscheidende Vorteil der im Zuge der Digitalisierung im Altenpflegebereich angedachten Pflegeroboter gegenüber pflegenden Menschen wäre für Träger und Krankenkassen zweifelsohne, dass man die so programmieren könnte, dass sie keine Probleme ansprechen, nicht rummotzen und sich nicht beschweren.

Verlassen wir bis auf Weiteres die Niederungen deutscher Altenpflege und wenden uns dem zu, wie es sein könnte: Wie macht man Schmerzbehandlung?

Gute Schmerzbehandlung ist integrativ, das heißt, nach einer gründlichen Diagnostik kombiniert sie Physiotherapie, Medikamente und Psychotherapie in unterschiedlicher Weise und Gewichtung, je nach Art des Schmerzes. Man braucht dafür Menschen – und vor allem Zeit.

Das funktioniert also nicht so, dass ein Orthopäde Sie in die Röhre steckt, Ihnen ein paar Spritzen reinjubelt, Schmerzmittel verschreibt und Sie, wenn das alles nicht hilft und Sie sich nicht operieren lassen wollen, zu irgendeiner Krankengymnastin überweist. Idealerweise arbeiten Ärzte und Physiotherapeuten eng zusammen. Ich will Ihnen hier aber nicht die kleine Vorlesung zur integrativen Schmerzbehandlung anbieten. Infomieren Sie sich bitte selbst! Integrativ ist das Stichwort!

Dabei kommt den nichtmedikamentösen Verfahren die wesentliche Rolle zu: Unter Anleitung der Physiotherapeuten lernen Sie wieder körperliche Aktivität. Bewegen, bewegen, bewegen! Ruhe ist als Behandlungskonzept bei chronischen Schmerzen inzwischen abgelöst. – Irgendwie erinnert mich das an die Neudefinition des guten alten Ruhestandes, Sie nicht?

Ein kurzer Blick auf Schmerzmedikamente:

Was sollten Sie wissen? Die Verschreibung ist Sache des Arztes, aber Sie wenden die Ihnen verschriebenen Medikamente ja an, und da kann man so einiges falsch machen.

Über die Gefahren, Diclofenac einzusetzen, um trotz Schmerzen Sport treiben zu können, habe ich schon geschrieben. Es gehört wie ASS und Ibuprofen zu den Nicht-Opioid-Schmerzmitteln und sollte nur nach eingehender Beratung durch Ihren Arzt eingenommen werden. Denn diese Medikamente können gravierende Nebenwirkungen haben, wenn Sie sie länger als fünf – oder zehn Tage – nehmen, da gehen die Meinungen auseinander, aber wenn ich so etwas nehmen würde, wäre ich gerne auf der sicheren Seite.

- Blutungsneigung: Mindestens 4000 Menschen/Jahr sterben geschätzt in Deutschland an dieser Nebenwirkung. Man merkt keine Vorläufersymptome! Blutungen können schon nach wenigen Tagen auftreten.
- Bei Asthmapatienten kann sich das Asthma unter diesen Medikamenten dramatisch verschlechtern.
- Alle diese Substanzen haben ein erhöhtes Herzinfarkt- und Schlaganfallrisiko. Ja, Sie kennen ASS aber doch als Präventionsmittel gegen den zweiten Herzinfarkt! Da nehmen Sie eine Dosis, die deutlich geringer ist, als zur Schmerzbehandlung notwendig.

◆ Die mögliche Schädigung der Nierenfunktion, nicht nur bei Diclofenac, sondern auch bei Ibuprofen, ist erstens individuell unterschiedlich und beruht zweitens auf einem Summationseffekt: Wenn Sie zu viel genommen haben – und »zu viel« bedeutet bei jedem etwas anderes –, ist Schluss mit der Niere, und Sie brauchen Dialyse oder eine Transplantation.

◆ Das gerade bei Kindern sehr beliebte Paracetamol ist beim Schmerz dem Placebo nicht überlegen, nur für die Fiebersenkung ist es besser. Aber es belastet die Leber, wird als eine Ursache für ADHS diskutiert und hat noch eine Reihe problematischer (Neben-)Wirkungen.

◆ Metamizol ist wohl das wirksamste Nicht-Opioid-Schmerzmittel, effektiv, krampflösend; wegen seiner in den 1970er-Jahren beschriebenen hemmenden Wirkungen auf die Blutbildung, bis hin zur Agranulozytose, die aber kaum noch beobachtet werden, ist es verschreibungspflichtig. Das dürfte aber nach allem, was Sie jetzt schon über Schmerzmittel gelesen haben, auch Ihnen eher als ein Vorteil als ein Nachteil erscheinen.

Wenn Sie darüber mehr Details wissen wollen, lesen Sie Gottschling![83] Er versteht mehr davon als ich. Das gilt auch für die Opiate, die für die Langzeitanwendung, also bei starken Dauerschmerzen, die idealen Medikamente zu sein scheinen. Sie haben

◆ keine Langzeitnebenwirkungen bis auf eine beherrschbare Verstopfung, anfangs können Schwindel und Übelkeit auftreten,

◆ bei Schmerzpatienten keine Abhängigkeitsprobleme bis auf die Notwendigkeit einer langsamen Entzugsbehandlung;

◆ man bekommt sie nicht zum Sterben;

◆ man dämmert nicht dahin, man dosiert sich an die benötigte Dosis heran und erreicht dadurch eine effektive Behandlung und, das interessiert vor allem den Psychiater, vermeidet dadurch Schmerzsuizide!

♦ Bei Schmerzpatienten beobachtet man so gut wie keinen Wirkungsverlust;

♦ man muss keine Obergrenze beachten, sondern dosiert sich langsam an die nötige Dosis heran.

Nun die Seele: Gute Schmerzbehandlung ist integrativ, das heißt, sie integriert auch Psychotherapie. Welche Psychotherapie? Nein, nicht die Couch und Ihre Nachfolgetherapien, Liegen ist zu ruheorientiert. Im Ernst. Es geht um einen kurzfristigen, an der Störung orientierten Therapieansatz, in Absprache mit Orthopäden, Schmerztherapeuten und Physiotherapeuten, und den können von der Ausbildung her am besten Verhaltenstherapeuten realisieren. Fragen Sie nach der fachlichen Ausrichtung des Psychotherapeuten! Auch hypnotische Verfahren können hervorragend bei Schmerz wirken, wieder in einem integrativen Ansatz.

Gibt es eine spirituelle Seite des Schmerzes? Ich bin überzeugt davon, aber es ist Ihre Sache, wie Sie mit dem Leben umgehen. Um es mal auf einen kurzen Nenner zu bringen: Es macht für Ihr Erleben einen Unterschied, ob Sie gutes Leben als etwas empfinden, worauf Sie Anspruch haben und dessen Fehlen Sie wütend macht und enttäuscht – oder ob Sie sich, zum Beispiel durch Meditation, in die Lage versetzen, mit dem umzugehen und das zu akzeptieren, was auf Sie zukommt und was unausweichlich ist. Das kann ich nicht rezeptieren, das hängt allein von Ihnen selbst ab. *Your choice again.*

Thich Nhat Hanh, der Ihnen inzwischen vertraut sein könnte, spricht vom »zweiten Pfeil«, den es zu vermeiden gilt (Überraschung: Es gibt auch sinnvolles »Vermeiden«):

»Dein Leiden ist der erste Pfeil. Der zweite Pfeil ist durch deine Reaktion gegeben, zum Beispiel Verärgerung, Irritation, Widerstand. ... Angst, weil Du die Situation für viel schlimmer hältst, als sie tatsächlich ist, die Unfähigkeit zu akzeptieren, dass Du getroffen bist; vielleicht auch tiefe Enttäuschung oder Bedauern.«[84]

Alterskrankheiten

Fast alle Krankheiten des Alters können auch in jüngerem Alter auftreten. Andererseits unterscheiden sich die mit diesen Krankheiten verbundenen medizinischen Probleme älterer Menschen, unabhängig von den einzelnen Erkrankungen, ziemlich stark von den Problemlagen jüngerer Menschen. (siehe auch das Interview mit Dr. Peter Häussermann). Der Druck, einen Menschen wieder in den Arbeitsmarkt eingliedern zu müssen, ist verschwunden, aber dafür nimmt die Gefahr zu, dass einmal aufgetretene Störungen oder Defizite chronisch werden. Zum Beispiel bei den Depressionen: In der Berliner Altersstudie zeigte sich, dass Menschen, die beim ersten Kontakt allenfalls einzelne depressive Symptome hatten, ein paar Jahre später die Diagnose »chronische Depression« bekamen[85]. Depressionen verlaufen eigentlich phasenweise, sie kommen und gehen auch wieder. Was passiert im Alter? Wie könnte man das verhindern?

Die Themen Muskelabbau, Koordinationsdefizite, Sturzgefährdung rücken in den Vordergrund. Eigenständige Zentren für Altersmedizin versuchen, diese Entwicklung zu berücksichtigen. Idealerweise tragen die baulich/räumliche Gestaltung und eine altersgerechte Strukturierung der Abläufe dazu bei, die Krankenhausaufenthalte älterer Menschen möglichst komplikationslos ablaufen zu lassen. Am Beginn des Aufenthalts werden Ernährungszustand, kognitiver und affektiver Status, Gehfähigkeit, die Alltagstauglichkeit und das Potenzial für eine Pflegebedürftigkeit erfasst.

Im Alter machen Ihnen Krankheiten Probleme, die schon früher im Leben begonnen haben und bei denen Sie es nun mit dem späten Verlauf zu tun haben, zum Beispiel bei Herz- und Lungenkrankheiten. Bei anderen Krankheiten sammeln Sie im Lauf Ihres Lebens die Risiken an, deren Summation irgendwann im Alter entscheidet, ob Sie erkranken. Das ist bei den Folgen vom Rauchen, vom Alkoholmissbrauch, vom Übergewicht der Fall. Wenn Sie etwas gegen diese Risiken tun wollen, müssten Sie zu einem Zeitpunkt damit beginnen, an dem Sie das Alter noch nicht im Blick haben. Im Alter ist es meist zu spät, um Prävention zu betreiben. Selbst bei typischen Alterskrankheiten glauben Forscher mittlerweile, dass Sie die Risiken ein Leben lang erwerben, ohne dass wir genau wissen, welche Risiken das eigentlich sind. Aber offensichtlich produziert das Leben Risikofaktoren, die sich beispielsweise nach neunzig Jahren als Demenz manifestieren. Nach sechzig oder siebzig Jahren ist das noch nicht so, wie die Prozentzahlen in den verschiedenen Altersstufen zeigen. Deswegen ist es kein Wunder, dass die Forschung auf diesem Gebiet so langsam vorangeht: Es gibt kein tierexperimentelles Modell, das so lange Zeiträume erfassen könnte, abgesehen davon, dass auch die aktive Arbeitsphase der meisten Forscher dafür nicht ausreicht.

Bei manchen Alterskrankheiten kann man leicht Abhilfe schaffen, andere beeinflussen die Lebensqualität im Alter wesentlich. Deswegen ist die Frage, ob und was man dagegen tun kann, von besonderer Bedeutung für Sie.

Die anderen nuscheln so:

Das finden vor allem die älteren Männer, denn Frauen werden seltener schwerhörig.[86] Trotz einer großen individuellen Schwankungsbreite nimmt die Hörfähigkeit mit dem Alter ab, allerdings geht das schon mit zwanzig für den Hochtonbereich los. Im Allgemeinen muss man lauter sprechen, damit einen ein alter Mensch von achtzig verstehen kann.

Aber es wird doch so viel Unsinn geredet, da schadet es nicht, wenn man nicht alles versteht – sagen vor allem die Männer. Das Problem ist, dass mit zunehmendem Hörverlust auch das Sprachverständnis entschwindet! Sie verstehen nicht mehr, was man Ihnen sagen will, und das beeinträchtigt Ihre sozialen Kontakte. Deswegen sollten Sie ein Hörgerät tragen! Und zwar sobald Sie den Hörverlust bemerken. Nur: Sie merken es ja gar nicht. Ihre Chance: Nehmen Sie ernst, was Ihnen Ihre Frau, Partnerin, Kinder et cetera sagen, und seien Sie nicht bockig! Das sind Sie, weil Ihnen der normale altersabhängige Hörverlust peinlich ist. Normal heißt, dass Sie umso schlechter hören, je älter Sie werden: Was bei einem 40-Jährigen noch pathologisch ist, wäre bei einem 80-Jährigen normal. Weitere Probleme des zunehmenden Alters sind: Ohrgeräusche, der Tinnitus; oft tritt der nach einem sogenannten »Knalltrauma« auf, wenn Sie den empfindlichen Zellen Ihres Innenohres zu laute Geräusche zugemutet haben. Das bezieht sich keineswegs nur auf einen Knall im Sinne des Wortes, sondern auf zu laute Musik, Baulärm, das Starten eines Jumbojets u. ä. Das Tragen von Gehörschutz bei einem Konzert mit *Heavy-Metal*-Klängen wäre sicher eine präventive, wenn auch nicht sehr populäre Maßnahme.

Es gibt elaborierte Möglichkeiten, einen Tinnitus zu bekämpfen. Dafür sollten Sie sich zu den Spezialisten begeben. Aus Sicht des Psychiaters wird ein Tinnitus vor allem zum Problem, wenn gleichzeitig eine Depression besteht. Dann glauben ihn die Betroffenen überhaupt nicht aushalten zu können. Mit dem Wirkungseintritt der Depressionsbehandlung nimmt die Dringlichkeit des Problems sukzessive ab.

Hörgeräte profitieren von einem enormen technischen Fortschritt; sie werden immer besser, das lästige Pfeifen bei Rückkopplungen gibt es kaum noch, und – wenn Ihnen Ihre Schwerhörigkeit weiterhin peinlich sein sollte – immer kleiner, das heißt, man sieht sie kaum noch. Und auch wenn es dazu keine langen Interventionsstudien gibt: Hochgradig plausibel ist, dass Ihre Sozialkontakte besser bleiben, wenn Sie so ein Ding tragen.

Nicht mehr klar sehen:

Beim Sehen sind die Frauen schlechter dran.[87] Und zwar sowohl was das Fern- als auch was das Nahsehen angeht. Auch wieder mit einer großen individuellen Breite.

Dazu kommen Augenkrankheiten, die im Alter zunehmen, grauer und grüner Star, Netzhautablösung, Makuladegeneration. Die Behandlung des grauen Stars, oder Katarakt, ist in entsprechenden augenärztlichen Zentren so perfektioniert, dass sie ambulant und fließbandähnlich ohne Probleme gemacht werden kann. Die Erhöhung des Augeninnendrucks (grüner Star) kann medikamentös gut reguliert werden; hier ist es wichtig, auf medikamentöse Wechselwirkungen zu achten, da viele Medikamente den Augeninnendruck erhöhen können. Netzhautablösungen lassen sich, wenn sie rechtzeitig entdeckt werden, gut behandeln. Die Makuladegeneration ist nach wie vor ein großes Problem, das zur Erblindung führen kann.

Grundsätzlich gilt: Wenn Sie Probleme mit dem Sehen bemerken, sollten Sie nicht davon ausgehen, dass es schon wieder wird, sondern einen Termin mit dem Augenarzt vereinbaren.

Herz-Kreislauf-Erkrankungen:

Dazu gehören Bluthochdruck, Arteriosklerose, Herzrhythmusstörungen, koronare Herzerkrankung und der Herzinfarkt – zusammen machen diese Störungen die häufigsten Todesursachen aus, auch und gerade bei älteren Menschen. Ein wesentlicher Faktor in diesem Ursachen-Portfolio ist der Bluthochdruck, der wiederum Herzrhythmusstörungen, Nierenversagen, Schlaganfälle – also Gefäßverschlüsse oder Blutungen im Gehirn – und Herzinfarkte begünstigt. Alle diese Erkrankungen können tödlich ausgehen oder Invalidität nach sich ziehen. Weitere Risikofaktoren sind Erhöhungen des Cholesterins, der Triglyzeride und des Blutzuckers, die zur Arteriosklerose führen können, besonders der Herzkranzgefäße. Dies alles auf der Grundlage von Bewegungsmangel, Übergewicht, Rauchen, Stress und seelischen Belastungen. Und wenn keiner dieser Risikofaktoren für Sie gilt, kann es immer noch sein, dass Sie genetisch vorbelastet sind.

Dazu kommt, dass in jüngerem Lebensalter die Frauen durch die Östrogene weitgehend vor Herz-Kreislauf-Erkrankungen geschützt sind, was aber nach der Menopause nicht mehr gilt.

So weit, so schlecht.

Die Situation wird dadurch nicht einfacher, dass die tatsächliche Bedeutung einiger dieser Risiken strittig ist. Nicht das Rauchen, nicht das Übergewicht und nicht der Bewegungsmangel. Auch wenn Sie deutliche Hinweise für eine Arteriosklerose haben, wenn mit einer Ultraschalluntersuchung der Gefäße Plaques an den großen Gefäßen nachgewiesen wurden, wenn Sie eine Angina Pectoris oder bereits einen Herzinfarkt hinter sich haben, ist Ihr Risiko eindeutig.

Schwieriger ist die Beurteilung, wenn all das fehlt und Ihr Arzt bei Ihnen lediglich erhöhte Fette oder einen erhöhten Blutzucker feststellt. Denn die Grenzwerte in diesem Bereich sind seit Jahren Gegenstand einer intensiven akademischen Diskussion, die noch nicht zu Ende ist. Der Verdacht lässt sich nicht ausschließen, dass diese Diskussion interessengeleitet ist: Von welchen Interessen? Interessen der Pharmaindustrie und der Ärzte. Wenn man Risiken und nicht Krankheiten behandelt, lässt sich mit den entsprechenden Medikamenten viel mehr Geld verdienen. Kann das Ihr Interesse sein? Fragen Sie Ihren Arzt nach der Evidenzlage für eine vorgeschlagene Behandlung!

Das gilt auch für die Behandlung der koronaren Herzerkrankungen und des Herzinfarktes: Nach den entsprechenden Leitlinien gibt es eine klare Vorgabe, dass bis zu zwei Verschlüsse an diesen Gefäßen mithilfe eines von einer peripheren Arterie vorgeschobenen Katheters und gegebenenfalls mit dem Einsatz von sogenannten Stents behandelt werden können. Das ist eine tolle Möglichkeit, die Ihnen eine Öffnung des Brustkorbs und den Ersatz der kranken Herzkranzgefäße durch andere, Ihrem Körper entnommene Blutgefäße erspart. Allerdings ist dieses Verfahren bei mehr als zwei Verschlüssen erheblich risikobehaftet; dann sollten Sie nach den Leitlinien zum Herzchirurgen überwiesen werden. Leider sieht die Praxis häufig anders aus, denn mit Herzkathetern und Stents lässt sich viel Geld verdienen. Wie hieß dieser Begriff noch mal? Interessengeleitet.

Osteoporose:
Knochen sind keine starre Angelegenheit, sondern befinden sich in einem ständigen Auf- und Abbau. Der wesentliche Reiz dafür ist die mechanische Belastung der Knochen, Druck und Zug durch die Schwerkraft und durch die am Knochen ansetzenden Muskeln.

Da sich die meisten Menschen im Alter zu wenig bewegen, haben sie ein erhöhtes Risiko zum Knochenabbau bis hin zum »porösen Knochen«, der Osteoporose, mit einer Neigung, sich leichter Brüche zuzuziehen.

Weitere Risikofaktoren für die Osteoporose sind

◆ falsche Ernährung
◆ Unter- und Übergewicht
◆ Alkoholmissbrauch
◆ Rauchen
◆ Krankheiten, die den Körperstoffwechsel betreffen, wie zum Beispiel die Zuckerkrankheit, entzündliche Darmerkrankungen oder rheumatische Krankheiten
◆ Medikamente, die abbauend wirken, wie zum Beispiel Steroide

- der Rückgang weiblicher und männlicher Geschlechtshormone
- niedriger Vitamin-D-Spiegel
- genetische Belastung.

Das sind Risikofaktoren; also können sie die Entstehung der Osteoporose fördern, müssen es aber nicht. Sie können etwas dagegen tun!

Wenn Sie diese Liste Revue passieren lassen, fallen Ihnen wahrscheinlich ein paar Dinge auf:

Es gibt die üblichen Verdächtigen, Verhaltensweisen, die generell schwer vereinbar mit einem gesunden Leben sind: Rauchen, Alkoholmissbrauch, Unter- und Übergewicht. Selbst wenn es dafür nicht in jedem Fall kontrollierte Studien gibt, können Sie davon ausgehen, dass es Ihnen etwas bringt, wenn Sie solche problematischen Verhaltensweisen reduzieren, nicht nur für die Osteoporose. Dass eine solche Reduktion von etwas Falschem ebenfalls problematisch sein und ein Risiko mit sich bringen kann, ist eine Begleiterscheinung menschlichen Lebens. Trotzdem! Abwägen können Sie zumindest.

Dafür müssen Sie wissen, was die Symptome einer Osteoporose sind:

- Die Knochen werden poröser und können leichter brechen, manchmal sogar bei Bagatellbelastungen. Brüche erfordern fast immer eine Immobilisierung, was im Alter besonders problematisch ist.
- Osteoporose tut weh! Sie können starke Schmerzen bekommen, die Ihnen das Leben vergällen und eine der nötigen Gegenmaßnahmen behindern, die Bewegung.

Krankheiten, die Osteoporose begünstigen, müssen Sie sowieso behandeln lassen. Bleiben die Geschlechtshormone und die Bewegung: Die Abnahme der Geschlechtshormone nach der Menopause beziehungsweise mit zunehmendem Alter ist nicht zu ändern. Im Bereich der Sexualität macht sich das erfreulicherweise weniger bemerkbar als beim Knochenwachstum. Es gibt viele Studien, die sich mit der Frage beschäftigt haben, ob die Einnahme von Hormonen in der Menopause den Verlust durch die körpereigene Freisetzung ausgleichen kann. Die klare Antwort ist: Nein. Zum einen sind die Wirkungen substituierter Hormone mit den körpereigenen nicht vergleichbar, zum anderen kann gerade die Östrogensubstitution mit einem hohen und nicht beherrschbaren Krebsrisiko einhergehen.

Nur im Fall des Vitamin D bringt eine Substitution etwas. Eigentlich bildet unser Körper Vitamin D selbst, wenn wir dem Sonnenlicht Zugang zu unserer Haut gewähren. Das passiert aber nur noch selten, weil wir meistens voll bekleidet durch die Gegend laufen und dies nur in raren Momenten des Sommerurlaubs oder des Aufenthaltes in fernen, warmen Ländern ändern. Das reicht für eine Vitamin-D-Bildung in vielen Fällen nicht aus. Gleiches gilt für die nördlichen Bundesländer, in denen die Sonne vor allem im Winterhalbjahr auch bei tollem Wetter so flach über dem Horizont steht, dass sie keinen nennenswerten Effekt haben kann.

Vitamin D bildet sich trotz Sonneneinstrahlung auch dann nicht, wenn Sie das tun, was Ihnen die Dermatologen mit vollem Recht empfehlen, nämlich Ihre Haut bei intensiver Sonneneinstrahlung mit Lichtschutzfaktor 30 bis 50 einzuschmieren, um dem Hautkrebs keine Chance zu geben. Angesichts dieser komplexen Lage empfiehlt es sich, ab und zu den Vitamin-D-Spiegel bestimmen zu lassen und, wenn er zu niedrig ist, unter ärztlicher Aufsicht zu substituieren. Unter ärztlicher Aufsicht und Kontrolle deshalb, weil Sie es auch nicht überdosieren dürfen, um die Leber nicht zu schädigen.

Ach ja, noch etwas: Vegetarier sollten gelegentlich mal ihren Vitamin-B-2-Spiegel bestimmen lassen.

Übrigens: Präventiv kann man der Osteoporose durch

eine entsprechende Diät wahrscheinlich sehr gut vorbeugen:
Brokkoli und so weiter!

Depression:

Was viele für das typische Erscheinungsbild des alten Menschen halten, ist in Wahrheit das Bild einer typischen Depression:

Keine Freude an den Dingen, die einen immer gefreut haben – nichts macht mehr so richtig Spaß. Kein Appetit, weder
auf Essen noch auf Sex. Das Interesse ist weg und auch der
Antrieb – kein Schwung mehr. Der Schlaf ist unregelmäßig
und nicht mehr erquickend, aber viele liegen die ganze Zeit
im Bett. Alles ist grau. Nicht sterben wollen, aber lebensmüde
sein. Zu viel Trauriges erlebt haben, aber keine Trauer empfinden. Sozialer Rückzug. Angst.

Nun hat man als Psychiater oft den Eindruck, dass Depressionen im Alter häufig sind, aber tatsächlich ist die Statistik
kompliziert:

Aktuelle Analysen von Krankenkassendaten zeigen einen Anstieg der Depressionsrate von 4 Prozent im Alter von 20 bis
29 Jahren auf 14 Prozent im Alter von 70 bis 79 Jahren, bei Frauen
von 5 Prozent auf 18 Prozent und bei Männern von 3 Prozent auf
9 Prozent. Bei der direkten persönlichen diagnostischen Untersuchung in der »Studie zur Gesundheit Erwachsener in Deutschland« erfüllten jüngere Frauen im Alter von 18 bis 34 Jahren mit
über 15 Prozent hingegen besonders häufig die Kriterien für eine
Depression, die dann bis in die Altersgruppe der 55- bis 64-jähri-
gen Frauen auf 6 Prozent zurückging. Bei Männern konnte kein
entsprechender Trend festgestellt werden.[88]

Welche Faktoren begünstigen Depressionen im Alter? Eine
Depression ist ein multifaktorielles Krankheitsbild, das viel
mit Stress zu tun hat. Auch wenn es logisch erscheint, dass
ein mit veränderter Emotionalität einhergehendes Krankheitsbild ursächlich vor allem durch psychologische Faktoren
bedingt sein müsste, ist Stress nicht auf psychologische Fak-

toren beschränkt. Veränderungen jeder Art, Umzüge, das Sich-Trennenmüssen von Dingen, die einem im Laufe des Lebens ans Herz gewachsen sind, chronische und mit Schmerzen verbundene Erkrankungen, der Verlust von Bezugspersonen durch den Tod, chronische Konflikte, zum Beispiel mit Familienmitgliedern wie den Kindern, zu denen man eigentlich jetzt gerne einen guten Kontakt hätte, und *last, not least* die Einsamkeit.

Eigentlich lassen sich Depressionen auch im Alter gut behandeln, im Gegensatz zu vielen anderen Alterskrankheiten. Die hohen Prävalenzzahlen deuten allerdings darauf hin, dass diese Möglichkeiten nicht voll ausgeschöpft werden. Zwei Möglichkeiten stehen zur Verfügung: Psychotherapie oder medikamentöse Antidepressiva. Und eigentlich könnten Sie wählen, welche Methode Ihnen mehr zusagt: Sind Sie ein Mensch, der gerne seine Probleme ergründet, der über sich sprechen und sich mit anderen, auch in Gruppen, austauschen kann? Oder ist das nicht so Ihre Sache? Wollen Sie nur, dass dieser ziemlich scheußliche Zustand einfach weggeht, und sind dafür gerne bereit, Tabletten zu nehmen?

Vor- und Nachteile beider Behandlungen sind klar zu beschreiben.

Medikamente: Es gibt heute genügend unterschiedliche Antidepressiva, um für jeden Patienten und jede Konstellation der Depression die richtige Substanz zu finden. »Richtig« bedeutet: wirksam, aber mit möglichst wenig Nebenwirkungen. Da Wirkung und Nebenwirkungen eine sehr individuelle Angelegenheit sind, muss man sie ausprobieren. Was für den einen ideal ist, kann beim anderen unwirksam oder mit vielen Nebenwirkungen belastet sein. Für jedes Antidepressivum gilt, dass es bei 60 Prozent der Patienten wirksam und bei 40 Prozent unwirksam ist. Da die Wirkung nicht unmittelbar einsetzt, sondern mit einer Latenz von zwei bis vier Wochen, kann man nichts anderes tun, als es auszuprobieren.

Kritisch ist die Dosierung: Wenn Sie zu wenig nehmen, wirkt das Medikament nicht; bei einer zu hohen Dosierung nehmen die Nebenwirkungen zu – bis es gefährlich wird. Gerade bei Älteren ist die benötigte Dosierung oft deutlich niedriger als die Standardempfehlungen.

Dazu kommen die Wechselwirkungen: Ältere nehmen oft eine ganze Reihe unterschiedlicher Medikamente, für Probleme mit dem Blutdruck, mit dem Herzen, mit den Blutfetten und so weiter. Und nicht nur, aber auch Antidepressiva haben Wechselwirkungen mit diesen anderen Medikamenten, die teilweise durchaus kritisch werden können.

Eine häufige und häufig übersehene Nebenwirkung von Antidepressiva, aber auch von stimmungsstabilisierenden Medikamenten bei älteren Menschen ist die Hyponatriämie, zu deutsch ein zu niedriger Kochsalzspiegel im Blut. Da Natrium eine wichtige Voraussetzung für alle elektrischen Phänomene in unserem Körper ist, kommt es bei zu niedrigen Werten zu Funktionsstörungen vom Herzen, vom zentralen und vegetativen Nervensystem, was sich in Benommenheit, Stürzen und Ähnlichem äußern kann. Eine einfache Blutabnahme könnte das klären!

Was heißt das für den Sie behandelnden Arzt?

Er muss sich mit Antidepressiva, mit ihrer Dosierung und den Wechselwirkungen auskennen, gerade bei älteren Menschen. Er muss über das entsprechende Wissen verfügen, wann es sinnvoll ist, Blutspiegel zu bestimmen. Denn wenn eine Wirkung auf sich warten lässt oder Nebenwirkungen zu stark sind, kann das an einem zu niedrigen oder zu hohen Spiegel liegen. Den kann man bestimmen. Ihr Psychiater muss über ausreichend Zeit verfügen, Ihnen in den Wochen der Neueinstellung auf ein Medikament genügend Termine geben zu können, damit Sie beide sich über den Wirkungsgrad, über die Nebenwirkungen etc. abstimmen können; ein Termin alle vier Wochen reicht dafür definitiv nicht aus.

Bestehen Sie auf diesen Vorbedingungen für eine korrekte

Behandlung! Wegen einer verfehlten Strategie der dafür zuständigen Gesundheitspolitiker und der Krankenkassen sind Termine bei Psychotherapeuten und neuerdings auch Psychiatern ein rares Gut geworden. Aber eine menschen- und vor allem altersgerechte Medizin ist ohne Gespräche nicht möglich!

Im Idealfall erleben Sie bei einer medikamentösen Therapie Ihrer Depression innerhalb weniger Wochen eine deutliche Erleichterung, und in zwei bis drei Monaten kann der ganze Spuk vorbei sein.

Vielleicht haben Sie gehört, dass Antidepressiva nicht wirksam seien. Es soll eine hohe Placebo-Antwort geben, und viele Studien hätten keine klare Evidenzlage ergeben. Das stimmt. In der Tat ist die Studienlage zur Antidepressiva-Wirkung eine hochkomplexe Angelegenheit, über die Fachleute lange diskutieren können. Aber sie rechtfertigt meines Erachtens nicht, auf Antidepressiva zu verzichten.

Einige Diskussionspunkte:

◆ Dass eine Krankheit durch die Gabe von Placebos besser wird, spricht nicht gegen die Wirksamkeit von Medikamenten, sagt aber einiges über die menschliche Natur aus: Wir sind keine pharmakologischen Maschinen, sondern neben pharmakologischen Mechanismen spielt unsere Einstellung und vor allem die Spontanheilung eine große Rolle. Bei Depressionen hat man eine Placebo-Antwort von circa 40 Prozent gefunden, was beachtlich ist, aber von der Placebo-Rate anderer medizinischer Phänomene noch übertroffen wird: Bei den derzeit so intensiv diskutierten Nahrungsmittelunverträglichkeiten soll der Placebo-Anteil bei 60 Prozent liegen!

◆ Die Placebo-Rate wird umso geringer beziehungsweise Medikamente werden umso effektiver, je schwerer die Depression ist. Leichte Depressionen haben eine hohe Neigung zur Spontanheilung und werden auch durch

Entlastung, Stressmanagement und verständnisvolle Gespräche besser; deswegen kann man sich bei ihnen die Entscheidung für ein Antidepressivum schwerer machen.

◆ Ein Symptom der Depression lässt sich besonders sinnvoll mit dafür geeigneten Antidepressiva behandeln: die Schlafstörung. Zum einen bessert sie sich bei Psychotherapie erst relativ spät, zum anderen sind schlafanstoßende Antidepressiva relativ nebenwirkungsarm. Und wenn der Schlaf besser wird, vergehen gerade leichte Depressionen oft sehr schnell, und Sie entgehen der Grübelei über Placebo und tatsächliche Wirksubstanz.

Alternative 2: Sie reden gerne und wollen eine Psychotherapie machen. Das ist im Prinzip eine gute Entscheidung, denn es gibt mehrere, speziell für die Behandlung von Depressionen entwickelte Psychotherapien: die Interpersonale Therapie, die Kognitive Verhaltenstherapie, und die Kognitiv-behaviorale Therapie für chronische Depressionen. Ein tiefenpsychologischer oder gar psychoanalytischer Ansatz ist bei der Depression nicht so sinnvoll, weil die ja in diesem Fall meist sehr langfristig angelegten Therapien oft noch andauern, wenn die Depression längst vorbei ist.

Das große Problem aller Psychotherapien ist die Verfügbarkeit von Therapeuten. Fast überall in Deutschland liegt die Wartezeit im Bereich von mehreren Monaten bis Jahren. Und das von den Krankenkassen eingerichtete Notfallsystem, das schnelle Termine beim Psychotherapeuten generieren soll, führt nur dazu, dass Sie zwar einen schnellen Termin bekommen, bei dem Ihnen der freundliche Therapeut aber sagt, dass bei ihm ein Platz erst wieder in zehn Monaten oder eineinhalb Jahren frei ist. Absurd! Speziell in einem reichen Land wie der Bundesrepublik Deutschland. Die Situation bei den Privatversicherten ist übrigens nicht nennenswert besser.

Was ist sinnvoll?

Sie sollten bedenken, dass Sie, wenn Sie mit 70 depressiv werden, wahrscheinlich nicht eineinhalb Jahre auf eine Therapie warten wollen. Deswegen ist es sinnvoll, zunächst einen Termin bei einem Psychiater und nicht beim Psychotherapeuten zu machen. Den bekommen Sie wahrscheinlich schneller, und der Kollege kann erst mal eine genaue Diagnose stellen – was Sie selbst nicht so richtig können. Anschließend kann er mit Ihnen die Fürs und Wider der verschiedenen Therapien diskutieren und vielleicht schon einige Gespräche über Ihre spezielle Problemsituation führen, Ihnen gegebenenfalls zusätzlich ein schlafanstoßendes Antidepressivum verschreiben. Aus Ihrer depressiven Stimmungslage heraus mit der entsprechenden Grübelneigung mögen Sie das nicht glauben: In vielen Fällen war es das schon, die Depression wird besser, und in zwei Monaten geht es Ihnen wieder gut. Das ist eine Erfahrung, die ich mit einigen Kollegen teile: Dass man nicht immer das volle Programm braucht, sondern dass es oft mit fünf Sitzungen und einer Kombination aus Medikamenten und Psychotherapie schon deutlich besser wird. Wenn danach immer noch die Notwendigkeit für eine Psychotherapie besteht, müssen Sie sich eben in die Warteschleife begeben.

Sie oder vielleicht Ihre Angehörigen fragen sich, ob Psychotherapie in Ihrem Alter überhaupt noch sinnvoll ist? Aber sicher doch! Gerade in Ihrem Alter hat sich so einiges angesammelt, über das man dringend mal sprechen sollte, weil es auf Bearbeitung wartet. Der Stoff von Depressionen sind Verluste, das unvermeidbare Thema des Älterwerdens, Rollenwechsel, wem sag ich das? Rollenkonflikte und Vereinsamung. Diese Thematik können Sie eins zu eins einem Manual der Interpersonellen Psychotherapie entnehmen[89]. Und es gibt viele Belege, wie erleichternd solche Gespräche gerade für ältere Menschen sein können.

Warum sollten Sie Depressionen überhaupt behandeln lassen? Medikamente lehnen Sie ab, und der große Redner sind

Sie auch nicht? Letzteres Statement geht gerade den Männern bei aller Schweigsamkeit gerne von den Lippen.

Glauben Sie mir, ein gutes Konzept ist das nicht! Wenn die Depression, auch eine leichte, etwas tut, dann zerstört sie die Lebensqualität. Sie legt sich wie Mehltau auf alles, was Spaß macht, was Sie mal interessant fanden, und wenn sie lange genug anhält, halten Sie das für normal. Schwerere Depressionen sind lebensgefährlich im eigentlichen Sinn, besonders für Männer! Vor allem die neigen dazu, depressive Symptome wie die Lustlosigkeit, vor allem die am Sex, die Antriebsschwäche, den Grauschleier über allem, was mal toll war, für die bare Münze des Alters zu nehmen und ohne weitere Kommunikationsversuche, die sowieso nicht ihre Stärke sind, ihr Leben zu beenden, sich umzubringen. Und hinterlassen Angehörige, die sich für den Rest ihres Lebens, der gerade bei den Kindern noch ziemlich dauern kann, darüber grämen, wie um alles in der Welt sie den Suizid des Mannes, Vaters oder Opas denn nun verschuldet haben. Haben sie natürlich nicht, hat er, aber er ist dann nicht mehr da.

Lieber behandeln!

Angst:

Mist! Mit der Depression wären Sie noch zurechtgekommen. Aussitzen war ja schon bei vielen Problemen Ihre Devise. Zwar nicht sinnvoll, aber damit sind Sie über die Runden gekommen. Aber Angst geht gar nicht! Diese aufsteigende, immer stärker werdende Angst, deren Ende in der Unendlichkeit zu liegen scheint! Nicht auszuhalten. Müssen Sie auch nicht! Angst kann man genauso wie Depressionen, mit denen sie oft zusammen erscheint, gut behandeln. Und das sollte man auch, denn ein naheliegender Selbstheilungsversuch ist das Vermeiden, und das macht alles erst richtig schlimm: Sie gehen nicht mehr raus, vereinsamen noch mehr, trauen sich gar nichts mehr zu und geraten so in einen *Circulus vitiosus*, der Sie umgehend in die nächste Depression führt, obwohl

Sie die letzte noch nicht überstanden haben. Behandeln muss man die Panik, aber auch die im Vergleich dazu »leise« Vermeidungsangst, denn die beeinflusst Ihr Leben fast noch mehr.

Der Chef des Hamburger Rückenzentrums am Michel, Dr. Mallwitz, erzählte, dass sich bei Schmerzpatienten oft ein erhebliches Angstpotenzial entwickle, das die wichtigste Maßnahme bei Schmerzen verhindere, nämlich sich zu bewegen. Deswegen setze man dort auf einen interdisziplinären Ansatz, bei dem auch Verhaltenstherapeuten eine wesentliche Rolle zukomme.

Für die Behandlung der Angststörungen gibt es auch wieder einen doppelten Ansatz: Auf die Schnelle helfen Antidepressiva gut, aber nachhaltiger ist die Verhaltenstherapie. Tiefenpsychologische Psychotherapie ist bei Angststörungen eher nicht sinnvoll, denn reden kann zwar für beide Seiten sehr befriedigend sein, aber die Angst wird nur besser, wenn Sie – trotzdem – etwas tun. Dieser Satz umreißt schon in der Kürze, was Verhaltenstherapie bei der Angst macht: Sie gehen mit therapeutischer Unterstützung in die Situationen hinein, die Ihnen Angst machen oder die Sie vermeiden wollen, und bleiben so lange darin, bis die Angst weniger wird. Wenn Sie das ein paar Male machen, haben Sie es geschafft. Dafür brauchen Sie zugegebenermaßen ein gutes Vertrauensverhältnis zu den Therapeuten, aber ohne das geht sowieso nichts.

Vermeiden geht über das Thema Angststörungen ja noch hinaus und ist als Variante des Alltagsverhaltens gerade bei älteren Menschen nicht ohne: Wenn wir in unserem Bewegungsverhalten unsicher, wenn unsere Sozialkontakte weniger geworden sind, ist Vermeiden eine einfache Alternative. Vermeiden hält sich im Zwischenfeld zwischen Ja und Nein auf, geht der klaren Antwort, die wir nicht geben wollen, aus dem Weg, lässt Zeit verstreichen, bis sich Probleme quasi von selbst erledigt haben, und erscheint wie der Königsweg zum bequemen Leben. Doch leider ist das ein Irrtum: Wenn

Sie sich um klare Entscheidungen drücken, schleicht sich die Beliebigkeit in Ihr Leben ein, Sie sind nicht Fisch und nicht Fleisch, werden uninteressant für die anderen und schwächen sich selbst. Eine schlechte Voraussetzung, um gut zu altern!

Demenz:
Sie merken ja selber nicht viel davon. Denn die Veränderungen, die bei Ihnen passieren, wenn Sie dement werden, betreffen auch und gerade die geistigen Fähigkeiten, die Ihnen Selbsterkenntnis ermöglichen könnten. Allerdings sollten wir ehrlich sein: Selbsterkenntnis ist auch bei gesunden Menschen, die sich auf der Höhe ihrer geistigen Leistungsfähigkeit befinden, eine nicht oft abgerufene Fähigkeit. Sie könnte das zwischenmenschliche Miteinander zwar erleichtern, spielt aber de facto nur selten eine dominante Rolle.

Was passiert bei Demenz?

Unser Gehirn kann nicht mehr so, wie es all die Jahre konnte. Die neurobiologischen Befunde deuten darauf hin, dass das schon viel länger so geht, als wir oder die anderen es realisieren. Wahrscheinlich liegt das daran, dass gerade in unserem Großhirn viele Funktionen mehrfach abgesichert und vernetzt sind, sodass eine ganze Menge Verbindungen verschwinden müssen, bevor es auffällt. Wenn es auffällt, ist der Schaden aber meist irreparabel.

Zuerst verschwinden die Gedächtnisleistungen für die unmittelbar vergangenen Dinge. Sie können sich nichts mehr merken, vergessen vor allem Dinge aus dem alltäglichen Bereich – wohin haben Sie die Schlüssel gelegt, waren Sie schon mit dem Hund draußen? Sie brauchen eine Einkaufsliste, wenn Sie in den Supermarkt gehen, und den Namen des neuen Nachbarn haben Sie schon nach zehn Minuten wieder vergessen, wenn's hoch kommt.

Ja, aber ... Genau! Das ist ja nicht unbedingt neu, mit Namen haben Sie es noch nie gehabt, und vergesslich waren Sie auch früher schon, wenn Sie etwas Interessanteres im Kopf hatten. Waren das frühe Hinweise einer Demenz? Eben habe ich doch geschrieben, dass die Demenz viel früher anfängt, als Sie es bemerken?

Tatsächlich sind die ersten Hinweise vor allem für Sie selbst schwer zu entziffern. Mein Namensgedächtnis war immer eine nicht gut repräsentierte Alltagsleistung: Ich kann mich heute noch an die Gesichter und die Krankengeschichte von Patienten vor zwanzig Jahren erinnern, aber mir Namen korrekt zu merken, war nie mein Ding. Es hat keinen Sinn, sich verrückt zu machen; wenn Sie es werden, merken es vor allem die anderen.

Im Gegenteil kann es ein Zeichen sein, das gegen eine Demenz spricht, wenn Sie sich viele Gedanken um Ihre geistigen Fähigkeiten machen. Das tun vor allem Depressive. Denn bei der Depression ist unter anderem das Gedächtnis vorübergehend eingeschränkt, weswegen man auch von Pseudodemenz spricht. »Pseudo« deswegen, weil es eben keine echte Demenz ist, sondern wieder vergeht.

Deutlicher werden die Hinweise auf einen demenziellen Prozess, wenn Ihnen Alltagsfähigkeiten allmählich abhanden kommen, wenn zum Beispiel das Kochen schwierig wird, weil Sie vergessen, dass Sie die Herdplatte angestellt hatten, die inzwischen ein Ceranfeld ist, und die Reihenfolge der einzelnen Schritte bei der Zubereitung einer Mahlzeit nicht mehr auf die Reihe kriegen.

Ich merke, dass es ein komischer Gedanke ist, ich könnte das Kochen wieder verlernen. Denn ich habe erst spät, mit dreißig, richtig Kochen gelernt. Kochen macht mir viel Spaß, und meine Kinder und Freunde wissen, dass ich gerne und nicht schlecht koche. Das wieder aufgeben zu müssen, kommt mir wie ein Abschied von mir selbst vor. Jetzt glaube ich zu spüren, wie bedrohlich dieses Weniger-Werden, dieses Sich-Verlieren ist. Aber wahrscheinlich mache ich mir Sorgen über Vorstellungen und nicht über die Realität, denn Demente merken ja all das wohl weniger als die Angehörigen.

Wenn Sie oder Ihre Angehörigen die Frage umtreibt, ob Sie erste Anzeichen einer Demenz zeigen könnten, bekommen Sie nur dann eine sinnvolle diagnostische Antwort, wenn Sie sich von Spezialisten untersuchen lassen. Viele Krankenhäuser mit psychiatrischen und neurologischen Abteilungen haben Gedächtnissprechstunden eingerichtet, wo der gesamte diagnostische Ablauf gewährleistet ist. Nötig sind

◆ ausführliche Gespräche mit Ihnen und Ihren Angehörigen,
◆ psychologische Tests,
◆ Untersuchungen von Blut und Nervenwasser, die dann in Speziallabors auf demenztypische Eiweißkörper geprüft werden können,
◆ eine Bildgebung des Gehirns.

Nicht nur die Untersuchungen, sondern auch die alles zusammenfassende Bewertung brauchen Erfahrung.

Warum sollen Sie das machen lassen? Haben Sie nicht gelesen, dass man bei Demenz sowieso nichts tun könne? Und was sollen Sie tun, wenn Sie eine »positive«, das heißt für Sie schlechte, Diagnose bekommen?

Es stimmt gar nicht, dass man »nichts« machen kann:

1. Es gibt symptomatische Demenzformen, bei denen die Demenzsymptome Ausdruck eine behandelbaren Störung sind, einer Depression, einer Schilddrüsenstörung, eines Hirntumors. Depressionen sind eine häufige Differenzialdiagnose, die anderen sind seltener, aber all diese Alternativen haben eine hohe Relevanz, weil man sie sehr wohl behandeln kann, besonders depressive Störungen.

2. Differenzialdiagnostisch kommt das sogenannte *mild cognitive impairment,* eine leichte Störung der kognitiven Leistungen, infrage, die gutartig ist; auch wenn es heute Hinweise gibt, dass sie nach längerer Zeit in eine Demenz übergehen kann, sind Ihre Sorgen das größte Problem.

3. Selbst wenn eine Demenz vom Alzheimer-Typ als Aus-

schlussdiagnose übrig bleibt, ist diese Erkenntnis für die Organisation Ihres weiteren Lebens wichtig: Sie können zu einem Zeitpunkt, bei dem Sie noch mitzureden fähig sind, gemeinsam mit Ihren Angehörigen überlegen, wie und in welchem Rahmen Sie Ihr Leben führen möchten.

4. Auch wenn man eine Alzheimer-Demenz nicht »heilen« kann, können Sie die Dauer und den Schweregrad beeinflussen, wenn Sie die dafür verfügbaren Medikamente vertragen.

Ich weiß nicht, wie es Ihnen geht, aber von heute aus gesehen ist für mich das Schlimmste an der Vorstellung, dement zu werden, die Befürchtung, dass ich die Kontrolle über mich und mein Leben verlieren werde. Der *worst case* ist der allein lebende, immer dementer werdende Mensch, bei dem das Fortschreiten der Krankheit so lange nicht bemerkt wird, bis die Nachbarn, Polizei, Ordnungsamt aufmerksam werden, was zur Einrichtung einer gesetzlichen Betreuung führt, zur Auflösung der Wohnung und zur Unterbringung in einem Heim – und all das, ohne dass der Betroffene – ich, Sie – etwas dazu tun kann.

Nun kann man sich schon fragen, ob das für die Betroffenen so schlimm ist, weil sie die Tragweite der Situation ja gar nicht mehr erfassen. Schlimm ist die Vorstellung für mich, solange ich gesund bin, und schlimm beziehungsweise höchst relevant ist sie für die Angehörigen. Denn in unserem Sozialsystem kommt auf die Angehörigen so einiges zu, wenn Mutter oder Vater dement werden (siehe die folgenden Kapitel).

Was dann konkret in Ihr Leben tritt, wird von den meisten nur in der Kategorie »Belastung« gesehen. Das ist eine Verkürzung, wenn auch eine verständliche. Aber es geht ausnahmsweise vielleicht gar nicht darum, ob unsere Einschätzungen berechtigt sind, denn wer wollte das entscheiden außer uns selbst. Es geht darum, die Vielfalt des Lebens auch in schwierigen Zeiten wahrzunehmen. Und dazu gehört die Sichtweise, dass Krankheit und Alter eine große Chance sind.

»Da kommt noch etwas Wichtiges«[90]

Hilary Swank hat ihre Schauspielkarriere für drei Jahre unterbrochen, weil ihr Vater sich einer Lungentransplantation unterziehen musste.[91]

> »Es ging um sein Leben: ... ich musste mich um ihn kümmern. ... Es war für uns beide eine unglaublich traurige, schwierige, lehrreiche Zeit. ... Im Nachhinein betrachtet war diese Auszeit für meine persönliche Entwicklung ebenso wichtig, wie für meinen Vater da zu sein.«

Sie verdrängt nicht, dass es traurig war und schwierig. Aber trotzdem sieht sie diese schwierige Zeit als einen Gewinn! Persönliche Entwicklung, hallo! Das wird normalerweise mit kreativer Entfaltung, Freiheit von Zwängen et cetera gleichgesetzt. Wir glauben, uns entwickeln zu können, wenn wir nichts für andere tun müssen. Aber Hilary Swank »musste« sich nicht um ihren Vater kümmern, sondern sie hat sich so entschieden angesichts der Herausforderung seiner lebensbedrohlichen Erkrankung. Und sie hat etwas gelernt:

> »Es gibt nichts Wichtigeres im Leben eines Menschen als Gesundheit – oder noch krasser ausgedrückt: Es gibt nichts Wichtigeres, als am Leben zu sein. Alles andere ist nebensächlich. ... Ich habe gelernt, wie belanglos viele Dinge sind, die uns unnötigerweise belasten ... Das Leben wird in solchen Fällen auf seine Essenz reduziert. Eine Krise ist ein Weckruf, in meinem Fall ist sie sogar eine permanente Ermahnung.«

Sie betont hier etwas, das unter den Zwängen des Alltäglichen immer wieder verloren geht: dass jeder Tag, jede Stunde und jede Minute mit ihren unwiederbringlichen Möglichkeiten einmalig sind. Dass wir unser Leben nicht vertrödeln sollten. Vielleicht können Sie versuchen, sich diese Möglichkeit zu vergegenwärtigen, wenn Sie mit einer schweren Krankheit von Vater oder Mutter konfrontiert werden. Okay, Hilary Swank, eine besondere, tolle Frau. Sie sind auch toll!

Arno Geiger hat sich intensiv damit auseinandergesetzt, wie schwierig es für ihn war, die Demenz seines Vaters überhaupt wahrzunehmen:[92]

> »Die Krankheit des Vaters fing auf so verwirrende Weise langsam an, dass es schwierig war, den Veränderungen die richtige Bedeutung beizumessen. ... Niemand sah, dass er langsam seine alltagspraktischen Fähigkeiten verlor. ... Heute befällt mich ein stiller Zorn über diese Vergeudung von Kräften; denn wir schimpften mit der Person und meinten die Krankheit: »Lass Dich bitte nicht so gehen!«

Demente hängen sich zu Beginn ihrer Krankheit kein Schild mit der Diagnose um den Hals. Deshalb gehen wir davon aus, dass ihr Charakter, ihre Seele so bleibt, wie wir sie immer wahrgenommen haben. Und sind erstaunt, dass sich dieser Mensch plötzlich ganz anders, ungewohnt verhält. Wir verstehen das nicht und versuchen, Erklärungen zu finden, die aber stets Erklärungen im Unwissen um die Erkrankung sind. Wir glauben am Beispiel von Geiger, der »Alte« ließe sich gehen oder er würde grundlos bösartig, läppisch. Grundlos! Als ob alles, was wir Gesunden tun, gute Gründe hätte! Es gibt »nette« Demente, und es gibt welche, die aggressiv und ätzend sind, es gibt Menschen, die friedlich vor sich hin leben, und es gibt andere, die plötzlich wieder von uralten Ängsten geschüttelt werden, nur weil all das, was sie sich zur Bekämpfung dieser Ängste zurechtgelegt hatten, durch den demenziellen Prozess zerstört wurde. Und auch diese, gerade erst aufgestiegene Symptomatik verschwindet eines Tages wieder.

Meine Großmutter, die ich immer als herzensgute Frau erlebt habe, die sich mit allen in der Familie gut verstand, fing plötzlich an, meiner Mutter die Konflikte vorzuhalten, die es offenbar gegeben hatte, als meine Eltern sich kennenlernten und meine Großeltern gegen meinen Vater – ein viel älterer Mann, verheiratet, noch nicht einmal geschieden und auch noch Künstler – opponiert hatten; ohne Erfolg, sonst gäbe es mich nicht. Ich kannte diese Geschichte natürlich nicht, und meine Mutter war verzweifelt, dass diese zurückliegenden, ungemütlichen Themen von der alten und plötzlich gar nicht mehr herzensguten Dame wieder ans Licht gezerrt wurden.

Leichter verstanden hätten wir das, wenn wir gewusst hätten, dass meine Großmutter, die perfekte Hausfrau alter Schule, allmählich immer schlechter mit dem Haushalt zurechtkam, das Essen anbrennen ließ und trotz ihrer ein Leben lang praktizierten peniblen Sauberkeit inkontinent wurde. Das bekamen wir aber gar nicht mit, weil mein Großvater, bis dahin ein Pascha wie er im Buche stand, mit dem Einsetzen der Defizite meiner Omi begann, eben diese Aufgaben selber zu erlernen und zu übernehmen, weil er sie nicht bloßstellen wollte. Zum Zeitpunkt ihres Todes war er der perfekte Hausmann. Herausforderung ...

Tatsächlich gibt es keine Systematik, welche Denkstrukturen und -inhalte zuerst oder später verfallen, und deshalb ist auch jeder Verlauf anders. Häufig ist es so, dass die Dinge, die später im Leben durchlebt werden, die Angewohnheiten oder Kompromisse, die wir uns erst in den letzten Jahren angewöhnt haben, zuerst wieder verschwinden und alte Themen zum Vorschein kommen.

Wegen diesem ständigen Wechsel und wegen der Unvorhersagbarkeit ist die Betreuung und Pflege demenzkranker Angehöriger so eine gewaltige und auch verzehrende Aufgabe. Das kann man nicht allein bewältigen, und deswegen ist es gut, den Kontakt zu anderen zu suchen, zu Organisationen, die Selbsthilfe, Austausch und Unterstützung anbieten, zum Beispiel die Deutsche Alzheimer Gesellschaft[93]. Ihnen ist es peinlich, über die Symptomatik Ihres Vaters, Ihrer Frau zu reden? Über die Aggressionen, über die Inkontinenz? Wenn Sie sich in eine Angehörigengruppe begeben, werden Sie feststellen, dass es all den anderen auch mal peinlich war, aber dass ihnen die Meinung und die Erfahrungen der anderen unheimlich geholfen haben, nachdem sie sich erst einmal durchgerungen hatten, sich mitzuteilen.

> »Und ich habe auch gelernt, dass man für das Leben eines an Demenz erkrankten Menschen neue Maßstäbe braucht. ... Für ihn gibt es keine Welt außerhalb der Demenz. Als Angehöriger kann ich deshalb nur versuchen, die Bitterkeit des Ganzen ein wenig zu lindern, indem ich die durcheinandergeratene Wirklichkeit des Kranken gelten lasse. ... Da mein Vater nicht mehr über die Brücke in meine Welt gelangen kann, muss ich hinüber zu ihm.«

Es wird schon klar, dass Arno Geiger es nicht leichtgefallen ist, sich in die Welt des Vaters zu begeben. Wie es keinem von uns leichtfallen würde. Es würde aber beiden, dem Dementen und dem Gesunden, vieles leichter machen.

> »Dort drüben, innerhalb der Grenzen seiner geistigen Verfassung, jenseits unserer auf Sachlichkeit und Zielstrebigkeit ausgelegten Gesellschaft, ist er noch immer ein beachtlicher Mensch, und wenn auch nach allgemeinen Maßstäben nicht immer ganz vernünftig, so doch irgendwie brillant.«

Dass es noch andere Werte gibt als Sachlichkeit und Zielstrebigkeit, sagt sich so leicht. Unsere Chance wäre, dass unsere dementen Angehörigen uns das erfahrbar machen. Das Einlassen auf den dementen Vater bringt für Arno Geiger Einsichten, die er sonst schwerlich gehabt hätte:

»Nachdem ich jahrelang auf nichts mehr neugierig gewesen war, was er zwischen Patiencen legen und Fernsehen getrieben hatte, packte mich das neue Interesse auch deshalb, weil ich spürte, dass ich dabei war, etwas über mich selbst zu erfahren – es war lediglich noch unklar, was. Der tägliche Umgang mit dem Vater ließ mich nicht mehr nur erschöpft zurück, sondern immer öfter in einem Zustand der Inspiriertheit.«

Überraschend ist, dass die Alten in der Demenz auf ihre Weise »brillant« werden können:

»... und der Vater fing an, *kreativ* zu werden.
Lange hatten wir es mit Vergesslichkeit und dem Verlust von Fähigkeiten zu tun gehabt, jetzt begann die Krankheit, neue Fähigkeiten hervorzubringen. Der Vater, der immer ein ehrlicher Mensch gewesen war, entwickelte ein herausragendes Talent für Ausreden.«

Auch im zwischenmenschlichen Bereich findet der demente Vater spannende Alternativen:

»Papa, weißt Du überhaupt, wer ich bin?«
Die Frage machte ihn verlegen, er wandte sich zu Katharina – die Lieblingspflegerin – und sagte scherzend mit einer Handbewegung in meine Richtung: »Als ob das so interessant wäre.«

Allerdings glaube ich, dass Sie den Witz nur erfassen können, wenn Sie sich die Erfahrung nicht selber kaputt machen, indem Sie ständig bedauern, dass diese besondere Schlagfertigkeit ja nur auf der Grundlage des Verlustes anderer, »rationalerer« Fähigkeiten möglich wird.

Die Brillanz steht auch in den Gesprächen von André Heller mit seiner hochbetagten Mutter im Vordergrund:[94]

»AH: Hast Du denn manchmal das Gefühl zu verblöden?
M: Die Angst hab ich schon, aber ich vergess nur manches, das ich wahrscheinlich auch für gar nichts mehr brauchen kann. Ir-

gendetwas räumt in meinem Gedächtnis auf, und das Überflüssige wird ausgeschieden. Seitdem hab ich auch nie mehr Kopfweh.

...

AH: Glaubst Du, wir beide leben in unterschiedlichen Welten?

M: Ja unbedingt. Du lebst in der Phantasie und ich eher sehr in der Wirklichkeit.

...

AH: Ich liebe dich, Mami.

M: Das weiß ich, ich lieb dich auch. Jetzt ist zwischen uns alles harmonisch.

AH: Früher war das anders, wir hatten oft Streit.

M: Wegen der Unterschiede, ... zwischen Dir und mir. Ich bin ganz anders und kann nicht so schweben.

AH: Du meinst, ich kann schweben?

M: Du warst manchmal so von oben herab, als ob Du schweben würdest, das ist einer der Unterschiede.«

Ich finde diese Dialoge wunderbar. Zuerst habe ich mir gedacht, der Heller traut sich was, die Gespräche mit seiner offensichtlich dement werdenden Mutter als besonders zu verkaufen. Aber dann wurde mir klar, dass auch ich sie als etwas Besonderes sehen kann, wenn ich mir verkneife, alles immer nur unter dem ach so vernünftigen, rationalen Primat zu sehen.

Meinen Sie, dass ich zu viel Raum für die Zitate aus der Auseinandersetzung von *Celebrities* mit Krankheit und Demenz verwende? Sagen wir's mal so: Kreative können uns Blickwinkel auf die Welt vermitteln, die wir von allein nicht gefunden hätten. Und das tut uns gut, gerade in der Auseinandersetzung mit dem Schweren, das die Demenz unbestreitbarerweise auch ist.

Wie lässt sich eine Demenz behandeln?

Prävention ist schwierig. Natürlich würden wir alle unsere mögliche Demenz gerne verhindern. Aber wie?

Wir wissen einiges darüber, welche Menschen seltener dement werden: Dirigenten zum Beispiel. Wunderbar wäre, wenn das Machen oder mindestens das Hören von Musik Demenzen verhindern würde. Wahrscheinlich ist es aber eher die ständige Bewegung als die Musik: Dirigenten bewegen sich sehr viel, je nach Stil ihren ganzen Körper mit Betonung der Arme, und sie werden seltener dement. Das haben sie mit Menschen, die viel Sport machen, gemeinsam. Schon acht Kilometer Gehen pro Woche soll das Demenzrisiko deutlich senken, und damit ist noch nicht mal Ihr Labrador zufrieden. Wir wissen aber nicht, über wie viele Jahre man sich bewegen muss, um einen markanten antidementiven Effekt zu erzielen. Dirigenten üben ihre Tätigkeit meistens seit ihrer Jugendzeit aus, man beginnt ja nicht mit 65 zu dirigieren. Und auch für die Gruppe der sich viel Bewegenden gibt es keine Angaben, wie lange man das machen muss.

Das gilt leider auch für andere Belastungsfaktoren: Wir glauben zu wissen, dass Übergewicht Demenz fördert, obwohl nicht ganz klar ist, ob das daran liegt, dass Übergewichtige sich weniger bewegen; erst recht wissen wir nicht, wie früh die Gewichtsreduktion einsetzen muss, um einen positiven Effekt zu entfalten. Alkohol ist negativ, natürlich, genau genommen wahrscheinlich alles über 100 Gramm pro Tag, aber wann spätestens muss man mit der 100-Gramm-Diät beginnen, um die Demenz zu vermeiden?

Ein hohes intellektuelles Niveau scheint günstig zu sein. Das ist schön. Aber dieser präventive Faktor ist wahrscheinlich auf die Erziehung durch unsere Eltern zurückzuführen und weniger unser Verdienst. Und wenn die Eltern keinen Wert auf entsprechende Erziehung gelegt haben? Natürlich können wir uns selbst auch mit spannenden, häufig wechselnden Aufgaben beschäftigen, um unser Nervensystem auf Touren zu bringen; die Überlegung ist naheliegend, dass eine bessere Vernetzung eine Manifestation der Demenz verlangsamt. Wichtig: Es sollte Spaß machen, unser Interesse fesseln, denn nur das bedingt den richtigen Neurotransmitter-Cocktail, damit sich eine Beschäftigung mit Neuem auch in der Nervenzellstruktur niederschlägt. Das widerwillige Abarbeiten von mehr oder weniger öden Rätseln oder Sudokus hat jedenfalls keinen nachweisbaren Effekt.

Geistige Beschäftigung mit anregenden Themen, Spiele, die Spaß machen, sind auch dann noch eine gute Maßnahme, wenn eine beginnende Demenz nachgewiesen wurde. Das Beste selbst bei fortschreitender Demenz sind sicher eine interessante Beschäftigung mit den Betroffenen und anregende zwischenmenschliche Kontakte.

Zu diesem Zeitpunkt sollte man sich allerdings die Frage stellen, ob antidementiv wirkende Medikamente nicht eine sinnvolle Maßnahme sein könnten. Was können die? Die Verschlechterung der kognitiven Leistung verlangsamen. Und eine solche Maßnahme macht mehr Sinn, wenn das Ausgangsniveau noch hoch genug ist, die Demenz also noch nicht weit fortgeschritten ist.

Zwei Gruppen von Medikamenten haben nachgewiesene Wirkung:

1. Cholinesterase-Hemmer: Die Theorie geht davon aus, dass ein Teil der Symptome auf einem Mangel des wichtigen Neuro-Transmitters Azetylcholin beruht. Die Hemmung des abbauenden Enzyms, der Azetylcholinesterase, führt zu höheren Spiegeln von Azetylcholin. Problematisch für die Anwendung sind die Nebenwirkungen, die sich besonders im Magen-Darm-Trakt manifestieren, denn die Bindungsstellen für Azetylcholin sind dort relativ hoch konzentriert. Und natürlich muss eine regelmäßige, kontrollierte Einnahme gewährleistet sein.

2. Memantin, ein Glutamat-Antagonist: Diese Wirkung beruht auf der Annahme, dass Übererregungszustände zum Untergang von Nervenzellen führen. Das Nebenwirkungsprofil umfasst Müdigkeit, Schwindel, erhöhten Blutdruck.

Memantin ist erst bei mittelschwerer und noch nicht bei leichter Demenz zugelassen.

Wenn die Demenz fortschreitet, können andere Zielsymptome dominieren, etwa Aggressionszustände, Umtriebigkeit oder depressive Phasen, die mit den entsprechenden Medikamenten behandelt werden könnten. Allerdings ist hier besondere Vorsicht geboten, da die Patienten meist nicht mehr in der Lage sind, sich differenziert zu möglichen Nebenwirkungen zu äußern, und auch, weil sich das Krankheitsbild schnell ändern kann.

Ein besonderes Problem ist der Schlaf: Wenn er gestört ist, führt das schnell dazu, dass ein Patient nicht mehr zu Hause leben kann. Denn Angehörige, die oft viele Opfer bringen, um Demenzkranke im vertrauten Umfeld betreuen zu können, kommen in der Regel an ihre Grenze, wenn der Patient nachts unkontrolliert im Haus umherwandert, während sie schlafen wollen. Die Schlafstörung kann durch die neuronalen Umbauprozesse verursacht werden, aber häufiger ist es eine quasi selbst gemachte Verhaltensstörung, die fast unbemerkt beginnt und sich schnell zu einem, zu Hause kaum noch zu behebenden Problem auswächst: der Umkehr des Schlaf-Wach-Rhythmus.

Es fängt ganz harmlos damit an, dass der beliebte Mittagsschlaf länger als zehn Minuten (ideal!) oder eine halbe Stunde (tolerabel) ausgedehnt wird. Wenn zu viel am Tage geschlafen wird, ist nicht mehr genug Schlafdruck für die Nacht da, denn die Gesamtschlafzeit ist physiologisch relativ festgelegt. Schnell entwickelt sich eine verhängnisvolle Spirale, denn der mangelnde Nachtschlaf verstärkt wieder die Müdigkeit am Tage. Es lohnt sich, gut auf den Schlaf von Demenzpatienten zu achten und besonders einen zu langen Mittagsschlaf zu verhindern. Wenn der Schlaf-Wach-Rhythmus erst einmal umgekehrt ist, wird es schwierig.

Schlafmittel sind in dieser Situation und auch sonst meist keine Lösung, denn sie sedieren, reduzieren die Koordination und führen sehr oft zu Stürzen, die mit den zu erwartenden Frakturen den Zustand der Patienten viel stärker verschlechtern, als er durch die Demenz bedingt wäre.

Bei unruhigen Patienten in sehr unterschiedlichen Krankheitsstadien hilft die ja auch in der Prävention bewährteste Maßnahme: Bewegung! Ein Bewegungsdrang, dem man nicht nachgeben kann, ist schon bei nicht Dementen quälend und verstärkt Aggressionen und Unruhezustände. Deswegen sollte auch bei dementen Patienten immer dafür gesorgt werden, dass sie sich genügend bewegen. Im Klartext bedeutet dies, dass man mit ihnen spazieren gehen muss, eine einfache Tätigkeit, der viele Demente begeistert nachkommen. Alleine können sie das aber nicht mehr, weil sie meistens an einer Orientierungsstörung leiden, die dazu führen würde, dass sie sich verlaufen. Die gar nicht so seltenen Durchsagen entsprechenden Inhaltes in den Nachrichten unterstreichen die Relevanz dieses Problems.

Eine andere gute Intervention, auch bei schwerer Dementen, kann die Einführung von Schaukelstühlen sein. Selbst wenn Patienten nicht mehr weitere Strecken gehen können, machen sie von dieser Möglichkeit der Bewegung gerne Gebrauch, was sich auf ihr Wohlbefinden positiv auswirkt.

Wer aktiv ist, bleibt fit

**Interview mit Privatdozent Dr. Peter Häussermann,
Chefarzt der Abteilung Gerontopsychiatrie, an der LVR-Klinik Köln.
Akademisches Lehrkrankenhaus der Universität zu Köln.**

Was kann ich tun, um geistig fit zu bleiben?
Um geistig fit zu bleiben, muss man sich auch im Alter anstrengen, und man muss Freude an sozialen Aktivitäten haben. Denn der soziale Kontakt ist beim Menschen die stärkste Triebfeder für geistige Aktivität, und wer aktiv ist, bleibt fit.

Helfen Sudokus zum Beispiel?
Wem es Spaß macht, der kann Sudokus machen, wer keinen Spaß an Sudokus hat, muss sich damit aber auch nicht quälen. Brettspiele haben einen positiven Effekt auf die Gedächtnisleistungen. Wenn soziale Interaktionen, beispielsweise gemeinsames Schachspielen mit dem Enkelkind oder einem Nachbarn, hinzukommen, dann ist dies sicherlich eine ideale Kombination.

Was kann man noch tun?
Gesunde Ernährung, hier sei als Stichwort mediterrane Kost genannt – ist toll! Und wenn Sie nicht mehr als zwei Gläser Rotwein dazu trinken, ist es noch besser.

Wie finde ich mich in der Vielfalt der Angebote zurecht, welche Art von Nahrung gut für mich ist?
Alles, was dem Herz schadet, ist auch für das Gehirn schlecht. Nikotinkonsum, erhöhter Blutdruck, hohe Blutfettwerte oder auch eine Zuckererkrankung schädigen die Gefäße an Herz und Gehirn und führen zu sogenannten vaskulären Veränderungen mit einem Nachlassen der Gedächtnisleistungen. Das frühzeitige Erkennen dieser kardiovaskulären Risikofaktoren und die adäquate Behandlung bereits im mittleren Lebensalter können helfen, auch im höheren Alter geistig fit zu bleiben.

Und sonst?
Regelmäßige körperliche Aktivität, und hier insbesondere auch das Training von koordinativen Fähigkeiten, Balance und Kraft sind ebenfalls sehr wichtig. Das regelmäßige Training im Ausdauerbereich hat ebenfalls einen positiven Effekt auf Gedächtnisleistungen. Es scheint so, dass vor allem das Training an der Leistungsgrenze besonders gute Effekte auf die Gedächtnisleistungen hat, dies gilt zumindest im mittleren Lebensalter.

Also von der Couch aufspringen und losrennen?
Wenn Sie über Jahre keinen Sport gemacht haben, sollten Sie vor allem im höheren Lebensalter, aber eigentlich generell, eine sorgfältige kardiologische Abklärung machen lassen: EKG, Belastungs-EKG und Blutdruckmessungen, bevor Ausdauersport gemacht wird.

Gibt es Frühwarnzeichen für geistigen Abbau? Ich komme zum Beispiel in bestimmten Situationen nicht auf Namen, die ich fünf Minuten später wieder weiß.
Selbst wahrgenommene Gedächtnisprobleme werden auch mit dem Begriff subjektive kognitive Beeinträchtigung *(subjective cognitive impairment SCI)* umschrieben. Relativ oft werden Merkfähigkeitsprobleme bei depressiven Erkrankungen angegeben. Die Situation, dass mir bestimmte, eigentlich schon länger bekannte Namen nicht einfallen und ich diese in einem anderen Moment wieder erinnere, spricht eher gegen das Vorliegen einer demenziellen Erkrankung. Die subjektive kognitive Beeinträchtigung beschreibt einen Zustand, in dem Patienten über Gedächtnisstörungen klagen, die Untersuchung der Gedächtnisfunktion aber unauffällig verbleibt.

Was spricht für eine Demenz?
Bei der häufigsten Demenz-Erkrankung, der Alzheimer-Demenz, ist der Neuerwerb von Wissen beeinträchtigt. Auch ist die Orientierung im Raum hier erheblich gestört. Oft fällt es eher den Angehörigen von Demenz-Patienten auf, dass etwa vermehrt Fahrfehler auf unbekannten Strecken auftreten oder dass Dinge immer wieder verlegt werden oder zunehmend Hilfsmittel wie gedächtnisstützende Zettel oder Notizen eingesetzt werden.

Was soll ich machen, wenn ich den Eindruck habe, mein Gedächtnis ist schlechter geworden?

In der Zusammenschau kann gesagt werden, dass jede subjektiv empfundene Problematik des Gedächtnisses einer fachärztlichen Abklärung, entweder auf neurologischer oder auch auf psychiatrischer Ebene, bedarf.

Welche Art von Diagnostik ist wann sinnvoll, was ist state of the art *und welche Konsequenzen sind sinnvoll?*
Prinzipiell gilt: Bei Gedächtnisstörungen sollte fachärztlicher Rat eingeholt werden. Dies kann bei einem Neurologen oder auch Psychiater sein. In vielen Städten gibt es spezialisierte Gedächtnissprechstunden, die einen besonderen Schwerpunkt in der Diagnostik von Gedächtnisstörungen haben. Neben dem Gespräch mit dem Patienten und auch Angehörigen macht es Sinn, bestimmte einfache oder auch dann im Verlauf komplexere Gedächtnistests durchzuführen. Daneben sollte Blut für die wichtigsten Laborwerte abgenommen und ein Bild vom Kopf gemacht werden. Dies kann eine Computertomographie sein, mehr Information ergibt jedoch eine Kernspintomographie. Bei dieser Bildgebung können gedächtnisrelevante Strukturen im Gehirn dargestellt und untersucht werden. Lässt sich anhand dieser Basisdiagnostik noch keine Diagnose erstellen, so macht es eventuell Sinn, im stationären Rahmen eine sogenannte Nervenwasserentnahme (Lumbalpunktion) durchzuführen. Auch weiterführende nuklearmedizinische Spezialuntersuchungen wie eine Glukose-PET- oder Amyloid-PET-Untersuchung können bei einer schwierigen Differenzialdiagnose sinnvoll sein. Die Entscheidung sollte der Facharzt treffen; aber es schadet nichts, wenn Sie informiert sind und gegebenenfalls auch Fragen stellen, die Sie besonders beschäftigen.

Helfen Medikamente?
Es gibt bei uns in Deutschland vier zugelassene Medikamente zur Behandlung auch von Gedächtnisproblemen. Diese Medikamente lindern die Symptome, den Krankheitsverlauf

können sie aber nicht aufhalten. Drei dieser Medikamente gehören zur den sogenannten Cholinesteraseinhibitoren.[95] Diese Substanzen erhöhen den für die Gedächtnisbildung wichtigen Botenstoff Azetylcholin im Gehirn. Eine andere Wirkstoffgruppe schützt Nervenzellen vor bestimmten toxischen Substanzen im Gehirn.[96] Daneben hat die natürliche Zufuhr von ungesättigten und mehrfach ungesättigten Fettsäuren über die Nahrung einen protektiven Effekt in Bezug auf die Entwicklung einer Demenzerkrankung.

Gibt es biologische Medikamente, die wirksam sind?
Die Einnahme von Ginkgo-Extrakten zur Prophylaxe von Demenzerkrankung ist nicht unumstritten, da unter Ginkgo auch gehäuft Blutungen im Gehirn vorkommen können. Hoch dosierte Ginkgo-Biloba-Extrakte können möglicherweise Gedächtnisprobleme wie auch Verhaltensveränderungen bei Alzheimer-Patienten mildern. Dies sollte dann aber in einer sorgfältigen Risikoabwägung durch einen Facharzt für Psychiatrie oder Nervenheilkunde erfolgen.

Und die Forschung?
In der Forschungspipeline sind viele Substanzen, die an unterschiedlichen Punkten in der Pathophysiologie von Demenzerkrankungen ansetzen. So gibt es auf der einen Seite aktive und passive Impfmöglichkeiten gegen toxische, bei der Alzheimer-Krankheit vorkommende Amyloid- (Eiweiß-) und Tau-Ablagerungen. Auch sind Hemmstoffe von bestimmten Stoffwechselschritten auf dem Weg zu den giftigen Amyloid- oder Tau-Ablagerungen im Gehirn in Erprobung. Diese Studien sind bislang jedoch leider enttäuschend verlaufen und haben nicht zur Neuzulassung von Medikamenten geführt. Längerfristig ist jedoch zu erwarten und zu erhoffen, dass sich im Bereich von medikamentösen Therapien bei Demenz-Erkrankungen doch einiges tun wird.

Neuerdings hört man öfters die Begriffe Altersmedizin, Alters-
traumatologie, Alterspharmakologie?
Das Thema Altersmedizin ist in den letzten Jahren zunehmend in den Fokus von Politik und Ärzten gerückt. Letztlich
hat sich hier eine neue Entwicklung ergeben. Wo früher die
einzelnen medizinischen Fachdisziplinen versuchten, das gesamte Altersspektrum abzudecken, spezialisieren sich heute
einzelne Fächer wie etwa die Chirurgie oder auch die Neurologie oder Psychiatrie in eine Chirurgie, Neurologie oder
Psychiatrie der alten Menschen. Dies ist vornehmlich der
Tatsache geschuldet, dass sich die medizinischen Probleme
älterer Menschen, unabhängig von den zugrunde liegenden
medizinischen Erkrankungen, sehr wohl von den Problemlagen jüngerer Menschen unterscheiden. Das Thema Wie-
dereingliederung in den Arbeitsmarkt ist bei den Älteren
zumeist nicht so sehr im Fokus wie bei jüngeren Patienten.
Viel wichtiger sind bei ihnen organübergreifende sogenannte geriatrische Diagnosen wie Sturzgefährdung, kognitive
Defizite oder auch Muskelabbau. In vielen Krankenhäusern
haben sich deswegen eigenständige Zentren für Altersmedizin etabliert. Diese können einen chirurgischen oder auch
einen neurogeriatrischen respektive gerontopsychiatrischen
Schwerpunkt haben.

Wie sieht so ein Zentrum aus?
Diesen Zentren ist gemeinsam, dass sie durch die baulich/
räumliche Gestaltung oder auch durch Berufsgruppenmix
besondere Vorkehrungen treffen, damit Krankenhausaufenthalte älterer Menschen möglichst komplikationslos ablaufen. Der sogenannte interdisziplinäre geriatrische Assessment steht am Beginn und im Verlauf der Behandlung eines
älteren Menschen ganz besonders im Fokus. Hierbei werden
die krankheitsunabhängigen grundlegenden medizinischen
und auch pflegerischen Bedürfnisse älterer Menschen erfasst
und dementsprechend die Therapie angepasst.

Was meint der Begriff »geriatrisches Assessment«?
Dabei werden Ernährungszustand, kognitiver und affektiver Status, Gehfähigkeit, das Zurechtkommen im Alltag, insbesondere im sozialen Kontext sowie eine möglicherweise vorliegende Pflegebedürftigkeit erfasst. Das ist also ein ressourcenorientierter Therapieansatz, der in spezialisierten altersmedizinischen Zentren dann auch umgesetzt werden kann.

Klingt nach einer durch und durch positiven Entwicklung!
Ein wichtiger Punkt darf hierbei nicht unterschlagen werden: In den letzten Jahren ist es auch für die Krankenhäuser wirtschaftlich interessant geworden, sich um die Bedürfnisse älterer Menschen zu kümmern. Dies liegt an der Einführung gut abrechenbarer altersmedizinischer Prozeduren im Krankenhaus. Somit sind sicherlich auch wirtschaftliche Anreize mit ausschlaggebend dafür, dass sich zunehmend eine altersangepasste Medizinkultur in Deutschland zu etablieren scheint.

Gibt es sonst noch interessante neue Entwicklungen in der Altersmedizin?
Eine Entwicklung betrifft die bereits beschriebene Zentrumsbildung im Bereich der Altersmedizin. Hier werden ältere Patienten von altersmedizinisch geschulten Ärzten behandelt. Auch sind im Bereich der Narkose und der operativen Verfahren altersangepasste Techniken möglich. Dadurch sollen ältere Menschen im Krankenhaus vor der Entwicklung eines sogenannten Delirs (Verwirrtheitszustandes) geschützt werden.
Eine andere Weiterentwicklung betrifft den Einsatz strukturierter körperlicher Aktivierungsprogramme für Ältere. Körperliche Aktivierung hat positive Effekte auf kognitive, affektive und auch kardiovaskuläre Parameter. Hierbei steht weniger die Ausdauer, sondern vielmehr Krafttraining und auch Geschicklichkeitstraining im Vordergrund. Ziel ist es,

entsprechend den Empfehlungen der amerikanischen sport-
wissenschaftlichen Gesellschaft, etwa 150 Minuten pro
Woche regelmäßige körperliche Aktivierung im Alltag umzusetzen. Dies kann einerseits Nordic Walking sein, auch ein
angepasstes Kraft- bzw. Zirkeltraining und die Nutzung von
Fahrradergometern sind hier möglich. (Stichwort: »Exercise
is medicine«).

*Tut sich auf dem IT-Sektor etwas? Liegt auch bei den Älteren
die Zukunft in der Digitalisierung?*
Interessant ist der vermehrte Einsatz von Fitness-Apps. Sie
bieten eine Vielzahl von Tipps, um vermehrt körperlich aktiv zu sein. Neben Herzfrequenz und Blutdruck lassen sich
ja auch die Kalorieneinnahme und zurückgelegte Weg-
strecken oder Steigungen nachverfolgen. Der Einsatz dieser
Fitness-Apps ist im Rahmen körpernaher Medizintechnik
eine der kommenden Entwicklungen. Bei der körpernahen
Medizintechnik geht es darum, Körperfunktionen online zu
registrieren und auszuwerten. Ziel hierbei ist es, individua-
lisierte Rückmeldungen zu Verhaltensänderungen zu geben.
Eine weitere interessante Entwicklung betrifft die Klassifikation von Gedächtnisstörungen im Alter. Das Konzept der
sogenannten subjektiven kognitiven Beeinträchtigung hat
Einzug ins Vokabular der Fachärzte gefunden.

Noch vor dem Tod in die Hölle? – Pflege I

Anscheinend kommen Sie alleine mit sich nicht mehr zurecht.
Bemerkt haben Sie das zunächst nicht, weil es ein langsamer,
schleichender Prozess ist. Zuerst haben Sie sofort reagiert,
wenn Ihnen ein Malheur passiert ist, wenn Sie sich vollgekle-
ckert hatten oder wenn Sie nicht rechtzeitig auf die Toilette
kamen und Ihre Unterhose in Mitleidenschaft gezogen wurde. Penible Sauberkeit war immer eines Ihrer Merkmale.

Irgendwann wurde es Ihnen zu viel, täglich zu duschen. Es war einfach mühsam, danach die Dusche auszuwischen, damit keine Kalkflecken entstanden, es wurde immer mühsamer, sich ganz einzucremen, Sie haben ja eine sehr trockene Haut. Überhaupt Körperpflege: Was können Sie dafür, dass Sie nicht mehr an alle Stellen, besonders an die sensiblen, rankommen? Und jedes Kleidungsstück, auf dem mal ein Fleck auftauchte, gleich in die Waschmaschine zu stecken, war irgendwann auch nur nervig.

Und das Einkaufen. Auf Vorrat das Nötige zu besorgen, wäre viel praktischer, aber Sie kriegen das Zeug nicht mehr geschleppt. Gekocht haben Sie früher gerne; aber für eine Person immer wieder den ganzen Aufwand zu betreiben, war Ihnen schließlich zu viel; das Schnipseln des Gemüses, die Zwiebeln klein schneiden, den Käse reiben, früher hatten Sie sogar den Fleisch- oder Gemüsefond selber angesetzt!

Die Küche nach dem Kochen sauber machen! Wo gehobelt wird, fallen Späne, war Ihre Devise, und Ihre Küche sah nach dem Kochen aus wie nach einem Überfall. Das war fast Ihr Markenzeichen! Sauber machen, den Herd (!!), wurde aber so anstrengend, dass Sie das Schlachtfeld schon mal ein paar Tage Schlachtfeld sein ließen. Als sich Ihre Tochter aus Süddeutschland zum Besuch ansagte, mussten Sie eine extra Reinigungsschicht einlegen – und waren danach auch extra fertig.

Die Tochter! Ihr fiel noch einiges auf, das Sie gar nicht mehr wahrgenommen hatten: Das Klo zu putzen, hatten Sie doch glatt vergessen! Wann hatten Sie noch mal die Bettwäsche zuletzt gewechselt? Fenster geputzt? Aber Sie haben sehr genau wahrgenommen, wie sie herumeierte, um Ihnen diese Probleme möglichst schonend beizubringen – und es gab natürlich den Streit, den Sie eigentlich vermeiden wollten.

Es ist also Fakt: Allein kommen Sie nicht mehr zurecht. Bereits jetzt können Sie vieles nicht mehr, und das wird noch zunehmen. Anders ausgedrückt: Sie können nicht mehr selbst für Ihr Wohlbefinden sorgen. Diesen Zustand haben Sie schon mal erlebt, nur werden Sie es nicht mehr erinnern, denn es ist so lange her – 65, 70, 75, vielleicht sogar 80 Jahre. Pflegebedürftig waren Sie zuletzt als Baby, als kleines Kind, und selbst wenn Sie sich daran ebenfalls kaum noch erinnern können: Sie waren so stolz, als Sie Schritt für Schritt immer unabhängiger wurden.

Jetzt ist es wieder so weit, aber mit umgekehrten Vorzeichen: Sie müssen sich helfen und pflegen lassen. Stolz macht Sie das nicht.

Einen anderen Menschen so nah an sich ran zu lassen, dass er Sie pflegen kann, ist ein intimer Moment, fast ein spiritueller. Wenn es doch nur um Intimität ginge! Aber es geht um Fähigkeiten beziehungsweise Unfähigkeiten, für die Sie sich schämen! Sie haben so viel in Ihrem Leben geschafft, waren mal wichtig, sind geliebt worden, und jetzt müssen Sie sich den Po abputzen lassen!

Sie bräuchten Zeit, Menschen mit Einfühlungsvermögen, die sich auf Sie und Ihre Empfindlichkeiten einstellen können. Wenn Sie mal Massagen erlebt haben, wissen Sie, dass körperliche Berührung auch ohne Sex ein Genuss sein kann. Es sagt viel über unsere Gesellschaft aus, dass die heutige Diskussion über die Pflege nur ums Geld geht.

Natürlich ist eine angemessene Bezahlung wichtig, aber das ist doch nur die absolute Minimalvoraussetzung für gute Pflege. Tatsächlich geht es darum, für Sie Menschen zu finden, die Sie taktvoll, einfühlsam und fachlich gut pflegen und unterstützen. Wenn diese Menschen gut in ihrem Beruf sind und Sie sich Ihnen anvertrauen können, wird die Pflegebedürftigkeit eine gute Phase in Ihrem Leben sein. Wenn dem nicht so ist, werden Sie durch die Hölle gehen.

Warum sind Pflegekräfte so wichtig? Weil Sie ein Mensch sind und mit Menschen kommunizieren wollen. Und dieses elementare Grundbedürfnis hört nicht auf, weil Sie körperlich hinfällig werden und/oder nicht mehr im Vollbesitz Ihrer geistigen Kräfte sind. Im Gegenteil! Demente brauchen Kommunikation genauso wie Gesunde, manchmal sogar noch mehr.

Wenn Sie das noch nicht aus eigener Anschauung wissen, sollten Sie das wunderbare Buch von Arno Geiger über seinen dement werdenden Vater lesen[97], das ich schon ausführlich erwähnt habe. Um solchen Menschen, die, wie Geiger schreibt, auf ihre Art beachtlich sind und daher das Recht auf Beachtung haben, gerecht zu werden, braucht es Ansprechpartner, die nicht im Burn-out infolge hoffnungsloser Überarbeitung stecken, sondern Zeit haben und in der Lage sind, diesen Menschen adäquat zu begegnen. Wenn Sie in der Situation dieser beachtlichen, nach allgemeinen Maßstäben nicht immer ganz vernünftigen, aber irgendwie brillanten Menschen wären, würden Sie das auch wollen.

Immer häufiger hört man, dass diese Art der Lebensunterstützung doch wunderbar durch Roboter übernommen werden könnte (siehe auch das folgende Kapitel). Wunderbar, oder nicht! Das ist so ein typisches Argument der großen Geldmaschine, die aus Ihrer Pflege noch den letzten Cent ziehen und ihn irgendwelchen Fonds zuführen will, denn Pflege durch Menschen kostet! Teuer! Aber darauf kommen wir nachher noch. Angesichts der immensen Bedeutung, die soziale, zwischenmenschliche Kontakte für uns Menschen haben, halte ich die Idee der Roboter-Pfleger für schwierig, mancher mag sogar denken, so etwas sei völlig krank und abwegig. Aber man kann nie wissen, in welche grotesken Zwänge uns der Umgang unserer Gesellschaft mit dem Geld noch bringen wird. Wie im Folgenden dargestellt, ist das eine Diskussion, in die Sie sich jetzt einmischen sollten. Denn sie hat unterschiedliche Seiten. Ich zum Beispiel finde die Idee von Robotern als Einkaufshilfen cool! Dass das Maschinchen die Getränkekisten schleppt und nicht ich, wäre ein echter Zuwachs an Lebensqualität. Roboter als Toilettenbegleitung, wenn ich das nicht mehr alleine hinkriege, halte ich für bedenkenswert, weil mir die Begleitung dorthin durch die nette polnische Pflegerin eher peinlich wäre. Aber ein Roboter, der meinen Süßigkeits-Yiiper einschränken und mir die Schokolade wegnehmen will, die ich am kritischen Auge meiner Tochter vorbei in die Einkaufstüte geschmuggelt habe, hat seine Bestimmung weit, weit überzogen und muss einfach nur weg! Wo ist mein Akkuschrauber?

Es kommt auf Sie an! All das können Sie natürlich anders sehen.

Andere Menschen in Ihr Leben lassen? In jenem Leben, das vor dem hohen Alter Ihres war, haben Sie immer wieder Menschen in Ihr Leben hineingelassen, mal mehr, mal weniger, mal persönlicher, mal distanzierter, mal lustbetont und manchmal mit Widerwillen. Aber wichtig war Ihnen immer, dass Sie auswählen konnten, nur bei den eigenen Kindern hat das nicht so richtig funktioniert, die kamen im Wesentlichen wann und wie sie wollten. Jetzt sind Ihre Wahlmöglichkeiten eingeschränkt, ziemlich eingeschränkt. Oder glauben Sie, Sie hätten Chancen, diese bestimmte Pflegekraft im Altenheim abzulehnen, nur weil Sie die doof finden? Ablehnen können Sie sie schon, aber Sie werden trotzdem mit ihr auskommen müssen.

Sehen wir der Tatsache ins Auge: Wenig beeinflusst unsere persönliche Freiheit, unser Leben nach unseren eigenen Vorstellungen zu gestalten, so grundsätzlich wie unsere eigene Pflegebedürftigkeit. Die sehr unterschiedlich des Weges kommt.

Es kann Ihnen also passieren: Wenn Sie überhaupt nicht daran gedacht haben und in keiner Weise darauf eingestellt sind, kommen Sie in eine Situation, in die Sie nie kommen wollten. Denn die Pflege in Deutschland ist in einem schwierigen Zustand, sehr moderat ausgedrückt.

Falls das Thema Sie aufregt: Sie haben vollkommen recht! Es wird übrigens auch Zeit, dass Sie sich aufregen, denn Sie sind jetzt ja ziemlich nah an diesen Zuständen dran. Teilen Sie Ihre Aufregung mit Ihren Kindern. Die sind in diesem unserem reichen Land für Sie zuständig, wenn Sie zum Pflegefall werden.

Sie hätten es schon wissen können, denn *SPIEGEL, SZ,* die *ZEIT* und wahrscheinlich einige andere Zeitungen berichten schon seit Jahren über das Problem: Es stinkt, im direkten, nicht im übertragenen Sinn! Falls Sie in den letzten Jahren mal in eine dieser Zeitungen geschaut haben, dürfte Ihnen eigentlich nicht entgangen sein, dass Pflege ein Problemthema ist, viele sprechen vom Pflegenotstand.

Die heutige Berichtslage in der Presse zum Thema Pflege ist furchteinflößend. Sie lässt sich mit einem Satz umschreiben:

Pflege in Deutschland – bis zum Hals in der Scheiße.

Wenn Sie die Diskussion um die personelle Ausstattung von Pflegeheimen im Vorfeld der letzten Bundestagswahl verfolgt haben, ist Ihnen wahrscheinlich nicht entgangen, dass diese Diskussion vor allem von Politikern bestritten wird. Einige Pflegepersonen haben die Stichworte gegeben. Denn die in Pflegeberufen Tätigen leiden unter der Veränderung ihrer einstmals humanen Berufe. Die für diese Veränderung verantwortlichen Gesundheitspolitiker versuchen in der Regel, die inhumane Situation schönzureden. Die Betreiber von Pflegeheimen sind Nutznießer der 23 Jahre alten Entscheidung einer CDU-geführten Regierung, die Finanzierung von Pflegeheimen für private Investoren zu öffnen. Ja schon, Herr Blüm! Pflegeheimbetreiber verdienen so gut, dass sie bis auf wenige Ausnahmen[98] tunlichst die Klappe halten, um die Aufmerksamkeit der tobenden öffentlichen Diskussion nicht dorthin zu lenken, wo sie eigentlich hingehört. Dass nämlich die Privatisierung des Pflegesektors eine kapitalistisch hoch effektive, aber vollkommen inhumane Aktion war, die rückgängig gemacht werden muss, wenn sich etwas zum Positiven ändern soll. Investitionen in den Pflegemarkt sind ungemein attraktiv, weil sie als absolut sicher gelten und zwar keine riesige, aber eine sehr konstante Rendite abwerfen, zum Beispiel pro Patient und Tag 4,50 Euro.[99] Nicht so richtig viel, aber zufällig akkurat die gleiche Summe, die Betreiber heute für die Verpflegung einsetzen. Und das sind noch nicht einmal die schlechtesten!

Folgendes ging durch die Presse:

> »Wie kann es sein, dass in einem Land wie Deutschland Menschen stundenlang in ihren Ausscheidungen liegen müssen?« Diese Frage stellte der 21-jährige Pfleger Alexander Jorde Angela Merkel im September 2017 kurz vor der Bundestagswahl. Und die Kanzlerin hatte keine Antwort darauf. Ein gutes halbes Jahr später ist Angela Merkel wieder Bundeskanzlerin, Jens Spahn neuer Gesundheitsminister und Alexander so etwas wie der Held der Pflegebranche. Er reist von Talkshow zu Talkshow und erzählt, was eigentlich alle wissen: In Deutschland herrscht Pflegenotstand. Je nach Interessenverband variieren die Zahlen. Der Arbeitgeberverband Pflege geht von 30 000 unbesetzten Stellen aus, laut Gewerkschaft ver.di fehlen 70 000 Fachkräfte, und der Deutsche Pflegerat und Alexander Jorde sprechen von 100 000 Pflegekräften, die allein in Krankenhäusern fehlten. Feststeht: Es gibt immer mehr Menschen, die gepflegt werden müssen, und immer weniger Menschen, die pflegen wollen.

Jorde wird dann noch konkreter:

> »3300 Euro bekommt eine Pflegekraft mit vielen Jahren Berufserfahrung. Das ist ein Witz. Ein angemessenes Gehalt für diesen Job müsste bei mindestens 4000 Euro liegen.
> Knapp 25 Prozent Lohnsteigerung klingt viel, aber ich will Ihnen ein paar gute Gründe nennen, warum auch meine Kollegen und ich deutlich mehr verdienen sollten. Erstens: weil wir dringend gebraucht werden. Nach den Regeln des freien Marktes müssten wir bezahlt werden wie Ingenieure oder Programmierer. Zwei-

tens: weil wir Verantwortung tragen, jeden Tag. Wenn jemand bei VW ein Fenster falsch einsetzt, verursacht das einen Schaden von ein paar Hundert Euro. Wenn ich eine akute Situation nicht schnell genug erkenne oder eine falsche Injektion gebe, stirbt ein Mensch. Der Facharbeiter bei VW verdient mit Zuschlägen und Gewinnbeteiligung am Ende deutlich mehr. Finden Sie das fair?«

»An Würmer in Wunden und vollgepisste Junkies gewöhnt man sich«, sagt der heute 22-Jährige, der mittlerweile im zweiten Ausbildungsjahr ist. »Aber an die Überstunden, die schlechte Bezahlung und die fehlende Anerkennung nicht.«[100]
Die Missstände sind überall bekannt. Aber wie bei anderen Folgen unseres kapitalistischen Wirtschaftssystems schauen die Verantwortlichen beharrlich weg. Ganz egal, wie himmelschreiend die entsprechenden Presseberichte sind.[101]

Wer sich nicht zu Wort meldete, waren die Betroffenen. Einerseits ist das natürlich nicht erstaunlich, denn wer in einem Pflegeheim angekommen ist und die Zustände am eigenen Leib erlebt, ist in der Regel nicht mehr in der Lage, sich öffentlichkeitswirksam zu artikulieren.

Aber Sie, die künftigen Bewohner der Pflegeheime, gehen heute erst in den Ruhestand. Und Ruheständler sind im Allgemeinen durchaus in der Lage, sich zu artikulieren. Ebenso wären die Kinder, die heute erleben, wie es ihren Eltern im Pflegeheim ergeht und die übermorgen in die Pflegeheime einziehen werden, durchaus fähig, die Stimme zu erheben. Dazu möchte ich Sie nachdrücklich einladen! Es geht schließlich um Sie.

Vielleicht gibt es da ein Missverständnis: Die Tatsache, dass die Lebenserwartung heute zunimmt und dass die meisten von uns die Chance haben, achtzig und älter zu werden, bedeutet nicht, dass wir alle dieses Alter fit und selbstbestimmt erreichen werden. Trotz viel Bewegung, Kieser-Training, gesundem Essen und schönheitsfördernden Manipulationen. Nein, der Preis für die verlängerte Lebensdauer ist die Tatsache, dass Sie einige Jahre dieses hohen Alters in Senioren- oder Pflegeheimen zubringen müssen. Nicht zu viele, denn die Zustände dort sind nicht so, dass sie die Lebensdauer unbedingt verlängern. Obwohl niemand bisher untersucht hat, wie es sich auswirkt, wenn Sie stundenlang in den eigenen Exkrementen liegen, weil die eine Nachtschwester, die für 14 Patienten zuständig ist, einfach nicht schneller rumkommt.[102]

Auch wenn Sie es noch auf die Toilette schaffen, aber dort Stunden sitzen, weil eben dieselbe Nachtschwester sie infolge einer völlig inhumanen Überarbeitung vergessen hat, so ist das für Ihr Herz-Kreislauf-System nicht förderlich. Ich will diese Kette fürchterlicher und für unser reiches Land völlig unwürdiger Zustände nicht weiter verlängern. Ebenso wie ich konnten Sie all das lesen und können es sich jederzeit von Google zeigen lassen.

Und dann kommt das Argument, mit dem Sie sich am resignierenden Wegschauen oder der trügerischen Hoffnung, Sie wird es schon nicht treffen, beteiligen: Sie können doch sowieso nichts tun? Oh doch. Sie können! Besichtigen Sie ein Heim, wenn Sie sich mit dem Gedanken tragen, dieses Heim zu Ihrem, sagen wir mal, »Alterssitz« zu machen. Klingt gut und kommt an. Und wenn Sie dort sind, bitten Sie, bitten Sie höflich, bitte auch die Pflegestation sehen zu dürfen, denn man kann ja nie wissen. Fragen Sie nach den Arbeitsplänen des Personals, nach der Besetzung. Schauen Sie, wo das Pflegepersonal gerade arbeitet: Oft sitzen die nur noch vor dem Computer. Denn wie überall in unserem durchorganisierten System, in Krankenhäusern, Schulen, bei der Polizei und eben auch und vor allem in Pflegeheimen: Selbst wenn nichts mehr richtig läuft, muss es richtig dokumentiert werden!

Oder, noch einfacher, besuchen Sie Tante, Onkel, Opa, Oma, die in einem solchen Heim leben. Und wenn Sie dann finden, dass es so nicht geht, dass dieses Heim eine Zumutung ist, dann wenden Sie sich an Ihren lokalen Abgeordneten, vom Stadtrat, vom Land- oder Bundestag. Orientieren Sie sich nicht am Umgangsstil im Internet und pöbeln Sie nicht rum, sondern sprechen Sie freundlich und in Ruhe mit Ihrem gewählten Repräsentanten und machen Sie ihm klar, dass er etwas tun muss. Andernfalls Sie dieses Thema bei der nächsten Wahlversammlung zur Sprache bringen werden. Glauben Sie mir, wenn das nur genügend viele, entschlossene Menschen tun, wird sich was ändern. Der Kanzlerin war es gar nicht genehm, dass sie im Studio auf diesen netten Pflegeschüler traf, der ihr vorrechnete, dass viel ärmere Länder das Zwei- bis Dreifache für ihre alten Menschen aufwenden.

Die jetzt – Sommer 2018 – im Vertrag zur großen Koalition verhandelten Veränderungen haben ein gewisses Potenzial zur Verbesserung. Spahn hat geliefert. Aber viele Insider zweifeln, dass das reichen wird. Sie sollten doch eher ganz sicher sein, wenn es um Ihr künftiges Heim geht.

Oder meinen Sie, Pflege ist sowieso nicht Ihr Thema?

Wenn Sie pflegebedürftig werden sollten, machen Sie Schluss?

Natürlich ist das Ihre Entscheidung, aber ich halte es nicht für sehr wahrscheinlich, dass es so kommen wird. Denn das Leben funktioniert anders, und Pflegebedürftigkeit kommt nicht wie eine Kündigung oder ein neues Jobangebot, sondern sie kommt durch die Hintertür.

Was bedeutet das eigentlich? Pflege, pflegebedürftig, Pflegeheim, Pflegeversicherung, Pflegesatz ...?

Auf der einfachsten Stufe heißt es, dass Sie nicht mehr in der Lage sind, allein durch die Welt zu spazieren und sich selbst um sich zu kümmern, für sich zu sorgen. Eine andere Person muss sich um Ihre Körperpflege, Ihre Ernährung, Ihre Tabletteneinnahme und so weiter. kümmern. Plötzlich haben Sie jemanden, den Sie eben noch nicht kannten, in Ihrem Leben und sehr nahe an sich dran. Das kostet, unterschiedlich viel, je nach Anspruch, und es gibt seit Norbert Blüm ein Gesetz, das Ihre Pflegeversicherungspflicht regelt.

In welcher Form kommt die Pflegebedürftigkeit in Ihr Leben?

Zum Beispiel als Kurzzeitpflege:

Sie leben zu Hause, zum Beispiel in der von Ihnen mit Liebe eingerichteten kleinen Wohnung mit Balkon, im – sagen wir – ersten Stock. Die eine Treppe ist kein Problem für Sie, die schaffen Sie schon. Sehr wohl ein Problem wird eines Tages für Sie, dass Sie den Stein auf dem Gehweg übersehen haben, dass Sie gestürzt sind und sich einen – sagen wir – unkomplizierten Bruch des Sprunggelenks zugezogen haben. Der Oberarzt der Unfallchirurgie war sehr nett, hat sogar mit Ihnen geredet und Ihnen die Vorzüge der Operation klargemacht, danach müssten Sie höchstens vier Tage stationär bleiben und könnten mit Unterarmgehstützen entlassen werden, belasten dürften Sie den Fuß erst nach frühestens drei Wochen.

Das war alles noch relativ nach Ihrem Geschmack. Nicht lange im Krankenhaus sein zu müssen, Zweibettzimmer hatten die ja dort für alle, der Nachbar war nett, aber Sie sind einfach nicht mehr gewöhnt, mit anderen Menschen im Zimmer zu schlafen. Aber soweit alles gut.

Bis die nette Krankengymnastin mit Ihnen das Gehen mit den Unterarmgehstützen übte und sich herausstellte, dass Sie ohne – »auf keinen Fall!« – Belastung Ihres Beines noch nicht mal drei Stufen hochkamen, geschweige denn eine Treppe. Der Mumm in den Unterarmen und im Rumpf reichte einfach nicht aus, um Ihren nicht mehr so elfenhaften Körper die Treppe hochzuwuchten.

Was nun? Sie hofften, wenigstens eine Woche länger im Krankenhaus bleiben zu können, bis Sie so viel geübt hätten, um die Treppe mit den Unterarmgehstützen attackieren zu können. Waren Sie nicht vor zwanzig Jahren auch schon einmal drei Wochen nach einer Gallenoperation in der Klinik geblieben, ohne Probleme? Nur: Sie haben diese Rechnung ohne Kenntnis der neuen diagnosebezogenen Abrechnungsmodalitäten gemacht, kurz DRGs genannt. Das Krankenhaus wird nach einem Katalog bezahlt, der für die operative Versorgung einer Sprunggelenksfraktur eine bestimmte Summe vorsieht. Diese Summe ist für einen stationären Aufenthalt von, sagen wir, sechs Tagen berechnet, was für ein »unkompliziertes« Sprunggelenk, Ihres, schon eine ganze Menge ist. Wenn man Sie länger bleiben ließe, würde das Krankenhaus weniger Geld verdienen, weil Sie natürlich weiter Kosten verursachen, die Krankenkasse aber nicht mehr als die sechs Tage bezahlt.

An diesem Punkt hat die Freundlichkeit des netten Oberarztes ein Ende, denn er bekäme richtige Probleme mit seiner Verwaltung, wenn er Sie länger behielte. Und wenn Ihnen gelänge, was in der Realität gewiss nicht passieren wird, mit dem Verwaltungschef ein Gespräch zu führen, um ihm Ihre Notlage zu schildern, dann würde der absolut nicht verstehen wollen, dass Sie seine einfache Gewinn-und-Verlust-Rechnung nicht kapieren. Ökonomen denken nicht wie Menschen. Sie finden das zu hart? Sorry. Aber wenn Sie, wie ich, in jahrelangen Diskussionen immer wieder erlebt haben, dass das menschlich Vernünftige, das ethisch und human Angemessene wieder und wieder einem oft auch nur marginalen Geldvorteil geopfert wird, dann kommen auch Sie zur Einsicht, dass in den Hirnregionen von Ökonomen irgendetwas anders tickt. Wir müssen uns entscheiden: Geld oder Menschlichkeit. Nicht nur in den Pflegeheimen, sondern auch in deutschen Krankenhäusern.

Also Kurzzeitpflege. Von heute auf morgen. Unerwartet. Ein bisschen absurd erscheint Ihnen, dass die Frage, die Sie nie für wichtig hielten, nämlich ob Ihr Haus einen Aufzug hat, sich plötzlich als entscheidender Faktor für Ihre weitere Lebensqualität herausstellt.

»Man spricht von Kurzzeitpflege, wenn eine pflegebedürftige Person für eine begrenzte Zeit einer vollstationären Pflege bedarf.

Häufig ist das nach einem Krankenhausaufenthalt der Fall oder wenn die häusliche Pflege für eine bestimmte Zeit ausgesetzt werden muss oder soll.«[103]

Sie suchen also mithilfe Ihrer Enkelin im Internet, denn es eilt ja schon ein bisschen. Da gibt es benutzerfreundliche Portale, zum Beispiel von der Diakonie: Straße, Wohnort und gewünschte Entfernung der Pflegeeinrichtung von der Wohnung eingeben, Einzelzimmer oder Doppelzimmer.

Ernüchterndes Ergebnis: Die Einzelzimmersuche brachte für 2 km, 5 km, 10 km, 20 km, 50 km leider keine freien Plätze. Die Doppelzimmersuche bringt erst bei 50 km eine positive Meldung. Am anderen Ende der Stadt, vorsichtig ausgedrückt, mit öffentlichen Verkehrsmitteln circa 50 Minuten, dreimal umsteigen. Und in einer Pflegeeinrichtung, in der Ihre Tante schon mal gelandet war und nur Furchtbares berichtet hatte. Jetzt würden Sie ja doch gerne wählen können.

Bei den Seniorenwohnheimen sah zumindest die Verfügbarkeit besser aus, 5 km von Ihrem jetzigen Wohnsitz und vor allem nah zur Wohnung von Tochter plus Enkelkindern. Aber wäre es nicht eigentlich besser, dort auf Dauer einzuziehen? Seniorenwohnheime sind ja nicht für vorübergehend. Doch das hieße, dass Sie Ihre wunderbare Wohnung aufgeben müssten. Ihre Tochter: »Papa, wir können Dich nicht jede Woche (Woche hat sie gesagt!) am anderen Ende der Stadt besuchen.« Ihren Bridgekreis können Sie auch vergessen. Aber Ihre Wohnung aufgeben, das gute Verhältnis zu den Nachbarn?

Und vor allem: Ist das ein gutes Seniorenheim? Haben die eine akzeptable Pflegestation? Wie sieht die aus? Wie riecht es dort? Können Sie das zahlen?

Apropos zahlen: Wenn wir schon mal dabei sind, unangenehme Fragen zu stellen. Ist Ihre Pflege gesichert?

Warum sollen Sie die Pflege sichern? Sie leben doch so gesund, Sie bewegen sich, Sie rauchen nicht und trinken so wenig Alkohol, dass Sie als abstinent gelten können. Sie werden gesund alt werden und dann schnell sterben.

Eigentlich ein cleverer Gedanke. Bas Kast diskutiert ihn im »Ernährungskompass«[104], und kürzlich propagierte Werner Fürstenberg, ein Vordenker des vernünftigen Kapitalismus, ihn auch wieder: Macht die Prävention stärker, verbindet sie mit verpflichtenden Anreizen, bildet die Ärzte besser aus, dann könnt Ihr der Pflegediskussion viel von ihrer bedrückenden Schärfe nehmen.[105]

Ja – das sind interessante Vorschläge, die festgefahrene Diskussion um den Pflegenotstand zu bereichern, und nein – auch wenn wir 80 Prozent unserer Gesundheit durch unseren Lebensstil selbst beeinflussen könnten, bleibt die Pflegebedürftigkeit im Alter weiterhin als Problem bestehen.

Natürlich wird Prävention in der öffentlichen Pflegediskussion sträflich vernachlässigt, was sehr bedauerlich ist, weil die Zahl der Pflegebedürftigen durch geeignete präventive Maßnahmen – bewegen, bewegen, bewegen, nicht rauchen, Alkohol minimieren und sich halbwegs bewusst ernähren – deutlich gesenkt werden könnte.

Wird aber nicht,

◆ weil das seit Jahren existierende Präventionsgesetz von den Krankenkassen und den dafür zuständigen Regierungen der Bundesländer nicht umgesetzt wird,

◆ weil alle Prävention sich im Vergleich zur Alkoholwerbung kümmerlich ausnimmt,

◆ weil mit der E-Zigarette jetzt wieder das gleiche dumme Theaterstück aufgeführt wird, wie seinerzeit mit der Zigarettenwerbung,

◆ weil die Krankenkassen, die schon im existierenden Gesundheitswesen falsche Anreize gesetzt haben – die DRG-Katastrophe! –, dem Thema Prävention nicht trauen, weil sie befürchten, auch noch für Prävention zahlen zu müssen und doch auf den anderen Kosten sitzen zu bleiben.

Ärzte sind zwar längst für Altersprävention ausgebildet: Was man dafür wissen müsste, ist nicht so neu, dass man noch Nobelpreise bekäme, Begriffe wie Epigenetik (= das Ein- und Abschalten genetischer Informationen in Abhängigkeit von den Lebenserfahrungen) und Salutogenese (= wie Gesundheit entsteht, im Gegensatz zur Pathogenese = wie Krankheit entsteht) inbegriffen. Aber Ärzte bekommen in unserem Gesundheitssystem nicht mehr die Zeit, um solche komplexen Inhalte – und Prävention ist ein komplexer Inhalt – rüberzubringen, und sind durch das Alltagsgeschäft auch viel zu sehr genervt, um sich an so etwas noch zu versuchen. Denn die Bemühungen werden eben nicht mal vernünftig bezahlt, was in einer durchkapitalisierten Gesellschaft wie der unseren eigentlich schon alles sagt.

Die pflegenden Angehörigen sind in der Tat das zentrale Problem! Dass auf den Angehörigen die Hauptlast der Pflege liegt, ist ein Geburtsfehler der Pflegeversicherung, ein zweiter ist die Chance für Investoren, an der Pflege zu verdienen, egal, wie lausig sie ist. Und hier kommt die Argumentation vom gesunden Sterben leider an ihr Ende: Denn selbst wenn wir alle Prävention machen – was ja auch dieses Buch empfiehlt –, wenn unsere Lebensqualität zunimmt, wird im Idealfall die Phase der Pflegebedürftigkeit ins hohe Alter verlagert, wofür es in der Berliner Altersstudie schon Hinweise gibt. Was bedeutet, dass die Angehörigen, wenn sie denn weiter pflegen sollen, zu diesem Zeitpunkt selber sehr alt und erst recht mit der Pflegeaufgabe überfordert sein werden.

Also noch mal: Ist Ihre Pflege gesichert?

So genau wissen Sie es nicht, weil Sie, zugegeben, noch etwas Zeit haben; aber da gibt es doch seit 1995 diese verpflichtende Pflegeversicherung für alle. Die wird es schon richten.

Fragt sich nur, wie.

Die Pflegeversicherung ist eine Pflichtversicherung zur Absicherung des Risikos, pflegebedürftig zu werden. Sie wurde 1995 eingeführt und ist im SGB XI niedergelegt.

Konkret:

Wenn Sie dauerhaft, also prognostisch für mehr als ein halbes Jahr, pflegebedürftig werden, entscheidet der Medizinische Dienst der Krankenkassen, ob Sie einen oder mehrere »Pflegegrade« bekommen. Nicht das einzige, aber das entscheidende Kriterium ist die »eingeschränkte Alltagskompetenz«. Dieses Entscheidungsverfahren war früher massiver Kritik ausgesetzt, weil zum Beispiel psychische Störungen so gut wie nie ausreichten, um eine Pflegestufe zu bekommen. Das wurde mit der Reform zum Anfang des Jahres 2018 korrigiert, und, auch wenn es Sie vielleicht nervt, dass Sie Ihre doch offensichtliche Pflegebedürftigkeit von Krankenkassenärzten beurteilen lassen müssen, die dafür in Ihre Wohnung kommen und Sie begutachten, scheint das heute ein vernünftiges Verfahren zu sein.

Wenn Sie Pflegegrade bekommen, gehören Sie prinzipiell zu der Gruppe, die Leistungen aus der Pflegeversicherung erhalten kann.

Welche?

Das richtet sich danach, welche Art von Pflege bei Ihnen angesagt ist.

1. Sie lassen sich zu Hause, also ambulant, pflegen, durch Angehörige oder eine andere Pflegeperson aus Ihrer Bekanntschaft. Wenn Sie eine solche Person nachweisen können, bekommen Sie »Pflegegeld« aufs Konto, das Sie nach Ihren Vorstellungen ausgeben können, ohne dass von der Pflegeversicherung irgendwelche Voraussetzungen gemacht werden. Gewöhnlich wird ein Teil des Geldes dazu verwendet, die Pflegeperson zu entschädigen, ein anderer geht für Hilfsmittel et cetera drauf.

   Um es gleich zu sagen: Für die Anstellung eines Pflegedienstes reicht das »Pflegegeld« in der Regel nicht aus. Dafür brauchen Sie

2. die »Pflegesachleistung«: Für die kommen Sie infrage, wenn Sie allein sind, also keine Angehörigen haben, die Sie pflegen können, zum Beispiel weil diese nicht vorhanden oder zu alt und gebrechlich sind. In diesem Fall können Sie einen Pflegedienst anstellen, der Ihre Pflege »in begrenztem Umfang« übernimmt. Was das heißt? Das Geld reicht nicht aus, Sie müssen zuzahlen. Also einen Teil Ihrer Rente geben, in Ihre Vermögensschatulle greifen oder das Sozialamt ersuchen, für diese nötigen, aber durch die Pflegeversicherung nicht abgedeckten Leistungen aufzukommen.* Der Pflegedienst rechnet direkt mit der Pflegeversicherung ab, Zuzahlungen im Sinne einer »kombinierten Leistung« sind möglich, wenn der Pflegedienst 50 Prozent verbraucht, die pflegenden Angehörigen den Rest.

3. Ambulant geht es nicht mehr, weil Sie nicht mehr 24 Stunden allein sein können, Ihre Verwirrung zu groß ist, die Nächte nicht abgesichert sind, in denen Sie unruhig werden und schon mal um Hilfe rufen, weil Ihre Angehörigen nicht mehr können – es gibt viele Gründe. Dann steht das Pflegeheim an. Dafür reicht die Pflegeversicherung nicht aus, in keinem Fall, sondern Sie müssen, wie oben erwähnt, entweder zuzahlen, das Sozialamt bemühen oder

---

* Dieses Vorgehen ist in unserer Gesellschaft üblich und rechtlich im Sozialgesetzbuch festgelegt. Die Solidargemeinschaft kommt für den Einzelnen auf. Überprüft wird, ob eigene Mittel da sind, die dafür aufgewendet werden können; ist das nicht der Fall, so zahlt die Solidargemeinschaft, was ein schöneres Wort für den Staat ist. Hinter dieser guten Regelung verbergen sich oft persönliche und familiäre Dramen: Sie haben sich Ihr Haus zusammengespart, um es einmal Ihren Kindern zu vererben, denen Sie sonst nicht viel hinterlassen können. Um dieses Vorhaben nicht zu gefährden, übernehmen Ihre Kinder Ihre Pflege. Irgendwann schaffen die das nicht mehr, und dann entsteht eine moralisch-finanzielle Schere: doch noch pflegen, obwohl das zu viel wird – pflegende Angehörige von Demenzkranken gelten als Referenzgruppe mit dem höchsten Stress –, oder das Erbe gefährden. In solchen Fällen wird oft auf den Staat geschimpft, aber tatsächlich ist es ein Problem Ihrer persönlichen Lebensplanung.

haben dieses fehlende Geld durch eine Zusatzversicherung abgedeckt.

4. Sie sind »rüstig«, ein/e Teilnehmer/in des auch in diesem Buch vorgeschlagenen Präventionsprogramms. Aber Sie haben nachgedacht und sind zum Ergebnis gekommen, dass es, wenn überhaupt, sinnvoll ist, rechtzeitig ins Seniorenheim zu gehen, damit Sie sich noch eingewöhnen können, andere »rüstige« Alte kennenlernen. Überhaupt ist »freiwillig« viel besser als »gezwungen«. Stimmt. Kein Einwand. Nur – die Pflegeversicherung zahlt das nicht, sondern Sie müssen wie für ein Hotel mit Vollpension selber dafür aufkommen. Die Pflegeversicherung kommt nur zum Einsatz, wenn Sie pflegebedürftig werden und die in diesem guten Altersheim vorgehaltenen Pflegeangebote wahrnehmen müssen.

Was Ihnen schon klar? Super. Mir nicht, aber man lernt ja nicht aus. Die Heime haben übrigens ein hohes Interesse an Ihrer Pflegebedürftigkeit, denn dadurch steigt auch die Verdienstmöglichkeit des Heims.

5. Was fehlt in diesem System?

Zum Beispiel Zusatzleistungen, die nicht immer, aber oft gebraucht werden.

◇ Stellen Sie sich vor: Sie, alleinstehend, rüstig, keine Kinder, leben in Ihrer schön ausgestatteten Wohnung, viele Bücher, tolle Stereoanlage, Bilder, ausgesuchte Designmöbel. Auf Ihrer, wie Sie erst später wissen, letzten Bergtour – nichts großes, eigentlich nur eine nette Wanderung zu einem hübschen Biergarten – stürzen Sie und ziehen sich einen richtig komplizierten Bruch zu, der nicht nur das örtliche Krankenhaus überfordert. Alles braucht Zeit; nach der von Ihrem besten Freund, einem pensionierten Chefarzt, arrangierten Überweisung in die Spezialklinik wird der Bruch auch optimal versorgt, aber inzwischen sind Muskulatur und Allgemeinzustand so mau geworden, sind zusätzlich nächtliche Verwirrtheitszustände aufgetreten, dass sich alle einig sind: In Ihre Wohnung können Sie nicht mehr zurück. Sie protestieren, sind verzweifelt, aber so ist das Leben. Der Sozialdienst – der ist in Krankenhäusern für so was zuständig – findet ein wirklich schönes Altersheim mit ausgewiesen guter Pflegeabteilung. Alles gut? Nicht ganz: Was wird aus Ihrer Wohnung? Ein paar Bücher, einen Teil Ihres CD-Regals, ein, zwei ausgewählte Möbel können Sie mitnehmen – aber wer löst Ihre Wohnung auf? Das Szenario ist in wesentlich weniger komfortabler Form nicht selten, und es wäre gut, wenn man dafür Geld aus der Pflegeversicherung bekäme, denn umsonst macht sich das nicht.

◇ Fahrten zum Arzt: Auch Pflegebedürftige müssen gelegentlich zum Facharzt. Dafür zahlt die Pflegeversicherung nicht. Wer sonst?

◇ Kurzfristige Hilfen, zum Beispiel eine Wochenendlösung für pflegende Angehörige.

◇ Regelungen rund um die Uhr sind im ambulanten Bereich fast nicht darzustellen, es sei denn, Sie haben Vermögen, was Sie dafür aufwenden können.

Ja, so ist die Lage. Ich sagte schon: Regen Sie sich auf, und melden Sie sich zu Wort – jetzt!

Vom Rollator zum Roboter – Pflege II

Sie sollten sich helfen lassen, klar.

Wer nicht mehr scharf sieht, kauft sich eine Brille, wer nicht mehr gut hört, ein Hörgerät, beim Bergwandern sind Trekkingstöcke überhaupt nicht mehr wegzudenken, und wenn die auch auf der Ebene nicht mehr ausreichen, gibt's den Rollator. Alles Paletti.

Na ja, zwei Fragen sind relevant:

Wollen Sie sich eigentlich helfen lassen?

Wie sinnvoll ist solch eine Hilfe?

Brille oder Kontaktlinsen sind in unserer Welt – im Gegensatz zur dritten – tatsächlich kein Thema mehr, aber schon bei Hörgeräten sieht das anders aus: Viele Ältere, die wirklich schlecht hören, beharren lieber darauf, dass alle anderen plötzlich einer Nuschel-Epidemie zum Opfer gefallen seien, weswegen sie selbst doch nicht zum Ohrenarzt und Hörgeräte-Akustiker gehen und sich eines der vielen, immer besser werdenden Hörgeräte anpassen lassen müssten. Doch dieses Ignorieren der eigenen Hörschwäche ist hoch problematisch, weil unsere Kommunikationsfähigkeit immer mehr abnimmt, je länger wir wenig hören: Unser Gehirn »verlernt« das Hören, wenn wir es nicht üben.

Dieses Prinzip finden wir in allen Bereichen, in denen unser Organismus im Austausch mit unserer Umwelt steht. Am deutlichsten ist das im Bereich der Beweglichkeit. Wenn wir etwas dauerhaft unterlassen, egal aus welchem Grund – weil uns was wehtut, weil wir zu schwer oder einfach nur zu bequem geworden sind –, dann werden die Voraussetzungen für dieses Bewegungsmuster »zurückgebaut«. Der Handlungsplan im Gehirn ist meistens noch da – Sie erinnern sich vielleicht noch an meinen Freund, der den Aufschwung auf das wunderbare italienische Fahrrad noch zu beherrschen glaubte –, aber die Umsetzung durch Nerven und Muskeln funktioniert nicht mehr. Vor 45 Jahren hat mich im Englischen Garten in München mal ein Polizist angehalten, weil ich mir auf dem Fahrrad, freihändig fahrend, die Krawatte gebunden hatte. Wie man das macht, weiß ich heute auch noch ...

Wegen dieser Anpassungsfähigkeit nach oben und nach unten lohnt es sich, um jede Fähigkeit zu kämpfen, und zwar wild entschlossen. Denn Hilfen und Erleichterungen werden sofort erlernt und eingebaut, als ob Trekkingstöcke Teile unseres Körpers wären! Die benutzen wir, weil sie beim Bergabgehen die Gelenke entlasten. Aber wenn Sie nur noch mit Stöcken durch die Gegend sausen, mehr Vierfüßler als Zweibeiner, dann kommen Sie nach einiger Zeit gerade in unwegsamem Gelände kaum noch ohne Stöcke aus. Im letzten Jahr ist mir auf einer Tour ein Stock zerbrochen, und der weitere Weg war ein interessantes Experiment. Gut wäre, Phasen einzuschieben, in denen Sie die Stöcke im Rucksack lassen.

Aber das machen Sie bei Hilfen im zunehmenden Alter ja nicht so: Der Rollator passt eben nicht in den Rucksack! Wenn die Gefahr besteht, dass Sie fallen, erscheint er als eine tolle Alternative, weil er Ihnen Sicherheit gibt und Sie sich mit seiner Hilfe gut vorwärtsbewegen, sogar mit öffentlichen Verkehrsmitteln fahren können. Der Nachteil ist, dass Sie von diesem Gerät kaum wieder wegkommen werden, wenn Sie sich einmal daran gewöhnt haben. Und viel zu oft wird er frühzeitig und schon bei geringfügigen Gangunsicherheiten nicht nur angeboten, sondern aufgedrängt.

Der Treppenlift: Wenn Sie so ein Teil finanzieren können, hilft es Ihnen, in den ersten Stock Ihres Hauses zu gelangen, ohne sich mühsam am Treppengeländer hochziehen zu müssen. Nur: Wenn Sie es installiert haben, werden Sie wahrscheinlich bald keine Treppe mehr steigen – können.

Sie stehen also immer vor der Entscheidung, ob Sie um eine Fähigkeit noch kämpfen wollen oder sie aufgeben, um sich ganz auf den Ersatz zu verlassen. Bis zum Ende Ihrer Tage. Hier unterscheidet sich das Alter von den früheren Lebensphasen, denn wenn Sie mal eine Sportverletzung hatten, haben Sie die Unterarmgehstützen natürlich nur vorübergehend benutzt.

Verstehen Sie mich bitte richtig: Selbstverständlich sind Hilfsmittel aller Art okay, wenn Sie sich damit den Zugang zu einem Lebensbereich erhalten können, der Ihnen sonst verschlossen bleiben würde. Aber Sie sollten Ihre Kompetenz nur dann aufgeben, wenn sie mit aller Anstrengung nicht mehr wiederzuerlangen ist.

Wenn Sie Angst vor dem Fallen haben, könnten Sie ja auch ein Falltraining absolvieren, wie es heute in vielen Städten angeboten wird.[106] Sie könnten zur Physiotherapie gehen; es gibt viele Übungen, die der Kraft in den Beinen und im Rumpf und gleichzeitig dem Gleichgewicht zugutekommen und Ihnen wieder Sicherheit vermitteln. Und was Angst generell angeht: Psychotherapie heißt das Zauberwort.

Jetzt könnten Sie mir natürlich entgegenhalten, dass Hilfsmittel ja aus unserem Leben überhaupt nicht mehr wegzudenken sind. Stimmt. Das Auto – ein weites Feld! Oder diese ach so geniale Kombination aus Fotoapparat, Taschenlampe, Navigator, Tankstellenfinder, Wettervoraussage, Ticketbuchungsgerät, MP3-Player, E-Book-Reader, Nachrichtensendegerät und Telefon – kurz als Smartphone bekannt. Aber auch dieses geniale Ding hat Nebenwirkungen, über die Sie manchmal fluchen.

Wenn wir schon bei der Digitalisierung sind: Gerade für ältere Menschen eröffnen sich Perspektiven, denen Sie unbedingt – im Guten wie im Schlechten – Ihre Aufmerksamkeit schenken sollten.[107]

Der mobile Notfallknopf, um den Hals oder am Arm zu tragen, ist eine gute Sache, wenn Sie stürzen, nicht mehr hochkommen, das Telefon außer Reichweite ist und Sie trotzdem Hilfe holen können. Aber eigentlich ist er schon Schnee von gestern, denn die Computerindustrie arbeitet längst an Systemen, die Ihre Bewegungsmuster in Ihren eigenen vier Wänden erfassen und Alarm geben, wenn Sie aus der Senkrechten plötzlich für längere Zeit in die Waagrechte abgetaucht sind oder sich gar nicht mehr bewegen. Der gute alte Bewegungsmelder ist in die Jahre gekommen, aber seine Nachkommenschaft kann viel, viel mehr.

Regelmäßig alle zwei bis drei Stunden auf die Toilette zu gehen und sich täglich zu duschen, ist wichtig für die Vorbeugung von Inkontinenz und Harnwegsinfekten. Wenn Sie älter werden, vergessen Sie das schon mal, aber das bei Ihnen installierte intelligente Computersystem kann Ihre Routinen erfassen und Sie darauf aufmerksam machen, dass es wieder mal an der Zeit wäre, und so weiter ...

Sie fühlen sich beobachtet? Mit Recht.

Auf dem Gebiet der Roboter-Technologie tut sich Gewaltiges, und Investoren stecken jede Menge Geld in dieses Feld. Dabei wird ganz offen auf die zu erwartenden »Zuwachsraten« bei alten Menschen und den Mangel an Pflegekräften hingewiesen! Es gibt Maschinen, die Pflegekräfte beim Heben unterstützen können oder die den zu Pflegenden beim Gehen oder beim Tragen von Lasten helfen, die Stürze verhindern, die Sie beim Sitzen oder Stehen oder beim Weg auf die Toilette unterstützen. Überhaupt, die Toilette: Da gibt es den Roboter, der alte Menschen rechtzeitig auf die Toilette führt, ihnen hilft, die Hose auszuziehen, oder einen, der die Toilette reinigt, ein anderer, der beim Duschen oder Baden hilft.

Die Pillendose, in die Ihnen ein Angehöriger die dreimal täglich einzunehmende Tablettendosis für die ganze Woche vorportionieren kann, ist von gestern; heute gibt es digitalisierte Systeme, die Sie mit freundlicher Stimme darauf aufmerksam machen, dass Sie jetzt die Pillen gegen den Hochdruck und die Depression nehmen sollten.

Das Neueste: Solche Systeme mit künstlicher Intelligenz können auch interaktiv sein, also von Ihrem persönlichen Verhalten lernen und daraus Rückschlüsse ziehen, Sie zum Beispiel an Ihren Kalender erinnern, dass Sie jetzt ja zum Bridge wollten oder einen Arzttermin haben. Ihrer Vorstellungskraft sind keine Grenzen gesetzt. Das einzige Problem: Die künstliche Intelligenz, von der alle reden, bietet völlig neue Gestaltungsmöglichkeiten für Ihren Alltag. Doch – sind Sie noch lernwillig, lernfähig?

Die Industrie, die den großen Markt sieht, wirft selbst ethische Fragen auf: Wie lassen sich Menschenwürde und

Privatsphäre in dem ethisch unscharf definierten Aufgaben-feld von Robotern bewahren?

Zum Beispiel: Ein Pflegeroboter könnte alte Menschen daran erinnern, ihre Tabletten zur rechten Zeit einzuneh-men. Sehr sinnvoll! Denn das regelmäßige Einnehmen von Medikamenten ist eine höchst anspruchsvolle, immer unter-schätzte Aufgabe, die schon junge Menschen an ihre Grenzen bringt. Aber für welche Verhaltensempfehlung program-miert man den Roboter, wenn sein Schützling die Einnah-me verweigert? Unter Umständen mit guten Gründen, etwa weil die Nebenwirkungen zu stark geworden sind? Soll die Maschine insistieren, Druck ausüben? Passives Hinnehmen wäre ja auch nicht sinnvoll, zumal wenn keine menschliche Pflegekraft verfügbar ist. Oder der Pflegeroboter könnte ver-hindern, dass der alte Herr die Schachtel Pralinen in sich hi-neinstopft, denn hochkalorische Nahrung kann den Diabetes krisenhaft verschlechtern. Von einer kompetenten mensch-lichen Pflegekraft würde man ein solches Eingreifen erwar-ten, aber würde man es einem Roboter zugestehen?

Und dann gibt es da noch die Robbe »PARO«[108].

Der autorisierte Händler für »PARO« in Deutschland und Österreich heißt »Beziehungen pflegen«, ein interessanter Name in diesem Zusammenhang. Wer, oder besser was ist »PARO«? Ein Stofftier, in das Sensoren, kleine Elektromoto-ren und Sounderzeuger eingebaut sind. Dadurch kann dieses Stofftier, wenn man es an verschiedenen Stellen berührt oder streichelt, Bewegungen mit dem Kopf und den Flossen ma-chen und hohe, quietschende Töne hervorbringen. Süß! Das ist in der Tat der erste Reflex.

Die Firma bewirbt »PARO« für den Kontakt mit behinder-ten und dementen Menschen, und auf YouTube kann man ein langes Video sehen, wie Bewohner und Mitarbeiter eines Altenheimes auf »PARO« reagieren und welche Gedanken sie sich machen. Zum Beispiel:

Die Mitarbeiterinnen haben den Eindruck, dass der Kontakt zu diesem Stofftier alte Menschen beruhige, beispielsweise, wenn sie ins Bett gebracht werden. Menschen, die früher Tiere hatten, gehen leichter auf das Stofftier ein, das flexibler und geduldiger als ein echtes Tier sei. Tiere seien nun mal unberechenbar. Es gäbe einen emotionalen Kontakt zwischen dem Stofftier und den alten Menschen. »Paro« solle die echte Zuwendung nicht ersetzen, das könne es nicht leisten.

Was fällt mir dazu ein?

Ja, so ein Stofftier kann wohl beruhigend auf einen alten Menschen wirken, der vielleicht schon lange Berührung und Zärtlichkeit entbehrt. Leichter zu händeln als ein lebendiges Tier ist so ein Stofftier allemal, es muss nicht gefüttert werden und braucht keine täglichen Spaziergänge. Richtig ist sicher auch, dass ein alter Mensch emotional auf ein Stofftier reagieren kann, ähnlich wie kleine Kinder: Die Tamagotchi-Mode ist noch nicht so lange her. Ein Problem habe ich mit der Reduktion der emotionalen Reaktionsweisen: Gegenüber einem lebendigen Tier oder gar einem Menschen ist das Reaktionsspektrum von »PARO« massiv eingeschränkt. Ich würde meinen lebendigen Labrador niemals gegen ein Stofftier eintauschen. Wer entscheidet, ab welcher geistig-seelischen Einschränkung eine solche Reduzierung hinnehmbar ist? Etwas gespenstisch mutet mich der Firmenname an: Zwischen wem soll die Beziehung gepflegt werden?

Roboter & Co. sind gut als Hilfe und Unterstützung für Menschen und menschliche Pflegekräfte. Sinnvoll ist jede Hilfe, die verhindert, dass sich eine Krankenschwester beim Heben schwerer Menschen verletzt. Der Ersatz von – schwer verfügbaren und angemessen zu bezahlenden – Pflegekräften, bis hin zu der »Vision« des maschinenbetriebenen Altenheimes, das zumindest bei mir Assoziationen an Stephen Kings Romane erweckt, erscheint wahrscheinlich vielen problematisch. Aber machen Sie sich nichts vor: Die Entwicklung läuft auf vollen Touren, und wenn in einigen Jahren die Kosten für Anschaffung und Erhaltung solcher Maschinen unter die Kosten für menschliche Pflegekräfte gesunken sind, wird es genügend Investoren in Altenheime geben, denen die künstlich intelligente Alternative attraktiver erscheint als die menschliche. Eine Zukunft, an deren Gestaltung Sie wohl mit entscheiden sollten, bevor Sie zu alt dafür sind.

Ohne Furcht jeden Tag bereit sein zu gehen

Die Kränkung

Ich will nicht sterben.

Sie kenne ich nicht, aber vermutlich wollen Sie auch nicht sterben. Und ich nehme an, dass Sie nicht darüber reden wollen. Das scheint eine der Merkwürdigkeiten in unserer Kultur zu sein, dass wir vom Einzigen, was wirklich sicher ist, nichts wissen wollen. Man soll uns damit nicht behelligen.

Okay, das ist ein schwieriges Thema.

Für unsere Welt der Gedanken, Erfahrungen und Ideen ist Sterben eine Ungeheuerlichkeit. Seit wir denken können, schaffen wir uns einen eigenen, sich stetig ausdehnenden Kosmos aus Erinnerungen, Bewertungen, Wünschen, Enttäuschungen, Kämpfen, Niederlagen – ein paar Siege sind auch dabei. Für uns, die wir uns vorwiegend über Denken definieren, ist die Vorstellung, dass all dies zu Ende sein wird, eine Kränkung, eine Zumutung. Aus vielen Gründen. Mir fallen einige ein, Ihnen vielleicht noch andere:

Mein Ende kann ich nicht denken, das ist meinem Selbst gänzlich fremd. Jeder Gedanke daran überschattet meine persönliche Welt. Selbst wenn ich lese, dass diese Erde wegen der beginnenden Ausdehnung der Sonne in 500 Millionen Jahren nur noch ein lebensfeindlicher Felsklumpen im All sein wird, bedrückt mich das! In 500 Millionen Jahren! Hallo! Aber trotzdem tue ich so, als hätte das noch etwas mit mir persönlich zu tun. Wir pflegen die Illusion, dass wir unser Leben immer weiterspinnen können. Eine Illusion, wie gesagt, aber lieb und teuer. Und eine unverzichtbare Grundlage für viel Quatsch, mit dem wir unsere Zeit vergeuden.

Ich liebe dieses Leben. Nicht alles, auf Trump, die AfD, die unübersehbaren Zeichen der Erdüberhitzung könnte ich gerne verzichten. Aber natürlich weiß ich, dass Leben als *all inclusive*-Paket kommt. Und in dem sind so schöne und einzigartige Erlebnisse drin: die Geburt eines Kindes. Viermal habe ich das erlebt, und jedes Mal sind mir die Tränen gekommen, und ich war glücklich. Das Gefühl, als ich eine schwere Etappe der GTA, *Grande Traversata degli Alpi*, wider meine Erwartung geschafft hatte. Verliebt sein, Sex. Die ersten Takte der »Matthäuspassion«, oder das Credo der »h-moll-Messe«, beides von Bach, stellvertretend für alles, was mir Musik bedeutet, eine ganze Menge. Es macht mich traurig, jede Faser in mir sträubt sich gegen den Gedanken, dass dies alles zu Ende sein wird.

Wird es? Wir wollen, dass ich meine, Sie Ihre, wir unsere Persönlichkeiten in dieser Welt immer und immer wieder erleben, am liebsten ohne an ein Ende zu denken.

Ich habe den Plural für Persönlichkeiten gewählt, weil das grammatikalisch korrekt ist. Und dabei habe ich aus Versehen etwas ausgedrückt, was ich nur schwer begreifen kann, weil es so komplex ist: Ich bin viele. Sie natürlich auch. Ich meine damit nicht, dass ich viele unterschiedliche Persönlichkeitsanteile habe, obwohl die wissenschaftliche Psychologie auch das sagt. Ich meine, dass sich in dieser meiner Existenz die Biologie vieler anderer Persönlichkeiten kreuzt: die meiner zwei Eltern, vier Großeltern, acht Urgroßeltern – jetzt höre ich auf, weil ich die schon gar nicht mehr kenne –, aber mir ist natürlich klar, dass ich noch lange, lange weiter zurückgehen muss, bis zum Exodus meiner Vorfahren aus Afrika. In mir kommen diese Leben für einen vergleichsweise kurzen Moment zusammen und laufen dann weiter in die Zukunft: Ich habe vier Kinder, im Moment vier Enkel, und so weiter.

Mein jüngster Enkel wurde am gleichen Tag wie sein Ururgroßvater geboren. Beide können sich nicht kennenlernen, weil mein Großvater zu diesem Zeitpunkt schon über dreißig Jahre tot ist. Ich hatte zu ihm ein enges, gutes Verhältnis, er hat mir viel geschenkt, im direkten und ideellen Sinn. Jetzt habe ich die Chance, etwas davon an diesen winzigen Enkelsohn weiterzugeben. Da ist mir das mit der Kreuzungsposition so richtig klar geworden, und gleichzeitig wurde dieser dreißig Jahre lang tote Großvater, dessen Körperlichkeit längst zur Unkenntlichkeit vergangen ist, in mir wieder lebendig. So viele Erinnerungen! So viele Gefühle! Offensichtlich lebt er weiter.

Quatsch. Er ist biologisch tot.

Tatsächlich?

Wenn Sie Ihr Genom bestimmen lassen, erfahren Sie damit gleichzeitig unglaublich viele Details über Ihre Vorfahren – von deren Existenz Sie oft gar nichts wussten. Das heißt: In Ihrem Genom existieren die genetischen Informationen Ihrer Vorfahren weiter. Und diese Details manifestieren sich auch wieder in Ihren Kindern und Kindeskindern.

Allerdings versagt die Wissenschaft bei der Frage, wie sich diese unterschiedlichen Biologien im konkreten Leben von Ihnen und mir tatsächlich auswirken, wie sie realisiert werden. Die Vielfalt dieser Möglichkeiten, Ihre Vielfalt, meine Vielfalt ist zu komplex, als dass wir die Realisierung im einzelnen Leben wissenschaftlich beschreiben könnten.

Wie ist das denn nun mit der Wissenschaft und ihren Aussagen zum Thema Sterben?

Ich habe während meiner Berufstätigkeit auch wissenschaftlich gearbeitet, weil ich das für eine Tätigkeit hielt, die mir sehr entsprach. Meine Motivation war im Wesentlichen, dass mir meine wissenschaftliche Tätigkeit unglaublich viel Spaß gemacht hat; ich habe diese Arbeit genossen. Aber ich bin auch überzeugt, dass wissenschaftliches Denken in seinen Möglichkeiten sehr begrenzt ist: Eine wissenschaftliche Aussage ist nur dort möglich, wo wir

Hypothesen machen und deren Richtigkeit, oder Falschheit, mit wissenschaftlichen Methoden bestätigen können. Alles andere ist nicht wissenschaftlich, ja nicht einmal vernünftig. Aber das will unser Alltagsverstand nicht fassen: Wenn etwas vordergründig rational daher kommt, glauben wir an seine Richtigkeit und seine wissenschaftliche Fundiertheit. Meistens sind das Illusionen, und was von denen zu halten ist, hat Wittgenstein ziemlich lapidar ausgesprochen: »Was wir nicht wissen, darüber können wir nicht sprechen.«[109]

Wollen wir aber. Wir glauben, wir könnten wissenschaftliche Aussagen über das Sterben und den Tod machen. Darüber gibt es dicke Bücher[110], die nicht leicht zu lesen, geschweige denn zu verstehen sind. Wenn Sie genau lesen, beschränkt sich der wissenschaftliche Teil auf die Beschreibung der psychologischen und biologischen Prozesse, die im Verlauf des Sterbens auftreten und vielleicht auf wissenschaftliche Aussagen, welche medizinischen Maßnahmen im Sinn der Sterbenden sind und welche nicht. Aber was das Sterben eines einzelnen Menschen ist und was der Tod für Sie und mich bedeutet, darüber kann man wissenschaftlich nicht sprechen. Wollten Sie ja auch nicht, das haben Sie vorher schon gesagt. Weil Sie Angst haben vor etwas, das Sie nicht kennen.

Allerdings könnten wir ziemlich viel darüber wissen, was es mit diesem einzelnen Individuum, mit unserem Ego auf sich hat, das sich so sehr vor dem Sterben fürchtet: Das gibt es nämlich gar nicht. Dieses starke Selbst ist nicht real.

Vielleicht wird Sie diese Aussage ärgern, vielleicht glauben Sie, ich wolle mich mit irgendwelchen Taschenspielertricks aus der Affäre ziehen. Erleben Sie sich doch ständig, merken doch, dass es Sie gibt! Das denken Sie, weil Sie sich ständig selbst erschaffen. Sie – Ihr Gehirn.

Unsere Selbstwahrnehmung ist eine faszinierende Leistung unseres Gehirns, vermutlich weil es in der Evolution einen Vorteil bot, dass unser individueller Anteil in der Begegnung und Auseinandersetzung mit anderen Individuen konstant bleibt. Über die Vorteile dieses Konstruktes eines eigenständigen Selbst können wir an anderer Stelle mal diskutieren. Wichtig ist, dass wir diese Wahrnehmung selbst schaffen, dass sie aber vergeht und sich nicht mehr aufrechterhalten lässt, wenn unsere biologische Individualität zu einem Ende kommt, weil sie zu alt ist, um weiter zu funktionieren.

Wir sind aber durchaus auch Wesen, die sich von anderen abgrenzen. Übrigens nicht nur von anderen Menschenwesen: in uns, vorwiegend in – wenn Sie entschuldigen – unserem Darm existieren unglaublich viele andere biologische Mikroorganismen, das sogenannte Mikrobiom. Mit ihnen stehen unsere Zellen in ständigem Austausch, von ihnen grenzt sich unsere Körperlichkeit über unsere intakten Zellmembranen und das Immunsystem ständig ab. Wenn wir sterben, endet die Abgrenzung, und die Mikroben übernehmen uns, verarbeiten unsere Proteine und unsere DNA zu etwas anderem. Wir verschwinden nicht, sondern wir werden transformiert.

Das sagt auch Thich Nhat Hanh. Ein Buddhist? Das ist tatsächlich ein buddhistischer Grundgedanke, dass es »ein ewiges, eigenständig existierendes Selbst nicht geben kann«. Nichts kann erschaffen oder vernichtet werden, sondern immer nur transformiert.

Na ja, das ist nun auch wieder wissenschaftlich: das erste Gesetz der Thermodynamik, das Gesetz von der Erhaltung der Energie.

Viel mehr als an wissenschaftlichen Theorien hängen wir an dem, was wir uns wünschen und wie wir das in unserem Denken ausgestalten. Das, wozu wir Lust haben, bestimmt, was wir für gut und richtig halten. Lust an der Bestätigung unserer kleinen Welt, die wir uns geschaffen haben, Lust an dem, was wir mit dem von uns angehäuften Geld kaufen konnten, Lust am Haus, am großen Auto, dem Fernseher, der Stereoanlage, Lust an der großen Bibliothek. Aber die große Kränkung ist vorprogrammiert, denn all das werden wir nicht mitnehmen können. Denn heute ist es nicht einmal mehr bei Reichen und Mächtigen üblich, dass man den Gestorbenen ihren Hausstand, ihre Diener, Geliebten und all die Sachen mitgibt, die diese Menschen auszumachen schienen. Unsere letzte, wieder schnell vergängliche Wohnung ist eine Holzkiste, wie auch immer luxuriös ausgestattet oder verziert. In die passt nur eine Person hinein.

Das ewige Leben – wie weit ist die Stammzellforschung bei der Verwirklichung dieses alten Traums gekommen?

Interview mit Privatdozent Dr. Franz-Josef Müller, Stammzellforscher in Kiel, Berlin und San Diego.

In einer Befragung der ERGO-Lebensversicherung[111] *gaben 60 Prozent der Befragten an, dass sie sich über Alter und Demenz kaum Sorgen machen würden, weil die Stammzellforschung in den nächsten Jahren sicher viele Behandlungsmöglichkeiten entdecken würde. Was sagt ein Stammzellforscher dazu?*
Das sagt sicher mehr über die Hoffnungen der Befragten aus als über den tatsächlichen Stand der biomedizinischen Forschung.

Sie meinen, die Menschen pflegen irgendwelche romantischen Vorstellungen über die Wissenschaft, die mit der Realität wenig zu tun haben?
Der Genetiker Richard Dawkins postulierte 1976 sich selbst »fortpflanzende« uralte Ideen, die er analog zum biologischen Begriff Gen »Mem« genannt hat[112]. Meme entsprechen

»ansteckenden« Ideen zur Erklärung der Welt. Das Human Genome Project folgte dieser alten Idee: Wenn ich die gesamte genetische Information des Menschen kenne, könnte ich das Überleben der Menschheit beeinflussen.

Wir kennen das Genom jetzt, aber viel hat das nicht gebracht, zumindest, was die großen Menschheitsprobleme angeht.
Beispielsweise für die Demenztherapie fast gar nichts. Wenn wir uns heute fragen, welche Faktoren darüber entscheiden, ob jemand dement wird, so sind zwar Risiko-Gene bekannt, aber deren Effekt verblasst angesichts der Wichtigkeit allgemeiner Faktoren: Einer der wichtigsten schützenden Effekte ist Bildung ...

... und Bewegung!
Genau! Damit sind die Grundlagen von Behandlung und Vorbeugung der Gefäßerkrankungen benannt.

Überraschend ist das nicht. Aber wie kann man von Forschungsergebnissen in einem unserer circa 20 000 Gene auf diese allgemeinen Lebensstilfaktoren schließen?
Die wissenschaftliche Logik sieht so aus: Wenn man bei Menschen, die länger leben, häufig eine bestimmte Genvariante antrifft, könnte diese Variante irgendwas mit der längeren Lebensspanne zu tun haben. An mittlerweile in die Millionen reichenden Menschenpopulationen wird diese Hypothese untersucht. Werden bei dieser Suche nach »Methusalemgenen« mehrere Varianten identifiziert, die mit der Funktion des Gehirns zu tun haben, so kann man vermuten, dass etwa die Gesundheit des Nervensystems eine Grundlage von Langlebigkeit ist.

Von den 20 Genvarianten, die in der bisher größten genomweiten Assoziationsstudie zur Lebensspanne als diejenige mit dem größten Effekt identifiziert wurden, haben zwölf der Gene mit kardiovaskulärer Gesundheit zu tun, vier mit

Lungenkrebs und eins mit dem Risiko für Alzheimer und der Parkinsonschen Krankheit.

Alles klar! Unsere Lebenspanne ist ein Produkt unserer Gene, und wir sind unserem genetischen Schicksal ausgeliefert ...
Nein, keineswegs! Alle 20 Gene zusammengenommen, erklären gerade einmal etwa vier Monate der beobachten Lebensspannenunterschiede! Statistisch sprechen wir also von der genetischen Basis für einen verlängerten Sommer über das gesamte Leben eines Menschen gerechnet.

Also nicht viel ...
Interessant wird es, wenn man sich vor Augen hält, wie sehr unsere Lebensumstände und Lebensführung die menschliche Lebensspanne beeinflussen – zum Beispiel Wohlstand. Wohlhabendere Menschen ernähren sich gesünder, arbeiten weniger körperlich – treiben jedoch auch mehr gesundheitsfördernden Sport. Eine Studie, die sich Entwicklung der Lebenserwartung abhängig vom Wohnort von 1980 bis 2014 angeschaut hat, findet aktuell einen Unterschied von sage und schreibe 20,1 Jahren Lebenserwartung zwischen den ärmsten und reichsten Wohnorten in den USA! Eine unglaubliche Lebensspanne.

Gibt es ein Stammzell-Mem?
Ich denke ja! Die Idee, dass Altern durch Blut von Jungen aufgehalten oder gar umgekehrt werden könnte, ist uralt. Warum frisst die Hexe wohl Kinder? Erwachsene wären viel nahrhafter.

Frischzellen!
Es geht wohl um einen Stoff, in dem das Leben steckt und aus dem ich Leben schaffen kann.

Oder die Geschichte vom Grafen Dracula: der Alte, der das Blut von jungen Mädchen aussaugt, um darüber Unsterblichkeit zu erlangen. Gibt es denn irgendwelche Experimente, die zeigen, dass das Blut junger Tiere den Alterungsprozess aufhalten kann?

Ja schon; wenn man operativ den Blutkreislauf von alten und jungen Mäusen verbindet, kann das kognitive Altern scheinbar zurückgedreht werden. Aufgrund dieser durchaus kontrovers diskutierten Ergebnisse gibt es bereits Start ups in Nordkalifornien, bei denen man sich Infusionen mit dem Blutplasma von jüngeren Menschen für 8000 Dollar kaufen kann!

Und welcher Faktor ist das? Hat er irgendwas mit Stammzellen zu tun?

Das ist nicht klar. Tatsächlich nehmen die hämatopoetischen Stammzellen, also jene Zellen im Knochenmark, aus denen die verschiedenen Blutzellen entstehen, mit zunehmendem Alter ab, mit über achtzig hat man noch ein oder zwei davon, aus denen der Körper die Blutbildung rekrutieren muss. Pluri-potente Stammzellen, also eine Art von »Ur-Zellen« aus denen sich alle verschiedene Körperzellen bilden können, kommen im erwachsenen Körper sowieso nicht vor, sondern existieren nur in einer wenige Tage dauernden Phase der embryonalen Entwicklung.

Gibt es denn gar keine konkreten Ansätze molekularbiologischer Stammzellforschung zur Behandlung von Alterskrankheiten?

Für die Demenz nicht, weil man da mit einem anderen Problem zu tun hat: Wenn eine Demenz klinisch auffällig wird, ist es für reparierende Maßnahmen an Nervenzellen vermutlich zu spät, weil einfach schon zu viele Nervennetzwerke, Synapsen, Zellen kaputt sind, um nachhaltige Effekte zu erzielen.

Man kann ja nicht einfach 40- oder 50-Jährige behandeln, weil man gar nicht weiß, wer von ihnen einmal eine Demenz entwickeln wird.

Weil das so ist, bräuchte man eine Gruppe von gesunden Menschen, bei denen man präzise voraussagen kann, dass sie in einigen Jahren dement werden. Tatsächlich gibt es den Ansatz, eine Population in Südamerika zu untersuchen, die früh und regelhaft an Alzheimer erkrankt.[113] Derzeit ist man dabei, diese Gruppe genau zu definieren, und wenn sich herausstellt, dass die Voraussage sicher ist, kann man an dieser Gruppe präventive Therapien testen, womit bereits begonnen wurde. Wenn das gelänge, wäre der Durchbruch in der Demenz-Therapie da.

Wobei man dann auch noch nicht wüsste, ob man das auf Europäern übertragen kann. Gibt es weitere molekularbiologische Ansätze für Stammzellen?
Es gibt vielversprechende Ansätze sowohl mit den umstrittenen embryonalen als auch den induzierten pluri-potenten Stammzellen als Zellersatztherapie im Bereich des Morbus Parkinson.[114]

Eigentlich wäre das ewige Leben ein Ansatz, mit dem sich viel Geld machen lassen müsste.

In der Tat zieht der Gedanke die Geldleute an: Peter Thiel, ein Mitgründer von *PayPal* und früher Investor bei *Facebook* machte zum Thema Tod das Statement: ›Basically, I'm against it.‹[115]. Man könne den Tod akzeptieren, ihn verleugnen oder ihn bekämpfen. Thiel glaubt, dass unsere Gesellschaft von denen dominiert wird, die sich damit abgefunden haben. Sein Kampf gegen den Tod sieht so aus, dass er in die Firma ALCOR Cryonics investiert, die Patienten kurz vor ihrem Tod einfriert, um wieder zum Leben erweckt zu werden, wenn die Möglichkeiten der Medizin entsprechend fortgeschritten

sein würden. Ein anderes von Thiel Projekten ist die Rekon-
struktion des ausgestorbenen Woll-Mammuts aus geneti-
schem Material.

Klingt etwas nach *Jurassic Park* ...
Vermutlich auch so ein Mem, das uns noch so lange wie die
Fortsetzung von *Jurassic Park* beschäftigen wird!

Ich habe Dich bei Deinem Namen gerufen

Wenn Sie sich mit theologischen Aussagen befassen, dann
werden Sie irgendwie immer auf die Bibel zurückgeführt –
natürlich, so funktioniert Theologie! Und falls Sie sich trauen,
einmal in dieses alte Buch hineinzuschauen, finden Sie einiges zum Thema Tod. Vor dem Hintergrund unseres, als rational geltenden Alltagsdenkens kommt uns das teilweise nicht
weniger fremd vor als der Buddhismus.
 Wenn Sie diese Texte noch nicht kennen, oder sie wieder
vergessen haben, werden Sie es vielleicht erstaunlich finden,
wie oft es sehr direkt um Sie geht!

> »Fürchte Dich nicht, ich habe Dich erlöst, ich habe Dich bei Dei-
> nem Namen gerufen, Du bist mein!«[116]

Natürlich ist es völlig okay, wenn Sie sich nicht rufen lassen
wollen! Sie haben vielleicht Erfahrungen mit einer der Kirchen gemacht, die Ihnen die Lust auf mehr ein für alle Mal
genommen hat. Theologie hatte viel mit Angst und Drohung
um das Sterben herum zu tun. Und manchmal zweifelt man
schon, ob es um göttliche Dinge geht oder ob man zwischen
Teufel und Beelzebub hin- und hergerissen wird, wenn die
Evangelen sich immer ach so freundlich und gefällig verkaufen wollen, während die Katholen schroff und unvermittelt
erscheinen, damit sie authentisch bleiben können. Leider
auch nicht immer.

Beim Thema »Sterben« relativiert sich das alles dominierende Prinzip unserer Gesellschaft, »die grundsätzlich Reichtum und das damit verbundene Prestige als das gute, das begehrenswerte Leben inszeniert«, wie Daniel Schreiber sagte. Die Momente werden kostbarer, in denen Sie das Leben genießen können, und vielleicht stellen Sie sich gelegentlich die Frage, wie Sie sterben wollen. Dass Reichtum und Prestige wenig dazu beitragen können, dürfte Ihnen ja schon klar geworden sein. Was sonst? Ihnen fällt wenig ein?

Sie könnten sich helfen lassen:

Bewegend ist Holly Butchers Vermächtnis[117]: Eine junge Australierin ist im Alter von 26 gestorben und hat ihr Erlebnis mit dem Leben vorher ins Netz gestellt:

> »Es ist eine seltsame Sache, deine Sterblichkeit mit 26 Jahren zu begreifen und zu akzeptieren«, schrieb sie darin. Sie habe immer gedacht, alt, faltig und grau zu werden und viele Kinder zu haben. »Ich will das so sehr, dass es schmerzt«, fügte sie hinzu. Doch das sei eben die Sache mit dem Leben. Es sei zerbrechlich, wertvoll und unvorhersehbar. »Jeder Tag ist ein Geschenk, nicht ein gegebenes Recht.«
>
> Und deswegen sei es egal, ob man im Stau stehe, schlecht geschlafen habe, weil die Kinder einen wachhielten, oder der Friseur die Haare zu kurz geschnitten habe. Egal, ob die neuen falschen Nägel eine Ecke abgestoßen hätten, der Busen zu klein sei, man Cellulitis am Hintern habe oder der Bauch schwabbele. »Lasst all den Mist hinter euch. Ich schwöre, ihr werdet an keine dieser Dinge denken, wenn ihr dran seid zu gehen«, schrieb die junge Frau, ein ganz gewöhnlicher Mensch.

Ihre Aussage ist im Prinzip nichts Neues; so was ist schon oft geschrieben oder gesagt worden. Wie Sterben wirklich ist, werden Sie und ich erst erleben, wenn es passiert. Es wird eine ganz persönliche, individuelle Erfahrung sein, und ob es überwältigend, schlimm oder schön sein wird, oder vielleicht auch schlicht selbstverständlich, können wir vorher nicht sagen. Niemand kann das, der Weiseste nicht und der dümmste Tropf nicht. Ob wir christliche Vorstellungen von einem Gericht über unsere Taten, von Himmel oder Hölle erleben werden, oder ob wir erleben, was die tibetischen Buddhisten glauben, Wiedergeburt, nachdem wir die verschiedenen Bardos durchlaufen haben – das alles werden wir erst sehen, wenn es so weit ist. Aber wie auch immer es ein wird, Sie können versuchen, sich den Tod vorzustellen, die Realität wird Sie allemal überraschen.

Wichtig ist, dass Sie das beherzigen, das heißt in Ihr Herz hineinlassen: Das Leben, hier und jetzt und heute ist einmalig, es kommt nicht wieder, und das einzig Richtige ist, dass Sie es leben. Jetzt.

Probieren Sie es, sofort, gleich nach dem Aufstehen. Es verändert alles.

Ein Vorteil dieser Situation ist, dass Sie sich nur um sich kümmern müssen. Es kommt jetzt ja wirklich nur auf Sie an, auf Ihre ganz individuelle Entscheidung. Jetzt? Na ja, eigentlich ist das ja schon das ganze Leben so, aber da war es mit dem Bewusstsein für Ihre Individualität oft nicht so weit her. Was schade ist, denn einzigartig ist alles, was Sie betrifft: die Liebe, das Glück, das Leiden und auch das Sterben.

Im Buddhismus sind Leben und Tod sehr präsent. Einen besonderen Zugang zum Thema Tod gibt es im tibetischen Buddhismus, zusammengefasst im *Tibetischen Totenbuch*[118]. Auf den ersten Blick ist es eine fremde Welt, mit Bodhisattvas und Ungeheuern, mit Zwischenwelten und Wiedergeburt. Andererseits gibt sich der Dalai Lama in der zitierten Ausgabe viel Mühe, auch westlichen Menschen einen Zugang zu dieser Welt zu vermitteln. Mir ist immer wieder aufgefallen, dass viele Menschen bei uns vom Gedanken an eine Wiedergeburt fasziniert sind, auch wenn das nicht so richtig in unsere Kultur zu passen scheint. Unabhängig von »Multi-Kulti« scheint aber ein Fazit des tibetischen Buddhismus auch für die Westler wichtig zu sein, egal, was Sie nun glauben: dass es sehr darauf ankommt, in welcher seelischen Verfassung wir sterben, ruhig und getröstet oder immer noch umgetrieben und verzweifelt.

Ein anderer buddhistischer Ansatz kommt von dem bereits mehrfach zitierten Thich Nhat Hanh, der zu der Frage, wie es denn nun mit dem Ende unserer selbstzentrierten Existenz so sei, ein wunderbares Buch geschrieben hat: In *Leben ist, was jetzt passiert*[119] erklärt er die buddhistischen Prinzipien der Leerheit, Zeichenlosigkeit, Absichtslosigkeit und Unbeständigkeit als Wege zu einem Leben im Hier und Jetzt. Wenig Theorie – viel Praxis!

Viel Praxis – es geht um unser Tun. Die Zen-Buddhisten könnte man als die Fans des »Hier und Jetzt« beschreiben, ein Begriff, der sich schnell dahinsagt, aber mit dem Sagen und Denken ist es nicht getan. Das zu leben, ist ein Angebot, das unser westliches Leben ganz und gar auf den Kopf stellen kann. Denn es nimmt uns den Blick in die angstmachende Zukunft und lässt uns das Aufregende und überraschende jedes einzelnen Augenblicks erleben.

Glauben sei keine Beliebigkeit, die dem Einzelnen freigestellt ist? Ich denke schon: wenn nicht Ihrer einzigartigen Persönlichkeit, wem dann? Befremdet es Sie, dass ich verschiedene religiöse Sichtweisen zum Sterben vor Ihnen ausbreite, ein bisschen wie im »Manufactum«-Katalog? Fragen Sie sich doch mal, ob es in dieser so säkularen Zeit nicht erlaubt sein sollte, sich über die Möglichkeiten zum besseren Sterben – und damit auch zum besseren Leben – zu informieren, damit Sie sich dann entscheiden können, was für Sie stimmt.

Sie werden schon Ihre Antwort finden.

Der Brandner trickst den Tod aus –
was hat das mit uns zu tun?

Die heutigen Vertreter der christlichen Kirchen sind relativ zurückhaltend, was konkrete Vorstellungen über Sterben und Tod angeht. Aber wer sucht, der findet: Ich habe mit dem Theologen und Seelsorger Oberkirchenrat Theodor Glaser, der mich konfirmiert und zwei meiner Kinder getauft hat, über den Brandner Kaspar und das ewige Leben diskutiert.

Wie kommt ein evangelischer Theologe auf den Brandner Kaspar?
Ich erzähle mal die Geschichte[120]:
Der Brandner Kaspar, ein Schlosser vom Tegernsee, mit einer Frau und zwei Söhnen, war ein fleißiger, braver, schneidiger Mann. Er liebte seine Heimat, sein Handwerk, die Jagd und ab und zu ein Stamperl Schnaps. Selbstverständlich war er in damaligen Zeiten auch ein frommer Mensch. Als er 75 Jahre alt war, starb seine Frau, aber bei aller Trauer hatte er noch Lust am Leben. Eines Abends klopft es an seiner Hütte, und eintritt der Boandlkramer, der Tod, um ihn im Auftrag seines obersten göttlichen Herrn und Gebieters abzuholen von dieser Welt. Aber der Kaspar will nicht. Trotz mancher Altersbeschwerden ist er weder lebenssatt noch lebensmüde. Er hängt am Leben und freut sich dieses Lebens. So schachert er mit dem Boandlkramer. Mit ein paar Schnäpsen und einem gezinkten Kartenspiel luchst er ihm 15 Jahre ab, bis er 90 Jahre alt ist. Aber es kommen schlimme Zeiten. Im Tiroler Krieg fallen die beiden Söhne. Alles ist nicht mehr lustig. Als der Brandner Kaspar 80 Jahre alt ist, ruft der Himmelspförtner Petrus den Boandlkramer zur Ordnung, tadelt ihn scharf, weil er seinen Auftrag beim Brandner immer noch nicht erfüllt hat, und schickt ihn wieder los. Nun verwendet der Knochenmann einen Trick und lädt den Kaspar ein, während einer Spazierfahrt ins Paradies zu schauen. Und da passiert es: Als

der Brandner Kaspar den Herrgott erblickt, als er sein Weib, die Söhne und viele Freunde und Bekannte wiedersieht, als ihm das Paradies wie das schöne Tegernseer Tal vorkommt, auf das Gott laut Ludwig Thoma schon bei der Erschaffung der Welt größte Sorgfalt verwandt hat, da sagt er zum Boandlkramer: »Mei, is des schön. Da bleib i und will nix mehr wissen von der Welt drunten, und sag dem Herrgott tausendmal ›Vergelt's Gott‹, dass mir die Gnad zuteil worn ist, dass ich daher gekommen bin.«

Als ihm das Paradies wie das Tegernseer Tal vorkommt, da will er dort bleiben.

Die alte Geschichte vom Brandner Kaspar und vom ewigen Leben ist geradezu Kult geworden. Und ich finde, auch wenn sie nicht in der Bibel steht, kann sie die gegenwärtige Diskussion über Leben, Sterben und Tod auch theologisch bereichern.

Ist das nicht seltsam? Eine Geschichte mit dem Tod als einer Hauptperson wird zum Dauerbrenner. Sie wird über tausendmal am Residenztheater gespielt, wird dreimal verfilmt und an Allerheiligen regelmäßig vom Bayerischen Rundfunk ausgestrahlt. Was fasziniert die Menschen unserer Zeit ausgerechnet daran?

Die Tabuisierung des Sterbens und die Verdrängung des Todes sind in unserer Gesellschaft nicht mehr so groß wie noch vor wenigen Jahren. Aber man spricht nicht gerne darüber, am wenigsten über den eigenen Tod, nicht einmal mit den eigenen Angehörigen. Dabei ist nichts so sicher, so todsicher wie die Tatsache, dass ich sterben muss, ohne zu wissen, wann und wo das sein wird. Der Gedanke daran ängstigt uns, mich auch. Diese Geschichte kann einen ermutigen, uns dieser Realität heute tapfer und mutig zu stellen, und zwar – wie ich als Theologe sagen würde: *sub specie aeternitatis* – im Licht der Ewigkeit.

Was soll das heißen?

Für den Brandner Kaspar passiert das Entscheidende ganz zum Schluss. Da liegt die Pointe – im ewigen Leben. Da merkt er, dass mit dem Tod nicht alles aus ist. Die Schönheiten des zeitlichen Lebens setzen sich fort im ewigen Leben. Der Blick ins Paradies, für ihn das Tegernseer Tal, ist ein guter Augenblick, und dieser Augenblick währt eine Ewigkeit. Unter diesem Blickwinkel sieht sich vieles anders an.

Aber wie passt ausgerechnet dieser Blick in unsere Zeit? Das Stück von Kobell ist fast 150 Jahre alt, stammt aus einer völlig anderen Welt!

Leider ist uns dieser Blick weitgehend verloren gegangen. Die Mehrheit der Deutschen meint, dass mit dem Tod alles aus ist – was sie so auch nur glauben können.

Aber sie wollen doch gerade nichts glauben.

Na ja, dass alles aus sei, ist genauso eine unbeweisbare, also eine Glaubensaussage, wie die Annahme eines ewigen Lebens. Das, was rational so unausweichlich erscheint, ist eine negative Entsprechung des alten Christenglaubens. Anscheinend nehmen wir dem Leben damit einiges an Farbe und Reichtum: Der Philosoph Jürgen Habermas sagte einmal, die verlorene Hoffnung auf Auferstehung hinterlasse eine spürbare Leere. Margot Käßmann – die ehemalige Bischöfin – meinte, dass auch manchen Theologen über den vorletzten Dingen die letzten Dinge zu einem verdrängten, vergessenen und ungepredigten Glaubensartikel geworden seien. Und Carl Friedrich von Weizsäcker – ein für die Klarheit seines Denkens berühmter Atomphysiker und Friedensforscher, nun wirklich kein Anhänger irrationaler Weltsichten – sagte, eine Kirche, die nicht auf die Auferstehung und die Ewigkeit wartet und davon redet, habe ihre Glaubwürdigkeit, den Kern ihres Wesens, Saft und Kraft verloren ...

Dass Frau Käßmann sich so äußert, verwundert ja nicht, aber weder Habermas noch Weizsäcker sind Theologen. Wie sollen denn moderne Menschen noch an den Glauben an die Ewigkeit herankommen?

Glauben verwendet Gleichnisse, und vom ewigen Leben lässt sich nur in Bildern sprechen.

Die Bilder: Der Brandner Kaspar fühlt sich wie im Tegernseer Tal auf einer Wiedersehensfeier. Jesus spricht von einem großen Fest mit Essen und Trinken. Die Bibel erzählt von dem himmlischen Jerusalem, einer gottes- und menschenfreundlichen Stadt, in der nichts mehr von Babylon zu spüren ist.

Babylon, der Inbegriff des Gottlosen, wo nur das Geld und die Lust herrschen. Vielleicht ist das eine ziemlich moderne Sache.

Martin Luther beschreibt seinem Sohn Hänschen das Paradies als einen großen, wunderschönen Kinderspielplatz, sein Mitreformator Melanchthon denkt an eine himmlische Universitätsakademie, allerdings ohne den Streit der Theologen. Und wenn wir es etwas weniger prominent wollen: Für eine Frau im Pflegeheim ist der Nachtisch das Beste. Darum will sie ihren Nachtischlöffel mit in den Sarg nehmen, denn das Allerbeste kommt noch. Eine alte, vielgeplagte Bäuerin meinte, sie wolle bloß ihre Ruhe haben.

Ein großer Unsicherheitsfaktor für die Menschen ist ja der Zeitpunkt des Todes, dass sie nicht wissen können, wann sie sterben werden.

In der Geschichte vom Brandner Kaspar hat Gott bestimmt, dass er gehen soll, und schickt den Boandlkramer los. Aber dem Brandner Kaspar gelingt es, Aufschub zu erreichen, indem er den Todesboten zu einem Kartenspiel verleitet und ihn mithilfe von Alkohol und gezinkten Karten austrickst. Mit dem Todeszeitpunkt scheint es also nicht so einfach zu sein. Offensichtlich hat der Tod einen gewissen zeitlichen

Spielraum, und der Mensch hat ein Wörtchen mitzureden. Das nennt man heute das Recht auf Selbstbestimmung.

Das Feilschen mit dem Boandlkramer, das Austricksen beim Kartenspielen, ist das heute die intensiv-medizinische Lebensverlängerung, oder – als Gegenpol – die passive oder aktive Sterbehilfe?
Der Brandner Kaspar schachert mit dem Tod und steigert so seine Lebenserwartung. So wie die unsrige gestiegen ist dank des medizinischen Fortschritts und eines gesunden Lebensstils. Wir können und dürfen länger leben. Viele wollen noch länger leben, und sie schachern mit dem Knochenmann um eine Lebensverlängerung, um buchstäblich jeden Preis.

Der Palliativmediziner Borasio erzählt von einem Superreichen, der vom Rauchen Lungenkrebs bekam, mit Metastasen und dann auch noch eine Myokarditis, die sein Herz funktionsunfähig machte. Und deswegen wollte er eine Herztransplantation, die er selber bezahlen wollte, koste es, was es wolle.[121]
Andere wollen sterben, und nicht wenige können oder dürfen nicht. Auf der Intensivstation ringen Ärzte mit dem Tod, bis auch sie kapitulieren.

Ist das dann der Augenblick, den Gottes Wille bestimmt hat?
Ich weiß es nicht. Aber ich weiß, dass ich nicht nur das Recht habe auf ein menschenwürdiges Leben, sondern auch die Pflicht zu sterben. »Lehre uns bedenken, dass wir sterben müssen.«

Ewigkeit ist ja aus der Mode gekommen, und dabei ist der Gedanke daran etwas spezifisch Christliches. Bedeutet christlich sein, zu diesem Gedanken zu stehen?
Ja, und es hat ja Konsequenzen für Lebensbereiche, angesichts derer Menschen sonst eher ratlos sind: *Sub specie aeternitatis* – im Licht dieser Ewigkeit will ich mich einüben in

die Kunst, zum Sterben bereit zu sein. Dietrich Bonhoeffer –
ein evangelischer Theologe, der wegen seiner Überzeugung
im Nationalsozialismus hingerichtet wurde – sagte: »Denken
und Handeln im Blick auf die kommende Generation, dabei
ohne Furcht und Sorge jeden Tag bereit sein zu gehen, das ist
die Haltung, die uns praktisch aufgegeben ist und die tapfer
durchzuhalten nicht leicht, aber notwendig ist.«

*Und er ist zu diesem Ausspruch ja gestanden, bis zu seiner Er-
mordung durch die Nationalsozialisten am 9. April 1945. Der
Begriff des »Loslassens« ist heute sehr in Mode gekommen, was
sich leicht sagt, aber schwer zu realisieren ist.*
Der Brandner Kaspar hat gelernt loszulassen, die Frau, die
Söhne, liebe Dinge, zu denen er gesundheitlich nicht mehr
fähig war. Im Licht der Ewigkeit übe ich mich ein, Abschied
zu nehmen von Menschen und Dingen, die mir lieb und teuer
sind. Die Verkleinerung der Wohnung, der Umzug ins Altenheim, das Nachlassen der körperlichen Kräfte, die Schmerzen
einer Krankheit sind Abschiedssituationen. Ich kann lernen,
das zu akzeptieren.
Im Licht der Ewigkeit überlege ich mir gewissenhaft, ob in
meinem Alter jede mögliche medizinische Behandlung noch
nötig und vertretbar ist ...
Ich bitte um Vergebung und gewähre Verzeihung.

*Wie kommen die Ewigkeit und die moderne Medizin zusam-
men?*
Ich habe eine Patientenverfügung. Meines Erachtens ist die
gesetzliche Regelung hilfreich, dass Ärzte sich an eine Patientenverfügung halten müssen und dass die passive Sterbehilfe
nicht erst beginnen darf, wenn der Sterbeprozess im Gange
ist. Es kann ein Zeitpunkt kommen, da ich dem Tod nichts
mehr entgegensetze, ihn als meinen Freund begrüße und
wo ich vor weiteren schulmedizinischen Zugriffen geschützt
werden will. Sterben hat seine Zeit, im Licht der Ewigkeit.

Das sieht ja so aus, als wäre die Palliativmedizin aus einem christlichen Auftrag entstanden ...

Historisch eher nicht, aber der Begriff leitet sich vom *pallium*, dem Mantel ab, der schützt und Geborgenheit gibt, und das hat eine Menge mit guter christlicher Tradition zu tun.

Und das Gegenteil? Wenn Menschen nicht mehr leben wollen? Früher hat die Kirche nicht zugelassen, dass Selbstmörder auf dem Kirchhof bestattet werden.

Im Licht der Ewigkeit habe ich auch Verständnis, wenn Menschen fragen, ob sie in evangelischer Freiheit und in Verantwortung vor Gott das Gottesgeschenk des Lebens nicht freiwillig und selbstbestimmt zurückgeben dürfen. Ich habe Verständnis, wenn der Wunsch geäußert wird nach aktiver Sterbehilfe oder assistiertem Suizid, weil einer die Schmerzen nicht mehr aushält.

Sie wollen nicht mehr leben?

»In einer Gesellschaft, in der immer mehr Menschen sehr alt werden und nicht zuletzt deshalb der Zeitpunkt des Todes immer besser vorhersagbar ist, wird Sterben zu einem Thema, das nach antizipatorischer Beteiligung des Einzelnen drängt. Genauso wie es gilt, eine Kultur des Alterns zu entwickeln, müssen wir uns mit einer Kultur des Sterbens beschäftigen. ... Für viele ältere Menschen ist es auch wichtig, an der Gestaltung des eigenen Sterbens und Todes mitzuwirken.«[122]

So elegant, wie der Initiator der Berliner Altersstudie das formuliert, ist die Realität nicht. Die »Mitwirkung an der Gestaltung des eigenen Sterbens und Todes« ist nicht so einfach, weder theoretisch noch praktisch.

In den einzelnen Bundesländern Deutschlands gibt es Gesetze für psychisch Kranke, nach denen man Sie in eine psychiatrische Klinik einweisen kann, wenn Sie an einer see-lischen Krankheit leiden *und* selbst- oder fremdgefährlich sind. Selbstgefährlich. Der Gesetzgeber geht davon aus, dass der Impuls, nicht mehr leben zu wollen, in erster Linie die Folge einer seelischen Erkrankung ist und vorbeigeht, wenn die Krankheit richtig behandelt wird. Deswegen versuchen Psychiater im Allgemeinen, psychisch kranken Menschen die Selbstgefährdung auszureden oder sie zumindest an der Durchführung zu hindern. Was tatsächlich ziemlich sinn-voll ist, weil der Wunsch, nicht mehr leben zu wollen, in den meisten Fällen relativ schnell vergeht. Zum Beispiel wenn eine Depression richtig behandelt wird.

Aber Ihr Alter ist so weit fortgeschritten, dass jeder Schritt beschwerlich geworden ist, dass die Schmerzen Sie zermür-ben. Das alles hat Ihre Angst vor dem Sterben relativiert, und in eine psychiatrische Klinik wollen Sie nicht, überhaupt nicht.

Trotzdem würde Ihnen ein Psychiater vielleicht guttun! Depressionen sind im Alter häufig, und sie vermitteln eben auch das Gefühl, dass das Leben beschwerlich sei. Schmerzen werden durch Depressionen ebenfalls verstärkt. Sollten Sie tatsächlich eine Depression haben, so könnte Ihnen der Psy-chiater helfen, was wahrscheinlich auch bei Ihnen zur Folge hätte, dass Sie Ihren Todeswunsch noch einmal überdenken würden.

Nein, Sie haben keine Depression, Ihre Grundstimmung ist sogar einigermaßen heiter. Was aber nicht der fortgeschritte-nen neurologischen Erkrankung entspricht, an der Sie leiden, sondern ein Grundmerkmal Ihres Charakters ist. Sie wissen, wie das Leben bis zu Ihrem Tod aussehen wird, weil Sie sich informiert haben, und Sie sind zu dem Entschluss gekom-men, dass Sie genau dieses Leben nicht leben wollen.

Nur – wie sollen Sie das Sterben schaffen?

Alles Drastische ist Ihnen fremd. Sich irgendwo hinunterzustürzen, finden Sie grausig, abgesehen davon, dass Sie es wohl kaum noch schaffen würden, sich über ein Fensterbrett oder ein Geländer zu hieven.

Sich schneiden wollen Sie schon gar nicht, und bei den Tabletten wissen nicht nur Sie nicht, welche eigentlich lebensverkürzend wirken.

Sie brauchen also Hilfe, Sterbehilfe.

Ich bin Psychiater und deswegen nur bedingt geeignet, Ihnen bei Ihrem Todeswunsch zu helfen, denn ich habe mein ganzes Berufsleben versucht, psychiatrischen Patienten, also eben nicht Todkranken, eine neue Perspektive zu zeigen. Diese Perspektive ist für Sie aber nicht die richtige. Die richtigen Gesprächspartner, wenn Sie alt, gequält und dieser ganzen Qual überdrüssig sind, sind die Palliativmediziner. Die unterscheiden sich von anderen Medizinern und eben auch von den Psychiatern dadurch, dass sie das Leben nicht um jeden Preis erhalten oder verlängern, sondern Schmerzen und Leiden und das Leben insgesamt auf erträgliche Weise zu Ende gehen lassen wollen. Für die steht auch nicht in erster Linie die Selbstgefährdung im Vordergrund, wenn Sie das Thema Sterben auf die Tagesordnung setzen, sondern die optimale Hilfe.

Aber auch zwischen den Palliativmedizinern und Ihrem Tod steht der Gesetzgeber. Schon wieder der. Doch diesmal verbietet er das selbst gewählte Sterben nicht generell, sondern schränkt die Möglichkeiten nur ein.

Wenn Sie es bisher noch nicht gemerkt haben sollten: Das Leben hat in der Bundesrepublik Deutschland einen herausragenden Stellenwert, der für besonders schützenswert gehalten wird. Auch wenn Ihnen diese Einmischung in Ihre sehr persönlichen Angelegenheiten auf den ersten Blick unangemessen erscheint, hat sie schon ihre Berechtigung: Es ist in unserer Geschichte noch nicht einmal 90 Jahre her, dass man das Leben von neurologisch und psychisch kranken Kindern und Erwachsenen, von Menschen mit oft vorübergehenden Erkrankungen, von Soldaten, die ihre seelische Gesundheit im Kampf für dieses Land verloren hatten, als »unwert« deklariert hat. Unwert hieß sehr konkret, dass man sich diese Menschen nichts mehr kosten lassen wollte und sie stattdessen umbrachte. Gegen ihren Willen, natürlich. Man, und leider auch die Mehrzahl der damals tätigen Psychiater, glaubte zu wissen, dass das Leben dieser Kranken nichts mehr wert sei. Ökonomisch clever, wie man schon damals war, testete man bei dieser Gelegenheit gleich die Tötungsmittel, mit denen man kurze Zeit später die Tötung der Juden in noch größerem Stil als die der psychisch Kranken und Behinderten umsetzte.

Angesichts dieser Ungeheuerlichkeit macht es sehr viel Sinn, dass Sterbehilfe nicht so einfach ist.*

Die aktuelle Gesetzeslage muss man in ihrem Ergebnis als problematische Reaktion auf diese katastrophale Vergangenheit verstehen. Sie baut darauf auf, dass der Suizid in der Bundesrepublik nie strafbar war und deswegen die Beihilfe dazu auch nicht. Die Tötung auf Verlangen ist hierzulande, aber auch in der, in diesem Zusammenhang immer wieder falsch dargestellten, Schweizer Gesetzesregelung verboten. Das will niemand ändern, auch nicht diejenigen, die mit der aktuellen Gesetzgebung, auf die ich gleich noch komme, unzufrieden sind.

Wenn Sie den Unterschied zwischen Hilfe zum Suizid

---

* Es ist allerdings noch mal ein Stückchen komplizierter: Die Kirchen, die lange Zeit die Gesetzgebung zur Tötung von sehr jungem, ungeborenem (Abtreibung!) oder altem, gequältem Leben heftig bekämpft haben und es zum Teil heute noch tun, waren in den finsteren Zeiten der nationalsozialistischen Herrschaft keineswegs die lauten Streiter gegen das Unrecht. Einzelne Geistliche haben das getan, auf beiden Seiten, wie der schon erwähnte Dietrich Bonhoeffer, oder der Bischof von Münster, Clemens August Graf von Galen, aber die offiziellen Kirchen hielten es für wichtiger, mit den Nazis Politik zu machen.

und Tötung auf Verlangen für einen Streit um des Kaisers Bart halten, übersehen Sie etwas ganz Wesentliches: Beim Suizid behält derjenige, der sein Leben beenden will, bis zum Schluss die Verfügungsgewalt; er kann die geplante Tat umsetzen oder im letzten Moment davon zurücktreten. Er nimmt selbst die Tabletten ein oder trinkt eine entsprechende Lösung, die er vom Arzt bekommen hat, er stellt die Infusion an, die vorher durch den Hilfe leistenden Arzt angelegt wurde. Bei der Tötung auf Verlangen geht die Handlung auf einen Dritten über, der damit einen Menschen tötet, was mit gutem Grund verboten ist, hier und in allen anderen Ländern, auch der Schweiz, mit Ausnahme von Kanada und Kolumbien, und verboten bleiben sollte. Ein anderes Problem ist die mögliche Ausweitung auf nicht-einwilligungsfähige Menschen wie Kinder oder Demenzkranke.

Das gut gemeinte Argument, eine breitere Anwendung der Palliativmedizin mache den Wunsch nach einer Beihilfe zum Suizid überflüssig, ist falsch, denn auch bei optimaler Palliativversorgung können Menschen zum Entschluss kommen, dass sie das, was ihnen am Lebensende bevorsteht, nicht erleben wollen.[123]

Eine gesetzliche Regelung ist also wünschenswert, um Unsicherheit zu beseitigen und eine Grundlage herzustellen, auf der Patienten mit ihren Ärzten sprechen können. Wie eine sinnvolle Lösung aussehen könnte, ist in dem zitierten Buch von Gian Domenico Borasio eingehend dargestellt.

Tatsächlich wurde am 6. November 2015 ein »Gesetz zur Strafbarkeit der geschäftsmäßigen Förderung der Selbsttötung« beschlossen, das nach Meinung vieler missverständlich ist und die Probleme nicht ansatzweise löst. »Geschäftsmäßige« Suizidhilfe wird unter Strafe gestellt, seien es Organisationen oder Einzelpersonen, wobei »geschäftsmäßig« nicht »profitorientiertes Gewinnstreben«, sondern eine »auf Wiederholung angelegte« Tätigkeit meint. De facto bedeutet dies, dass Ärzte sich mit diesem Thema eigentlich nicht beschäftigen sollten, wenn sie nicht Gefahr laufen wollen, juristisch bis zum Verlust ihrer Approbation und darüber hinaus belangt zu werden. Umgekehrt werden auch Patienten über dieses Thema nicht mit ihren Ärzten sprechen, damit sie sie nicht in die Gefahr einer Strafandrohung bringen.

Das ist also der Stand der Dinge.

ZEN oder: Jeder Moment ist Ewigkeit

Gespräch mit dem ZEN-Meister Hinnerk Syobu Polenski

Zen-Meister pflegen in der Regel eine besondere Kommunikation. Zen führt uns auf uns selbst zurück, es geht nicht um die Vermittlung von Wissen und Theorien, sondern dass wir uns begegnen, uns selbst erleben, zu fühlen anfangen und einiges mehr.

Auf der Terrasse im Daishin-Zen-Kloster in Buchenberg haben wir wunderbaren grünen Tee getrunken, den Hinnerk Polenski zubereitet hat.

Ich würde gerne über den Tod sprechen.
Wenn der Körper aufhört, hören auch Geist und Seele auf; ein Fortexistieren der Seele ohne den Körper gibt es nicht.

Kann man Körper, Geist, Seele trennen?
Körper, Geist und Seele sind eines. Bis dreißig gibt es kaum einen Weg, den Körper und seine Wünsche in den Griff zu bekommen, aber mit dem Älterwerden habe ich die Chance, frei zu werden, um für den Geist Günstiges zu realisieren. Aber wir sind mehr als Körper, Geist und Seele.

Was heißt das?

Wir sind, womit wir unseren Geist beschäftigen, und vor allem: Wir sind, was wir tun. Und unser Tun wirkt weiter.

Ist es das, was Karma bedeutet?

Karma ist im Grunde eigentlich Physik: Nichts, was geschieht, bleibt folgenlos. So ähnlich wie der Hauptsatz der Thermodynamik, von der Energieerhaltung. Wenn wir uns das klar machen, wird deutlich, dass wir das, was wir tun, achtsam tun sollten. Denn es hat Folgen, über unser Leben hinaus.

Also doch Weiterleben nach dem Tod?

Nicht als ein individuelles Selbst: Wir können uns die Impulse, die von uns ausgehen, und weiterwirken, vielleicht so vorstellen: Es gibt dieses Experiment aus der Physik mit den nebeneinander hängenden Kugeln – wenn man eine anhebt und wieder zurück fallen lässt, schwingt am anderen Ende eine Kugel raus. Sie ist eine andere Kugel, hat mit der ersten nichts zu tun, aber setzt den Impuls fort. So könnte man sich, wenn man das will, das Fortwirken unseres Tuns vorstellen. Man kann aber auch einfach nur leben.

Das Kostbare Ego – Fehlanzeige?

So wichtig wir es auch nehmen, es wird nicht weiterleben und auch nicht wiedergeboren werden. Aber die Impulse, die von uns ausgehen, unser Tun und Handeln, finden Individuen, die es weiter tragen, im Guten wie im Schlechten.

Der Schlüssel ist woanders. Nicht in weiter Ferne und Zukunft, sondern hier in diesem unmittelbarem Moment.

Wiedergeburt ist jeden Tag. Und Freiheit von Sterben, Tod ist unmittelbar jetzt. »Jeder Moment ist Ewigkeit und Ewigkeit ist jeder Moment.«[124] Das Ich wird sterben. Das Nicht-Ich wurde nie geboren und wird nie sterben. Doch was ist Nicht-Ich? Hier beginnt der Zen-Weg.

Ist es nicht so: Die Angst vor dem Tod entsteht aus der Projektion in eine ungewisse Zukunft, aus dem Weggehen aus dem Hier und Jetzt?

Das Hier und Jetzt! Das Leben in jeden einzelnen Moment. Die Gedanken nicht schweifen lassen, hier sein!

Jetzt bin ich so alt. Morgen bin ich anders alt. Eines Tages ist Sterben angesagt. Wie es sein wird, werde ich dann erleben. Es macht weder für mich, noch für das Leben Sinn, mir jetzt vorzustellen, wie es sein wird, wenn ich sterbe. Sinn macht es, immer ganz im Hier und Jetzt zu leben. Wir sind in unserem Leben besser dran, wenn wir uns dem Erleben jedes einzelnen Ausgenblicks hingeben. Und das tun, was in diesem Moment angesagt ist. Für uns. Und die Welt.

Ganz schön was zu tun! Vielen Dank!

Auf dass wir klug werden

Je materieller wir uns definieren, desto größer ist die Kränkung, denn all dies hat ein Ende, nicht nur unsere Körperlichkeit, sondern auch unsere Wichtigkeiten. Das ist nicht neu, aber etwas aus dem Fokus geraten.

>»Unser Leben währet siebzig Jahre, und wenn's hochkommt, so sind's achtzig Jahre, und was daran köstlich scheint, ist doch nur vergebliche Mühe, denn es fähret schnell dahin, als flögen wir davon.«[125]

Man liest das anders, wenn Sie wie ich gerade siebzig geworden sind.

Und dann folgt der große Satz, den Brahms in seinem Requiem vertont hat und mit dem wir im Herbst konfrontiert werden, so wir denn Musikliebhaber sind:

>»Lehre uns bedenken, dass wir sterben müssen, auf dass wir klug werden.«

Offensichtlich wollen wir nur ungern klug werden.

Eine Folge davon ist, dass wir es uns schwer machen, den Sterbenden ihr Leiden zu erleichtern, ihnen Trost zu spenden.

Sterben ist nicht nur die diffuse Angst vor etwas, was wir uns nicht anschauen wollen, sondern oft konkretes Leid, sehr irdischer Schmerz. Denn Sterben geschieht nur selten so, dass wir sanft »einschlafen«, sondern gerade in unserer Zeit, in der die Medizin fast alles möglich machen kann, oft durch eine letzte Krankheit, die dann doch nicht mehr behandelbar ist. Und weil wir uns mit diesem Thema so gar nicht beschäftigen wollten, wachsen rund um das Sterben die Mythen, wie der Palliativmediziner Gottschling das dargestellt hat:[126]

- ♦ dass Sterben und Tod leidvoll und schmerzhaft seien,
- ♦ dass man bis zum Schluss Nahrung und Flüssigkeit brauche, weil man sonst verhungere oder verdurste,

- dass Schmerzmittel süchtig machen,
- dass zum Schluss die gewonnene Lebenszeit keine Qualität mehr haben könne.

Diese furchtbaren Märchen unterschlagen, dass es bei aller Skepsis einen großen Fortschritt der heutigen Medizin gibt, dass nämlich die Palliativmedizin Leiden, Schmerzen und Qual am Ende des Lebens zu verhindern und zu minimieren vermag.

Nur – wenn Sie diese Palliativmedizin für sich nutzen wollen, müssen Sie sich klargemacht haben, dass Ihr Leben jetzt in die Phase eingetreten ist, in der das Sterben vorkommt. Manche spüren das. Aber in der Regel ist es nötig, dass Sie von den Sie bisher behandelnden Ärzten aufgeklärt werden, dass die bisherige, vielleicht sehr intensiv betriebene Behandlung Ihre Krankheit nicht mehr besiegen kann. Damit wir uns richtig verstehen: Niemand, nicht einmal der begabteste und begnadetste Mediziner, weiß, wie lange Sie noch leben werden! Prognose ist überhaupt keine Stärke der Medizin, und im Bereich der noch zu erwartenden Lebensdauer sind unsere Prognosen notorisch schlecht. Aber andererseits weiß jeder halbwegs erfahrene Körpermediziner, wenn er mit seiner Kunst am Ende ist. Sich das einzugestehen, ist allerdings nicht leicht, denn Medizin ist eben in weiten Teilen Kampf gegen Sterben und Tod. Und wahrzunehmen, und es auch zu sagen, dass dieser Kampf aller Wahrscheinlichkeit nach verloren ist, was man als Niederlage bezeichnet, ist nicht leicht und setzt eine gewisse menschliche Größe voraus.

Vor allem darf die Akzeptanz dieser Niederlage nicht in dem Fazit münden, dass die Medizin nun nichts mehr für Sie tun könne: Der Kardiologe, der Leberspezialist, der Chirurg kann vielleicht nichts mehr tun und sollte es ab einem gewissen Punkt auch nicht mehr vorschlagen, aber der Palliativmediziner kann sehr wohl. Er kann Ihnen helfen, er kann Ihre Schmerzen und Ihre Qual lindern. Wenn Sie oder die Sie betreuenden Angehörigen in diese Situation kommen, sollten Sie wissen, dass dieser Paradigmenwechsel in der Behandlung Schwerkranker nicht einfach ist. Nur wenn Sie Offenheit von den Sie behandelnden Ärzten einfordern, wenn Sie klarmachen, dass Sie auch in dieser vielleicht letzten Behandlungsphase Ihres Lebens mitreden und Verantwortung übernehmen wollen, können Sie den Medizinern die Angst nehmen, dass sie Sie in Verzweiflung stürzen, wenn sie ehrlich mit Ihnen sprechen. Klingt vielleicht wie verkehrte Welt, aber am Ende Ihrer Kunst können auch Mediziner Angst bekommen, und außerdem gibt es viele, die sich mit der Endphase ihres Lebens eben nicht auseinandersetzen wollen. Auch das muss man respektieren.

Konkret: Sie wollen keine fragwürdige Prognose, Sie wollen keine Gruselgeschichten über den weiteren Verlauf Ihrer Krankheit hören, sondern Sie wollen wissen, ob es jetzt nicht sinnvoll wäre, den Palliativmediziner in die Behandlung einzubeziehen.

Was kann der denn tun?

◆ Das Erste und vielleicht Wichtigste: Er kann etwas tun, auch wenn er das Leben nicht mehr verlängern kann! Nämlich Schmerzen nehmen, quälende Symptome, wie etwa Luftnot, lindern und, was vielleicht das Tröstlichste überhaupt ist: die Patienten nicht alleinelassen. Schmerzbehandlung in Deutschland hat eine schwierige Geschichte, lange Zeit sind die Opiate verteufelt worden, weil man glaubte, dass man der Sünde Abhängigkeit Futter gäbe oder dem Albtraum Sterbehilfe Vorschub leiste, aber diese Phase der Medizin kann als überwunden angesehen werden, gerade durch das Engagement und die Öffentlichkeitsarbeit der Palliativmediziner.

◆ Palliativmediziner können helfen in einer der für die Angehörigen quälendsten Situationen, wenn der Sterbende keine Nahrung oder keine Flüssigkeit mehr zu sich nimmt und man befürchtet, dass Vater oder Mutter nun verhungern, schlimmer noch, verdursten werden. Nahrung und

Flüssigkeit sind elementare Grundlagen des Lebens, und ihr Wert ist entsprechend hoch besetzt. Aber diese Grundlagen des Lebens müssen beim Sterben nicht mehr garantiert oder erzwungen werden, sondern erschweren im Gegenteil den Sterbeprozess. Das Legen von Sonden ist für die Betroffenen oft quälend und bringt Komplikationen, weil sie sich wehren. Hunger- und Durstgefühl vergehen zum Lebensende. Deswegen ist auch das Streitthema PEG-Sonde klar so zu beantworten, dass keine wissenschaftliche Untersuchung irgendwelche Vorteile dieser Zwangszufuhr von Nahrung und Flüssigkeit gezeigt hat![127]

♦ Die Palliativmedizin hat gezeigt, dass Lebensqualität nichts Objektives ist, sondern eine subjektive Bewertung der Betroffenen. Und dass man die dann bitte auch fragen muss, was man für sie tun kann! Und dass man sie begleiten muss, weil sich der Begriff der Qualität wie alles im Leben und vor allem im Sterbeprozess ändert.

♦ Vieles, was am Lebensende ansteht, läuft auf etwas hinaus, was Gian Domenico Borasio das »liebevolle Unterlassen« genannt hat. Wobei er deutlich macht, dass das für Mediziner eine schwierige Umstellung ist, nicht zuletzt auch aus juristischen Gründen.

Eine gute und ausreichende palliativmedizinische Versorgung ist also eine wesentliche Grundlage, damit wir, Sie und ich, eine Auseinandersetzung über die Frage führen können, was Sterben für unser Leben bedeuten kann, entsprechend dem berühmten Ausspruch von Cicely Saunders, der Begründerin der modernen Palliativmedizin: »Wir werden alles tun, damit Sie nicht nur in Frieden sterben, sondern auch bis zuletzt leben können.«[128] Erst auf dieser Grundlage kommen wir in die Lage, das »Sterben zu leben«, als ganz persönliche Möglichkeit der Selbstgestaltung.

Der Heidelberger Gerontologe Andreas Kruse hat dazu eine grundlegende Untersuchung erstellt:[129]

Menschen, die an einer unheilbaren Krebserkrankung litten, die mit den Mitteln der Schulmedizin nicht mehr heilbar war, wurden von einem interdisziplinären Team gut palliativmedizinisch behandelt. Mit Schmerzmitteln wurde nachhaltige Symptomfreiheit gewährleistet, außerdem wurde durch stimulierende und aktivierende Pflege, durch Physiotherapie und Krankengymnastik sowie durch medikamentöse Behandlung ein Grad an Entlastung von körperlichen Symptomen erzielt, der es den sterbenden Frauen und Männern ermöglichte, sich bewusst auf ihr nahendes Ende einzustellen. »Dieses bewusste Sich-Einstellen auf das herannahende Ende wurde von fast allen Patientinnen und Patienten als der entscheidende Gewinn der Palliativmedizin gewertet.«

Unter diesen Bedingungen gab es unterschiedliche Reaktionen auf das bevorstehende Sterben: Verdrängung, Niedergeschlagenheit, Hoffnung. »Aber die größte Gruppe bildeten Frauen und Männer, die das herannahende Ende bewusst annahmen oder die in ihrer Situation eine Quelle der Wert- und Zielverwirklichung sahen ... Sie beschäftigten sich mit der Weitergabe persönlicher Erfahrungen an Angehörige ... Vermittlung von Dank ... und machten den Versuch, mit jenen Menschen ›ins Reine zu kommen‹, zu denen nicht selten über Jahre ein konfliktbelastetes Verhältnis bestanden hatte.«

Kruse betont, dass die Menschen, die sich als bezogen erlebten – im Hinblick auf andere Menschen, auf ihr Werk, auf Gott, oder ... auf Transzendenz, viel häufiger eine akzeptierende beziehungsweise eine wert- und zielverwirklichende Haltung im Sterben zeigten, als jene, bei denen eine solche Bezogenheit nicht erkennbar war. Sie äußerten oft, dass »Sterben nichts Schlimmes« sei, oder dass sie das »Sterben als einen Übergang« deuteten.

Neben der wertvollen Erfahrung von Kruses Studie für das individuelle Sterben jedes Einzelnen, schlägt er am Beispiel von Johann Sebastian Bach einen faszinierenden Bogen zum Thema »Kreativität im Alter« zum »Mut des Menschen, etwas Neues zu wagen«, indem er seinen eigenen Weg sucht und sich aus dem Mainstream löst. Genau das hätte Bach in seiner letzten Lebensphase getan, indem er, trotz schwerem und eben noch nicht palliativ-medizinisch gelindertem Leiden, zwei seiner größten Werke schuf: er hat die »h-moll-Messe« und die »Kunst der Fuge« vollendet, und dabei, vor allem im »Credo« der »h-moll-Messe«, völlig neue, einzigartige Wege des Komponierens gefunden.[130] Wer mit Musik etwas anfangen kann, bekommt hier ganz neue Einblicke. Auch in das Leben und Sterben.

Handeln in Achtsamkeit

So.

Ich hoffe, Sie sind mir bis hierhin gefolgt. Die Auseinandersetzung mit meiner Titelfrage »Bin ich schon alt – oder wird das wieder?« hat mich gefesselt und mir Spaß gemacht. Aber nicht in jedem Kapitel war das Schreiben leicht und sicher auch nicht das Lesen.

Immer klarer wurde mir: Wissen schadet nicht, im Gegenteil, doch es braucht seinen Platz oder, anders ausgedrückt, wir müssen wählen, was wir mit all dem Wissen über uns anfangen wollen: Interessiert zur Kenntnis nehmen, unser Leben ändern oder vergessen. Diese vielen Informationen, die ich vor Ihnen ausgebreitet habe, können nur dann Bedeutung entfalten, wenn Sie sie lebendig werden lassen.

Besonders wichtig ist mir, das Wissen über unseren Körper und seine Bedürfnisse, vor allem anderen seine Beweglichkeit, an die Frau, den Mann zu bringen. Körper, Geist und Seele gelten als untrennbar, aber dieser Konsens wird in unserer verkopften Gesellschaft leicht in den Hintergrund gedrängt. Der Körper wird vernachlässigt und muss sich seine direkten oder übertragenen Streicheleinheiten zu oft auf subversiven Wegen holen, die gerade im Alter in Abgründe führen können.

Gelernt habe ich, dass unser kostbares Selbst bei aller Wertschätzung nicht alles ist. Wenn überhaupt etwas nachhaltig wirksam sein kann, so unser Tun und Handeln. Die von uns ausgehenden Impulse wirken weiter, wenn es unser Ego längst nicht mehr gibt. Eine Anregung: Legen Sie doch etwas mehr Betonung auf das Handeln als auf die Befindlichkeit.

Achtsamkeit hilft im ganzen Leben, um uns selbst näher zu kommen. Aber so, wie wir Menschen nun mal gestrickt sind, wird uns die Bedeutung des Lebens im Hier und Jetzt erst dann so richtig klar, wenn wir alt geworden sind, vielleicht auch deswegen, weil der Körper mit seinen lustvollen Zielen Geist und Seele nun nicht mehr mit so viel Nachdruck dominieren kann.

Zu meinem eigenen Erstaunen ist mir manches spiritueller geraten, als es meiner Selbstwahrnehmung entspricht: Achtsamkeit, Hier und Jetzt, mehr Bibelzitate, als ich erwartet hätte. Das zu kritisieren, ist Ihnen natürlich freigestellt. Aber fragen Sie sich vielleicht selbst, ob das ökonomisch Materielle, das unsere Zivilisation so ganz und gar zu dominieren scheint, eine Lebensperspektive sein kann. Vor allem im Hinblick auf das Alter.

Danksagung

Ich danke allen, die mich bei diesem Buch unterstützt haben, Gespräche mit mir geführt, mit mir gedacht, mir Material gegeben oder mich kritisiert haben:

Anna-Lena, Carla, Wanda Fahrenkroog, Gabi, Prof. Dr. Gerd Gigerenzer, OKR Theodor Glaser, PD Dr. Peter Häussermann, Dr. Ronald Hicks, Johannes, Lili, Lisa, Maria, Dr. Joachim Mallwitz, Franz Mangold, Prof. Dr. Ingrid Mühlhauer, PD Dr. Franz-Josef Müller, Hinnerk Syobu Sensei Polenski, Prof. Dr. Burkhard Weisser, Peter Zwiauer, dem C. Bertelsmann-Verlag in Person von Johannes Jacob, der das keineswegs selbstverständliche Vertrauen aufgebracht hat, mit mir das dritte Buch zu machen, – und last, not least meiner Lektorin Eva Rosenkranz, ohne die das Buch gewiss nicht erschienen wäre.

Literaturempfehlungen

Simone de Beauvoir: Das Alter. Reinbek bei Hamburg, 1977.
Gian Domenico Borasio: selbst bestimmt sterben. München, 2017.
Graham Coleman, Padmasambhava, Stephan Schumacher, Dalai
Lama XIV: Das Tibetische Totenbuch. München, 2008.
Joachim Fuchsberger: Alt werden ist nichts für Feiglinge. München,
2011.
Arno Geiger: Der alte König in seinem Exil. München, 2011.
Gerd Gigerenzer: Das Einmaleins der Skepsis. Berlin, 2002.
Sven Gottschling, mit Lars Amend: Schmerz los werden. Frankfurt
am Main, 2017.
Thich Nhat Hanh: Leben ist, was jetzt passiert, München, 2018.
André Heller: Uhren gibt es nicht mehr. Gespräche mit meiner
Mutter in ihrem 102. Lebensjahr. Wien, 2017.
Jon Kabat-Zinn: Achtsamkeit für Anfänger. Freiburg, 2013.
Bas Kast: Der Ernährungskompass. München, 2018.
Genki Kawamura: Wenn alle Katzen von der Welt verschwänden.
München, 2012.
Marion Kiechle & Julie Gorkow: Tag für Tag jünger. München,
2017.
Remo H. Largo: Das passende Leben. Was unsere Individualität
ausmacht und wie wir sie leben können. Frankfurt am Main,
2017.
Ulman Lindenberger, Jaqui Smith, Karl Ulrich Mayer und Paul
Baltes: Die Berliner Altersstudie. Berlin, 2010.
Achim Rieger: Der Pflegeaufstand. München, 2017.
Chade-Meng Tan: Search inside yourself. München, 2015.
Thees Uhlmann: Sophia, der Tod und ich. Köln, 2017.
Irvin D. Yalom: Becoming myself. London, 2017.

Anmerkungen

1 Ulman Lindenberger, Jaqui Smith, Karl Ulrich Mayer und Paul Baltes: Die Berliner Altersstudie. Berlin, 2010.

2 Joachim Fuchsberger: Alt werden ist nichts für Feiglinge. München, 2011.

3 Janina Boyke, Joenna Driemeyer, Christian Gaser, Christian Büchel and Arne May: Training-Induced Brain Structure Changes in the Elderly. Journal of Neuroscience, 9 July 2008.

4 Katrin Blawat: Alt, weise und zufrieden. SZ Nr. 253, Samstag/ Sonntag, 4./5. November 2017.

5 Thees Uhlmann: Sophia, der Tod und ich. Köln, 2017.

6 Genki Kawamura: Wenn alle Katzen von der Welt verschwänden. München, 2012.

7 André Heller: Uhren gibt es nicht mehr. Gespräche mit meiner Mutter in ihrem 102. Lebensjahr. Wien, 2017.

8 Bertolt Brecht: Der Choral vom großen Baal, Stücke 1, Gesammelte Werke. Frankfurt am Main, 1967.

9 »Ich kann noch Karotten schnippeln, aber für mehr reicht es nicht.« Alfred Biolek im Interview mit Tobias Haberl und Markus Jans, SZ-Magazin 22, 2. Juni 2017.

10 Simone de Beauvoir: Das Alter. Reinbek bei Hamburg, 1977.

11 Ebd.

12 Kurt Kister: Phänomenal. SZ Nr. 208, Samstag/Sonntag 9./10. September 2017.

13 Nic Fleming: Scientists up stakes in bet on whether humans will live to 150. Nature, 18 October 2016.

14 Ingo Molcher: Bewegt euch! In: Brandeins 03/2018.

15 Dtsch. Arztebl. Int. 2010; 107(30): 531–6; DOI: 10 3238/arztebl. 2010.0531.

16 Angus Deaton: The Great Escape. New Jersey, 2013.

17 Remo H. Largo: Das passende Leben. Was unsere Indivi-

dualität ausmacht und wie wir sie leben können. Frankfurt am Main, 2017.

18 Daniel Schreiber: Nüchtern. Frankfurt am Main, 2016.

19 Irvin D. Yalom: Becoming myself. London, 2017.

20 Tsültrim Allione: Den Dämonen Nahrung geben. München, 2009.

21 »Unsere Kinder bringen Körner und Blätter mit, damit ich sie ins Menü einbaue.« Interview mit Nadine Levy Redzepi und René Redzepi von Lara Fritzsche. SZ-Magazin Nr. 7, 16. Februar 2018.

22 Empfehlungen und Zahlen sind entnommen: D. Riemann et al.: European guideline for the diagnosis and treatment of insomnia. Journal of Sleep Research 26, 2017.

23 Thich Nhat Hanh: Leben ist, was jetzt passiert. München, 2018.

24 Heinz Mechling: Training im Alterssport. Schorndorf, 1998.

25 Jürgen Freiwaldt: Optimales Dehnen. o. O., 2009.

26 Rückenzentrum am Michel: www.ruecken-zentrum.de/hamburg-rueckenzentrum-am-michel/rueckenzentrum-am-michel/

27 Ebd.

28 Thich Nhat Hanh: Leben ist, was jetzt passiert. A. a. O.

29 Bas Kast: Der Ernährungskompass. München, 2018.

30 Eckart von Hirschhausen: Intervallfasten. www.stern.de

31 Ebd.

32 Jörn Klasen, Anne Fleck, Matthias Riedl: Die Ernährungsdocs. München, 2016.

33 Ebd.

34 Edward Espe Brown, Susanne Althoetmar-Smarczyk: Das Lächeln der Radieschen. Zen in der Kunst des Kochens. München, 2002.

35 Bas Kast: Der Ernährungskompass. A. a. O.

36 Cameron Diaz, Sandra Bark: The Longevity Book. London, 2016.

37 Marion Kiechle, Julie Gorkow: Tag für Tag jünger. München, 2017.

38 Ingrid Mühlhauser: Unsinn Vorsorgemedizin. Hamburg, 2017.

39 Julia Rothaas: In aller Munde. SZ Nr. 124, Samstag/Sonntag, 2./3. Juni 2018.

40 Annabel Dillig: Glatt gegangen. SZ-Magazin Nr. 21, 27. Mai 2016.

41 Ebd.

42 Julia Rothaas: In aller Munde. A. a. O.

43 Michael Tomasello im Interview mit Wolfram Ellenberger: »Nur Menschen teilen ihre Welt«. Philosophie Magazin Nr. 01/201.

44 Michael Tomasello: A Natural History of Human Morality. Cambridge, Mass., 2016.

45 Manfred Spitzer: Einsamkeit. Die unerkannte Krankheit. München, 2018.

46 Luis Buñuel: Mein letzter Seufzer. Königstein/Ts., 1983.

47 Ebd.

48 Volkmar Sigusch: Sexualitäten. Frankfurt am Main, 2013.

49 Ebd.

50 Sven Kuntze: Altern wie ein Gentleman. München, 2011.

51 Michel de Montaigne: Essais. Frankfurt am Main, 2010.

52 Maren Kroymann: »Ich bin Mitte 60, also jenseits von Gut und Böse.« Interview mit Sabine Stamer, Spiegel online vom 30. 3. 2018.

53 Ebd.

54 Clint Eastwood: »Ich höre nie auf.« Interview mit Sascha Chaimowicz, SZ-Magazin Nr. 46, 3. November 2016.

55 Ebd.

56 René Descartes: Meditationes de prima philosophia, 1641. Ditzingen, 1986.

57 Zitat von Jon Kabat-Zinn, in: Chade-Meng Tan: Search inside yourself. München, 2012.

58 Jon Kabat-Zinn: Achtsamkeit für Anfänger. Freiburg, 2013.

59 Ebd.

60 Arno Geiger: Der alte König in seinem Exil. München, 2011.

61 Barry Schwartz: The Paradox of Choice. New York, 2016.

62 Alfred Biolek. A. a. O.

63 John Strekecky: Das Café am Rande der Welt. München, 2007.

64 www.lonelyplanet.de

65 Alfred Biolek. A. a. O.

66 Die Berliner Altersstudie. A. a. O.

67 Ann-Kathrin Eckardt, Kristina Ludwig: 4,95 €. In: SZ Plus, Samstag/Sonntag, 24./25. März 2018.

68 Gerd Gigerenzer, Mirjam Jenny: ERGO Risiko-Report 2018.

Über die Risikokompetenz und Eigenverantwortung der
Deutschen. Berlin, 2018.

69 Gregory et al.: Physical activity, cognitive function, and brain
health. In: Brain Science 214), 2012.

70 Gerd Gigerenzer: Das Einmaleins der Skepsis, Berlin, 2002.

71 Die folgenden Zahlen sind dem schon zitierten Buch von
Gerd Gigerenzer entnommen, hier ab S. 83.

72 Vorsorgeempfehlung der KK.

73 Oft auch als *number to treat* ausgedrückt.

74 www.aerzteblatt.de vom 17. Juli 2007.

75 Ingrid Mühlhauser: Unsinn Vorsorgemedizin. Reinbek bei
Hamburg, 2017.

76 www.mezis.de

77 Martin Härter, Daniela Simon: Do Patients want shared
decision making and how is this measured? In: Gerd
Gigerenzer J. A. Muir Gray: Better Doctors, Better Patients,
Better Decisions: Envisioning Health Care 2020, MIT Press,
2011.

78 Gian Domenico Borasio: selbst bestimmt sterben. München,
2017.

79 *Trouble with the Curve,* in Deutschland: *Back in the Game,*
2012, Regie: Robert Lorenz, u. a. mit Clint Eastwood, Amy
Adams.

80 Sven Gottschling, mit Lars Amend: Schmerz los werden.
Frankfurt am Main, 2017.

81 Ebd.

82 Thomas Fischer: Schmerzeinschätzung bei Menschen mit
schwerer Demenz: Das Beobachtungsinstrument für das
Schmerzassessment bei alten Menschen mit schwerer Demenz
(BISAD). Bern, 2012.

83 Gottschling. A. a. O.

84 Thich Nhat Hanh: Leben ist, was jetzt passiert. A. a. O.

85 H. Helmchen, M. M. Baltes, B. Geiselmann, S. Kanowski,
M. Linden, F. M. Reischies, M. Wagner, H.-U. Wilms: Psychische Erkrankungen im Alter. In: Ulman Lindenberger, Jaqui
Smith, Karl-Ulrich Mayer und Paul Baltes: Die Berliner Altersstudie. Berlin.

86 Michael Marsiske, Julia A. M. Delius, Ineke Maas, Ulman
Lindenberger, Hans Scherer, Clemens Tesch-Römer: Sensori-

sche Systeme im Alter. In: Ulman Lindenberger, Jaqui Smith, Karl-Ulrich Mayer und Paul Baltes. A. a. O.

87 Ebd.

88 U. Hapke, U. E. Maske, C. Scheidt-Nave, L. Bode, R. Schlack, M. A. Busch: Chronischer Stress bei Erwachsenen in Deutschland, zitiert auf der Website des Robert-Koch-Instituts, »Daten zum Weltgesundheitstag 2017: Daten und Fakten zu Depressionen«, www.rki.de

89 Elisabeth Schramm: Interpersonelle Psychotherapie bei Depressionen und anderen psychischen Störungen. Stuttgart, 2018.

90 André Heller: Uhren gibt es nicht mehr. Gespräche mit meiner Mutter in ihrem 102. Lebensjahr. Wien, 2017.

91 Hilary Swank über Auszeit, »Eine Krise ist ein Weckruf« Interview mit Jürgen Schmieder, SZ Nr. 103, 4. Mai 2018.

92 Arno Geiger: Der alte König in seinem Exil. A. a. O.

93 www.deutsche-alzheimer.de

94 André Heller: Uhren gibt es nicht mehr. Gespräche mit meiner Mutter in ihrem 102. Lebensjahr. A. a. O.

95 Isabella Heuser: Alzheimer und Demenz. Freiburg, 2013.

96 Ebd.

97 Arno Geiger: Der alte König in seinem Exil, A. a. O.

98 Achim Rieger: Der Pflegeaufstand. München, 2017.

99 Beispielrechnung für den Heimbetreiber Dorea, und die anderen Überlegungen zum Pflege-Markt, in: SZ 70, 24./25. März 2018.

100 Alexander Jorde: »Herr Spahn, verhindern Sie, dass wir kündigen!« ZEITcampus, zeit.de, 18. April 2018.

101 Ruth Eisenreich: Wo bleibt denn die Pflegerin? DIE ZEIT Nr. 47, 16. November 2017.

102 Ebd.

103 www.pflege.de

104 Bas Kast: Der Ernährungskompass. A. a. O.

105 Werner Fürstenberg: »Gesund alt werden«. SZ Samstag/Sontag 2./3. Juni 2018.

106 Z. B. www.sturzprophylaxe.die-sanften-kuenste.de

107 www.techemergence.com: Applications of Artificial Intelligence in Elderly Care Robotics oder Machine Learning in Healthcare: Expert Consensus from 50+ Executives www.ipa.

fraunhofer.de: Roboter zur Pflegeunterstützung im Altenheim und Krankenhaus.

108 YouTube: PARO, ein Roboter mit Charme. Eine Dokumentation von Leonie Bredl.

109 Ludwig Wittgenstein: Tractatus logico-philosophicus. Frankfurt am Main, 1960.

110 Franz-Josef Bormann, Gian Domenico Borasio (Hrsg.): Sterben – Dimensionen eines anthropologischen Grundphänomens. Berlin, 2012.

111 Gerd Gigerenzer, Mirjam Jenny: ERGO Risiko-Report 2018. A. a. O.

112 Richard Dawkins: The Selfish Gene. Oxford, 1989.

113 Yakeel T. Quiroz, Francisco Lopera, Andrew E Budson: Charting the path for early diagnosis and prevention of Alzheimer's disease. Expert Review of Neurotherapeutics, Vol 11. Pages 1665–1667. | Published online: 09 Jan 2014.

114 K. A. Galvin, 1, D. G. Jones: Adult human neural stem cells for autologous cell replacement therapies for neurodegenerative disorders. NeuroRehabilitation. 2006; 21(3):255–65.

115 Mick Brown: Peter Thiel: the billionaire tech entrepreneur on a mission to cheat death. The Telegraph, 19. Sept. 2014.

116 Altes Testament, Buch Jesaia 43, 1–7.

117 Unter »Holly Butcher's letter« im Internet zu finden.

118 Graham Coleman (Hrsg.): Das Tibetische Totenbuch. Mit einleitendem Kommentar des XIV. Dalai Lama, München, 2008.

119 Thich Nhat Hanh: Leben ist, was jetzt passiert. A. a. O.

120 Franz von Kobell: Die G'schicht von' Brandner Kaspar oder das Spiel ums Leben, 1871 in den Fliegenden Blättern veröffentlicht.

121 Gian Domenico Borasio: selbst bestimmt sterben. A. a. O.

122 Paul B. Baltes: Über die Zukunft des Alterns: Hoffnung mit Trauerflor. In: M. Baltes, L. Montada (Hrsg.): Produktives Leben im Alter. Frankfurt am Main, 1996.

123 Wenn Sie an dieser Thematik interessiert sind und sich grundlegend damit auseinandersetzen wollen, sollten Sie das o. a. Buch von Borasio lesen. S. Anm. 121.

124 Shunryu Suzuki: Zen Mind, Beginner's Mind: informal talks on Zen meditation and practice. New York&Tokio, 1970.

125 Psalm 90, 10–17.

126 Sven Gottschling mit Lars Amend: Leben bis zuletzt. Frankfurt am Main, 2016.

127 Gian Domenico Borasio: Ernährung und Flüssigkeit am Lebensende aus palliativmedizinischer Sicht. In: Franz-Josef Bormann, Gian Domenico Borasio: Sterben – Dimensionen eines anthropologischen Grundphänomens. A. a. O.

128 Cicely Saunders: Hospiz und Begleitung im Schmerz. Freiburg, 1993.

129 Andreas Kruse. Das letzte Lebensjahr. Die körperliche, psychische und soziale Situation des alten Menschen am Ende seines Lebens. Stuttgart, 2007.

130 Andreas Kruse: Die Grenzgänge des Johann Sebastian Bach. Berlin/Heidelberg, 2013.

Register

Personenregister

Sachregister

»Wir sind uns selbst oft nicht geheuer.
Aber das ist völlig normal.« Josef Aldenhoff

Unsere Seele ist eine Zumutung. Denn so nah sie uns ist, so
wenig verstehen wir sie, erst recht, wenn sie aus dem Gleichgewicht gerät. Josef Aldenhoff bietet schnelle Orientierung,
verständliche Information, persönliche Empfehlungen und
einen ersten Zugang zur Hilfe für verbreitete psychische
Störungen. In seinem Wegweiser durch das Labyrinth
unserer Seelenzustände erläutert er Empfindungen, die sich
zu Depressionen, Sucht, Panik oder Traumata auswachsen
können, vermittelt Vertrauen in die seelischen Selbst-
heilungskräfte und plädiert für einen unverkrampften Blick
auf unser Seelenleben.

btb

Achim Peters
über die Krankmacher unserer Zeit:
Unsicherheit und Stress – und wie wir uns
dagegen schützen können

Jede Zeit hat ihre eigenen Anforderungen und bringt eigene
Emotionen hervor. Der Internist und Hirnforscher Achim
Peters hat das tiefgreifendste Gefühl unserer heutigen Zeit
analysiert: Unsicherheit. Er erklärt aus medizinischer Sicht,
was sie in uns verändert, warum sie uns krank machen
kann – und wie wir uns bewusst und ganzheitlich dagegen
wappnen können.

C.Bertelsmann

Michela Marzano
über das alles beherrschende Gefühl –
die Liebe

Was ist Liebe? Die Antworten füllen Bibliotheken, und
doch bleibt das Rätsel dieses alle(s) beherrschenden Gefühls
ungelöst. Warum verzehren wir uns nach ihr, scheitern
an ihr und suchen sie doch immer wieder aufs Neue?
Marzano erzählt von ihren eigenen Liebeserfahrungen und
befragt Dichter und Denker in diesem philosophischen
Liebesbrevier voller Poesie, scharfsinniger Analyse und
Zuversicht.

C.Bertelsmann